散户只盈不亏技法

民间高手谈股经 3

谢宏章 著

中国发展出版社
CHINA DEVELOPMENT PRESS

图书在版编目（CIP）数据

散户只盈不亏技法/谢宏章著．—北京：中国发展出版社，2013.2

ISBN 978-7-80234-898-1

Ⅰ．散…　Ⅱ．谢…　Ⅲ．股票投资—基本知识
Ⅳ．F830.91

中国版本图书馆 CIP 数据核字（2013）第 021592 号

书　　名：散户只盈不亏技法
著作责任者：谢宏章
出 版 发 行：中国发展出版社
（北京市西城区百万庄大街 16 号 8 层　100037）
标 准 书 号：ISBN 978-7-80234-898-1
经　销　者：各地新华书店
印　刷　者：北京明恒达印务有限公司
开　　本：787×1092mm　1/16
印　　张：21
字　　数：342 千字
版　　次：2013 年 4 月第 1 版
印　　次：2013 年 4 月第 1 次印刷
定　　价：38.00 元
联 系 电 话：（010）68990642　68990692
购 书 热 线：（010）68990682　68990686
网 络 订 购：http：//zgfzcbs. tmall. com//
网 购 电 话：（010）68990639　88333349
本 社 网 址：http：//www. develpress. com. cn
电 子 邮 件：fazhanreader@163. com

Preface

前言

（一）

掘金2013，成就股市梦想。

当《散户只盈不亏技法》一书最终定稿之际，新年的钟声敲过已有数天了，依然坚守在股市里的投资者已把希望的目光投向了充满想象和期待的2013年，开始了新一年的交易。

然而，投资者等待的最终结果依然充满着变数。20多年来的A股走势表明，无论投资者怎样通过省吃俭用、节衣缩食等方式把真金白银投入股市，不管投资者如何废寝忘食、年复一年地在股市辛勤劳作，市场留给绝大多数投资者的只有一个字：亏！

为什么会亏？因为炒股挣钱太难、太难了。

长线投资很难——以刚刚过去的2012年为例，截止12月31日收盘，虽然上证指数全年上涨了3.17%，深证成指也涨了2.22%，两大指数平均涨2.70%，但在可比的2446家上市公司中，跑赢指数（涨幅大于2.70%）的只有1005家，仅占41.09%；而跑输指数的多达1441家，占比高达58.91%。涨幅超过10%的只有742家，仅占30.34%；而跌幅大于10%的多达903家，占比达到36.92%，比前者高出6.58个百分点。长线投资之难由此可见一斑。

短线操作也难——以笔者长期关注、跟踪的投资者G为例。年初，该投资者账户总值83953元，如果全年不操作，年末账户总值为86939元，对应涨幅为

3.56%，略跑赢指数0.86个百分点。但由于不断短线进出，年末账户总值不增反减，最终缩水至77584元，逆市下跌7.59%，大幅跑输指数10.29个百分点，动与不动相比损失了11.15个百分点。G的操作结果充分表明，短线操作同样不易。

总之，一句话，在股市投资亏钱容易赚钱难，要想持续盈利、只盈不亏更是难上加难。

(二)

股市投资者，尤其是至今依然在这个市场里顽强坚守的投资者，绝大多数都是看好中国经济的未来并对股市充满信心者。这些留守者为破解获利难题，不少人都在夜以继日地苦苦探寻，希望找到通向成功之门。

有人在探索指数的涨跌规律，希望能实时发现指数的顶部和底部。日前，一位在证券公司工作的小伙子兴冲冲地跑来告诉笔者，说他找到了一种发现指数顶部和底部的方法，兴奋之情溢于言表。

虽然不信，但我并未当面泼他冷水，而是说“什么时候发现了顶部和底部，记得及时告诉我一下”。

过了3天——12月19日（周三），小伙子发来邮件说，今天下午的2175点是我看到的近期高点。然而，指数在随后的走势中依然坚挺、拒绝调整，还创出了2190点的反弹新高。

又过了2天——21日（周五）中午，修正了判断后，小伙子又发来邮件说：“2190点在我的判断中作为一个重要高点，从结构上看从1949点反弹的第一部分已经到位，此后的调整或许较久……”不仅给出的高点十分明确，而且判断的依据似乎也是非常的充分，一副指数非跌不可的架势。但随后的指数又连涨6天，元旦节前最后一个交易日再次创出2269点反弹新高，且以全日最高点报收，结束了节前交易。

从那以后，小伙子未再预测股指，也未发来邮件……

为什么绞尽脑汁、煞费苦心地研究、探索指数涨跌规律，换来的却是“久研不准”的尴尬？实际上这是由股市的本质属性所决定的，股市既有其自身的运行规律，又有着深不可测的一面。可以说，无论在过去、现在还是将来，无论是谁都不可能精确预测未来股指的涨跌和波动，因为不可测性本身就是股市的一大特点。

有人在寻觅个股的牛熊特点，希望能精准找出其中的牛股和熊股。对此，笔者特意对2012年初机构荐股集中度最高的“十大金股”做过跟踪，结果发现，在全年实际走势中，这些所谓的“十大金股”涨少跌多，而2012年实际表现最强的十大牛股多数未能引起机构们的关注，不少系被机构们冷落的股票。此举说明，股市是个充满变数的场所，不仅指数不可测，而且个股同样存在着很大的变数。

有人在总结操作的成败得失，希望能使自己成为股市里的常胜将军。然而，结果同样不容乐观。以某网站举办的“模拟炒股大师邀请赛”为例，在这次为期三个月的邀请赛中，在同期上证指数跌4.95%的情况下，参赛的55名“大师”跑赢指数的只有17人，仅占30.91%；不及指数的多达38人，占比高达69.09%。

无论是探索指数涨跌规律，寻觅个股牛熊特点，还是总结操作成败得失，目的只有一个，这就是希望找到一条赚钱的捷径，开启一扇盈利的大门，让自己成为市场里少有的赢家之一。但无数事例表明，最终多半都是劳而无功、事与愿违。

（三）

既然指数不可测、个股存变数、操作无定律，那么是否意味着普通投资者在这个充满变数的股市里就只能是无所作为、靠天吃饭？不是的！

笔者经多年摸索，总结了一套只盈不亏的实战技法，较好地解决了散户炒股赚钱难题。

仍以2012年为例，笔者操作的主账户年初总值为550501元（其中股票市值545841元，资金余额4660元）。在未追加资金投入的情况下，该账户年末总值达到708683元（其中股票市值557429元，资金余额151254元），年度涨幅为28.73%，跑赢指数26.03个百分点（两大指数平均涨幅2.70%）。

这一结果的取得，正是得益于“只盈不亏技法”的巧妙运用。

（四）

所谓“只盈不亏技法”，指的是无论股市处于牛市还是熊市，相关个股上涨还是下跌，结果都是只有盈利、没有亏损的操作方法。

具体来讲，就是操作过程中，持有的总体仓位保持不变，让市值跟随大盘和个股的涨跌一起波动。与此同时，通过短线操作、高抛低吸，让固定筹码成为投资获利的工具，让账户资金源源不断地多起来，最终达到只盈不亏的目的。具体表现在三个方面。

一是只盈不亏。仍以笔者操作的主账户为例，若将28.73%的年收益稍作划分即可发现，这一收益实际上由两部分组成：一部分是随指数起伏、随个股波动，有时盈利有时亏损的收益——暂以指数涨幅2.70%计。还有一部分是不随指数起伏，不随个股波动，独立于大盘，收益已固定，结果只盈不亏的收益——对应涨幅为26.03%。

二是持续获利。无论大盘和个股涨还是跌，只盈不亏部分的收益既已固定便不再波动，具有持续性和稳定性兼备的特点，即当大盘和个股上涨时它能获利，当大盘和个股下跌时也能获利。

三是积少成多。在剔除随大盘波动而上涨的2.70%收益后，单就只盈不亏的26.03%这部分收益而言，看似不多，实则惊人。以投入资金总额为10万元的投资者为例，每年获利若能固定达到26%，10年后10万元本金就会变成100万元，取得10年涨9倍的高收益，这就是“只盈不亏技法”的奇特之处。

从一定意义上讲，炒股需要的不是一时的暴利，而是持续、稳定的收益，本书介绍的“只盈不亏技法”正好体现了这一点。

（五）

衡量一种操作技法的好坏，有没有吸引力是一回事，是否具有可行性又是一回事。作为一套好的操作技法，要让大家接受，变成实际收益，必须吸引力和可行性同时具备。具体说来，须有三个条件组成：一是易懂。介绍的技法无须深奥的技术原理，但必须要让普通投资者一看就明、一想就懂；二是能用。如果一套操作技法效果不错但离普通投资者很远，实际操作起来很难适用，就不能算做好的技法；三是可行。这三个条件须同时具备，缺一不可。

总之，无论是新股民还是老股民，无论投资者投入的资金量大还是小，无论投资者的文化程度高还是低，拿起后都能感觉易懂、能用、可行，这套技法才会受到投资者的欢迎，这也是一套技法得以成功的关键所在。

本书收录的64篇文稿均系笔者新近创作而成，围绕只盈不亏技法，按照文中内容关联性分为8个篇章，每个篇章各有8篇文稿组成。这些文稿在写作、成稿和收录中都充分考虑到了上述构思定位和普通投资者的接受能力，力求符合易懂、能用、可行这三个要求。另外，还在代序部分安排了《“不死鸟”八招“斗熊市”》，结尾部分安排了《一个“两栖高手”的炒股经》等两篇文章，全部系笔者采访当事人后写成的，并以随书赠送的形式予以收录，供读者选阅和参考。

（六）

看到这里，或许会有投资者发出这样的疑问，“只盈不亏技法”好是好，但篇幅太长、内容太多，能否简短些、直接些、干脆些，要是三言两语就能讲清楚，寥寥几句就能道明白，甚至直接告诉投资者多少点位可以买、多少点位应该卖，岂不更好？在此，笔者明确地告诉大家，作为一套好的操作技法，三言两语真的讲不清。

普通投资者要想全面掌握并熟练运用一套好的操作技法，最终在复杂多变的资本市场成功胜出，一方面要有一套好的技法可供参考，另一方面要有一颗平常之心去正确面对，二者同样缺一不可。本书介绍的内容，正是鉴于前——提供一套好的技法供投资者参考。

在给本书起名时，笔者曾纠结过、为难过。如果起个普通的投资技法之类的名字，可能太平、缺乏特色，不仅投资者不喜欢，而且也未能正确表达本书含义；但若用上“只盈不亏”这样的字眼，又担心太过、不够低调，投资者或许会有误解。最后经反复考虑，鉴于书中内容还是决定选用《散户只盈不亏技法》作为书名。此举目的只有一个，就是尽可能地把书稿特点最大限度地反映出来。

（七）

值得一提的是，与任何一种独特、实用的交易技法大多具有稀缺性特点一样，“只盈不亏技法”同样不具有广泛适用性，也就是说只适合少数投资者掌握并运用。这是因为，一种操作技法即使再好，如果所有人都掌握了其中要诀，大家都按照同样一种方法操作，这一方法也就不灵了。打个通俗点的比方，如果人人都想高抛，那么谁来高买；反之也一样，如果人人都想低吸，那么谁来低卖。换言之，如果人人都能赚钱，那么谁来亏钱呢?!毕竟，在股市永远都只有少数人才能获利。因此，只有少数人掌握了这套“只盈不亏技法”，此方法才会有顽强的生命力，才会逐渐体现出它的价值所在。所以，笔者希望看到本书的读者能成为其中的少数人，最终成为股市里为数不多的赢家之一。

（八）

本书已是笔者所著第6部证券投资书籍，它既是之前5部的补充和继续，又不完全类同于之前的风格，而是做了进一步的拓展和深化。除了一如既往介绍方法、技巧外，更在突出操作技法的时效性、针对性、实用性和可操作性上做了重点加强，有了新的突破，以便让投资者读有所思、物有所值，更好地受益、更好地应用。

不过，话还得说回来，一本书的容量和功效毕竟是有限的，何况股市这所大学校涉及面广、参与者众，一本小小的读物不可能满足所有投资者的各种需求。如果本书能使投资者在实际交易中带来一些思索，带来一些启发，带来一些帮助，出版此书的目的即已经达到。

2013年的股市交易已经开始，让我们既充满对资本市场的期待和信念，又怀着对股市投资的坚定和执著；让我们带着只盈不亏的交易技法，怀揣2013年的投资梦想；让我们携起手来，共同走向中国股市的美好明天，期待实现资本财富的复合增长，为掘金2013、成就股市梦想而努力！

作　者

2013年3月5日于宁波

Preface

代序

“不死鸟”八招“斗熊市”

在股市的历史长河中，20 年充其量只是个极短暂的时间段。然而，即使在这弹指一挥间，伴随中国股市的起起落落，投资者还是换了一茬又一茬。若能自 20 年前入市以来，一直在这个充满风险的股海里顽强搏击、奋力前行，直至今天，无论投入多少、盈亏如何，都可称之为了不起的投资者。在杭州某单位上班的王磊（化名）便是这样一位久经考验而不倒的股市“不死鸟”。

与绝大多数在股市辛勤耕耘的投资者一样，王磊的艰苦付出并没有换来与大量投入相适应的高额回报，但能在“熊长牛短”的股市里“活”下来已属不易。这其中，他的“八招斗熊”法起到了决定性的作用。2010 年，王磊凭借对中小板、创业板、“S 板”等股票的独具眼力和精准把握，以及“八招斗熊”法的巧妙运用，在指数下跌 14% 的熊市里取得了 35% 的逆市收益，上演了一出“不死鸟”奇招“斗熊市”的精彩好戏；2011 年以来，在上证指数累计跌幅超过 10%（截止 2012 年 12 月 31 日收盘）的熊市里，他再次运用“八招斗熊”法躲过一劫，收益颇丰。

一个周末的下午，在美丽的西子湖畔，王磊应约接受了笔者的专访。

开场白：“八招斗熊”

笔者：在跌宕起伏、“牛短熊长”的中国股市，一些投资者在牛市赚来的钱一遇到熊市就又还了回去，有的还入不敷出、功亏一篑，在熊市败下阵来。听说你入市多年，总结出了不少投资经验，尤其是熊市炒股很有一套，能否做一介绍?

王磊：好的。我入市炒股已有近20年，从5张股票认购证做起，在上海二纺机（现名*ST二纺）上赚了5万多元。一开始，也不清楚什么叫熊市，更不知道如何应对，行情好时不断增加投资赚了些钱。但随着“牛去熊来”，牛市赚来的钱很快又还了回去，教训十分深刻。后来，经过多次实践，总结出了一些应对熊市的操作方法，概括起来叫做“八招斗熊”，效果比较理想。2010年，在上证指数下跌14.31%的情况下取得了35%的收益，跑赢指数近50个百分点；2011年以来至今（截止2012年12月31日收盘），在上证指数累计跌幅超过10%的情况下，再次跑赢指数。可以说，这些收益的取得都离不开“八招斗熊”法的功劳。

第一招：“弃大择小”

笔者：看来，你的“八招斗熊”法还真管用，能否具体说说?

王磊：好的。这第一招是：“弃大择小。”散户要想战胜市场，特别是要想在熊市胜出，必须在“小”字上做文章。在中小板、创业板上市的股票一般来说都是属于盘子较小的品种，每年推出良好分配方案的“高送转”股票则是整个市场为数不多的优质资源，而那些迟迟未能实施股改、带“S”字母的股票又是关注人数相对较少的“冷门”品种，做足这些“小股票”的文章，适时进出、低买高卖，相对那些“庞然大物”来说，往往能取得超过大盘和其他个股的收益。2010年取得的逆市收益主要也是鉴于对这些“小股票”的成功操作，如亚太股份、国民技术、硅宝科技、英唐智控、机器人、金通灵、乐视网等，都属于中小板、创业板股票。

笔者：能否举个例子?

王磊：2010年3月18日股改复牌的股票ST中华A（现名*ST中华A）是我操作众多“S股”中较为成功的例子。该股自2007年1月停牌至2010年3月复牌，经历了三年多时间的“休眠期”。自己当时特别喜欢低价未股改股票，所以就参与了该股的操作，实际上锁进前就已获利，并留了2000股被股改“关进”。虽然ST中华A股改时间比其他股票要晚一些，但股改方案很优惠——流通A股股东每10股转增5.15股，这样我原来持有的2000股就变成了3030股。另外，复牌时股价也从停牌前的3.49元涨到了复牌当天最高价9.20元，股份增加再加上股价上涨，实际市值上涨了299%，而同期上证指数只涨5.67%。可以说，正是这些包括“S股”在内的“小股票”帮我在熊市规避了风险，赚足了银子，只可惜股改这样的好事已成为历史。

第二招：风险“可控”

笔者：2010年，股指出现较大幅度调整，而在年初你就提醒自己：对那些2009年涨幅巨大的品种，不管谁吆喝的再好听，也应该采取退避三舍的策略；对于那些涨幅不大、长期横盘、底部放量的品种，则应纳入关注的视线。结果表明，这一策略是正确的。当时，为什么想到制定这样的投资策略?

王磊：散户要想在熊市胜出，除了需要在板块选择上体现“弃大择小”原则外，还要在具体品种的选择上有正确的方法。实际上，熊市选股的思路很简单，这就是在任何情况下，在你准备买进股票的时候，必须首先考虑目标品种是机会大于风险，还是风险大于机会。如果是前者，没有问题，大胆买进即可，但如果是后者，则必须三思而后行，慎之又慎。

笔者：具体该怎么判断个股的机会和风险比率?

王磊：其实也不难，只要把握住两条原则即可：一是行情趋势。如果大盘属于上升趋势，个股的运行方向也是向上的，就属于机会大于风险，可以考虑逢低买入。反之，则属于风险大于机会，应逢高及时卖出。二是个股位置。如果个股股价处在相对底部、涨幅不大，且经过充分洗盘，又有成交量堆积，这样的品种就属于机会大于风险。如果股价处于高位、涨幅已大，甚至出现高位放量的情况，这类股票的机会与风险就不相匹配，必须坚决回避。只要能做好对于风险与机会的把控，再加上严格的止损纪律，不管大盘和个股怎样波动，投资风险就会始终处于“可控”范围内。这是普通散户在熊市胜出的一大关键。

第三招：投资“确定”

笔者：第三招是什么？

王磊：投资“确定”——这是熊市获利的灵魂。无论是投资大师还是普通散户，都应把“确定性”投资作为在股市孜孜以求的目标。打个比方，在现实生活中，只有当某件事情“确定性”强的时候，成功概率才高。譬如，冬天到了，三个月后春天一定会到来，这就是“确定性”。股市投资也一样，一般情况下，机构和基金由于拥有强大的信息优势和研究团队，往往能较好地把握其中的“确定性”机会。像一些机构在实地考察茅台企业并“确定”该企业在行业中的竞争优势后从而大量增持，这就是“确定性”机会；有家券商的研究团队在对烟台万华、安琪酵母深入调研，掌握其行业领先和高成长的情况后从而长期持有，这也是“确定性”机会。结果，这些股票都涨了好几倍。

笔者：为什么说“确定性”投资也是熊市取胜的一大法宝？散户没条件深入企业实地调研，能否把握“确定性”投资机会？

王磊：炒股，说到底非常简单，只要低买高卖即可。但在实际操作中，为什么不少股民不是高抛低吸而是追涨杀跌？原因就在于当大盘和个股处于高位、盲目追涨时，根本没想过“确定性”这回事，盲目跟风，结果吃套。散户虽然没条件深入企业实地调研，但凭积累的经验、掌握的信息，也能把握一些“确定性”投资机会。譬如，有新开工项目的成长型企业、有资产注入的企业、有分红送股的企业等，投资这样的公司，“确定性”就比较大。因此，只要做有心人，普通散户同样能把握“确定性”投资机会，并最终在股市成功胜出。

笔者：在当前情况下，你认为哪些股票“确定性”相对较大？

王磊：依我对“确定性”的理解和体会：一是高送转股票。每年季报、中报和年报发布时总会出现一些推出高送转方案的公司，在这些公司股东大会召开或分配方案实施前后，往往会有抢、填权行情。二是业绩增长股票。因产能扩大或产品涨价，业绩大幅提升的公司。三是重组股票。但由于重组内容太多，容易鱼龙混杂，所以一定要等方案获批之后才有“确定性”投资机会。四是创新品种。如企业整体上市、分离式债券发行等，都属于“确定性”机会，投资套利的可能性较大。

第四招：顺势而为

笔者：“确定性”投资机会不难理解，但与前面你提到过的把握行情趋势之际是否存在矛盾？

王磊：不矛盾，而且这正是我接下来所要介绍的第四招——顺势而为。记得2010年一季度，创业板、中小板表现十分抢眼，在大盘蓝筹股普遍萎靡不振的情况下，一些创业板、中小板股票屡创新高。于是，一些媒体和专家发出了不同的声音，有的认为创业板炒疯了，有的盼着暴跌，有的则认为炒作力度还没有历史上火爆，还有很大的上升空间。我当时就认为，股市中顺势而为最重要，不要与市场对着干，不要以自己的好恶来评判公司好坏。纵观中国股市运行“规律”不难发现，本来退市股票是最不值钱的股票，但也会走出波澜壮阔的大牛市，一些分文不值的权证也曾出现过惊人的暴涨行情，一些带有“ST”帽子的股票市盈率甚至高达千倍以上。所以，创业板、中小板股票价格定位也一样，投资者无须过多关注其定位是否合理，只需顺势而为即可，有机会就做，无机会就走。总之，在品种选择时一定要做到顺势而为，无论目标股票哪里“出生”，不管属于什么板块，只要有上涨动力，就要学会尊重，并加以喜欢、大力追捧。顺势而为是我们小散户在熊市得以生存的一大秘诀。

第五招：把握“时点”

笔者：上面你谈得比较多的是关于品种选择和趋势把握，在时间点的掌控上有没有需要注意的地方？

王磊：这就是第五招：把握“时点。”散户要想在熊市取胜，除了要会选择板块和具体品种外，还要会把握进出“时点”。简而言之，“时点”是一种机遇、一种等候、一种捕捉。能否成功把握好“时点”，首先取决于投资者的眼光、魄力和决断，能否做到该出手时就出手，该休息时就休息。换言之，叫做时机来临时就大手笔下单，时候不到则慢动手。譬如，投资者若在大盘6000多点的“时点”上重仓甚至满仓，迎来的便是阵阵暴跌、损失重大，必将造成终身遗憾；而在大盘1600多点的“时点”上，如果果断建仓，迎来的将是硕果累累。个股也一样，深市曾经的大牛股深科技（现名长城开发），历史上曾经跌到2.40元，投资者如果在3元左右这个“时点”上买入并持有，后来该股涨到了70元，自然就会有不菲收益；但若在70元附近再去追进，不仅无收益可言，而且损失惨重。所以，散户只有在瞄准热点、盯住好股的同时，再把握住重要的时间节点，高抛低吸，才会让账户不断飘红、持续升值。

第六招：变“危”为“机”

笔者：刚才你提到在大盘1600多点的“时点”上，如果果断建仓，迎来的将是硕果累累。在今天看来，这一想法无疑是十分正确的，但在当时，绝大多数投资者都极度恐慌的时候，要保持这样的理性思维，难度是否很大？

王磊：是的。记得大盘自6124点调整以来创下1664点新低的时间是2008年10月28日。这一天，我有两件事至今难忘。一是当时的“想法”，二是当时的“操作”。在“想法”方面，记录在当天的日志《睁大眼睛看股市》上：“暴跌孕育反弹，熊市也有反弹。”如果说，在28日收盘后想到建仓多少还有些“慢一拍”的话，前一天——27日的日志《1600时代干点啥》的观点更加鲜明：“股市崩盘后，我们能做啥？帮政府捡些便宜的破烂吧，如一元多钱的北生、江泉等，不是跟当年大小非们做股东差不多吗？这也许是大崩盘给予的机会。”

笔者：那正确的想法最终有没有变成实际行动？

王磊：变成了一半吧。在“操作”方面，记得28日上午上证指数仍下跌40多点，1664点就是这一天创下的。由于上午港股就已开始走强，所以直觉告诉我，在股市深跌后，应有反弹出现，哪怕今天不反弹，明天也会反弹。另外，上午收盘前我发现，在满盘皆绿的盘面中，华夏银行已是红盘，还有安信信托也是红盘，但自己相对熟悉华夏银行，十多天前也满仓抢过此股和深发展的反弹。因此有个念头，想重仓介入再搏一次，于是在收盘前先少量买了一点，准备下午开盘后再重仓出击。但中午一觉醒来已是两点钟，看到的是满盘飘红，华夏银行和深发展已涨七个点，安信信托已经涨停，令人傻眼。事后我想，股市风云变幻，这一“觉”代价真是太高了。所以，我的体会是，当大盘已暴跌时不仅不要害怕，反而应变“危”为“机”，及时低吸才对。

第七招：看“透”股市

笔者：第七招是什么？

王磊：看“透”股市，即认识要到位。在股市投资，没有正确的认识就不可能有正确的操作。选择品种也好，把握趋势也罢，任何一个股民，要想操作得当、取得理想收益，必须从不断提高认识这一最基本的投资要求做起。在这方面，我既有经验又有教训。认识比较到位、操作相对成功的有：2007 年 1 月，考虑到 S 深泰（现名深信泰丰）有 10 转增 5.5 股的股改题材，在 2.7 元买入，身边的朋友也跟着买了一些。但刚涨到 3.1 元，公司就出消息说登记日推迟，结果该股应声跌停，那位朋友也在跌停后的次日以 2.8 元的价格拼命逃光。而我认为，推迟登记日仅是时间问题，耐心拿着吧。后来此股表现超强，连续 14 个涨停，一鼓作气涨到 6 元上方后继续上升，那个朋友忍不住又在 7 元多追了进去，落了个笑柄。我在 5 月份该股涨到 12 元时才清仓离场，仅此一只股票我就赚了 9 万多元。

笔者：教训是什么？

王磊：当然，也有认识不够到位的时候。同样是在 2007 年 1 月，股市开始走好，贵州茅台已跻身百元股行列，当时自己认为驰宏锌锗是股市第一绩优股，加上盘子小，也会冲上 100 元。所以便以 60.21 元的价格进了货，并向邻居一位老股民做了介绍。后来股市稍有震荡，我那谨慎的太太便在 75.29 元抛了。年终分红时，驰宏锌锗 10 送 10 股派 30 元。后来碰到邻居，他说，在 3 月份送股前以 95 元全仓介入，四个多涨停，并参与送股，赚了几十万，仅分红利，就拿到 2 万多元。他问我：“你是多少价位抛的？”我无以做答！该股除权后又涨到过 100 多元。正反例子充分说明，投资者若对看好的股票认识不到位，还是赚不了大钱。只有随着认识的不断深化，才能使操作达到相对精确的程度。

第八招：心态要“正”

笔者：那最后一招恐怕就是心态了？

王磊：说得对。散户要想在熊市立足、不被“大熊”吞噬，不能没有良好心态。前些日子，我在报上看到一则消息：浙江服装名商董涤尘老人以100岁高龄安详辞世。董涤尘有句口头禅——人生不如意事常八九。他还常说，要想得通、吃得下、睡得着。所以，他才长命百岁。董涤尘之子把父亲的成功之道总结为“草鞋精神”：“父亲生前不止一次讲过，不管风雨路滑，不管人家坐车骑马，只要方向对，即使自己穿草鞋，也要坚持走，跌倒了，爬起来，再走，总会走到目的地。”此事对我触动很大，其实在股市上奋战的人，同样要有这种“草鞋精神”，不管股市如何震荡，怎样充满险恶，也都要摆正心态，做到“想得通、吃得下、睡得着”。这是我“八招斗熊”法中最后也是最重要的一招。

结束语：最悲观时也是最蕴藏希望之时

笔者：听了你的“八招斗熊”法我也深受启发。在采访即将结束之机，最想对投资者说的话是什么？

王磊：虽然在过去几年的股市下跌中，“八招斗熊”法帮我规避了熊市风险，取得了不错收益，但未来仍充满变数，“八招斗熊”法也需在实践中不断总结、提升和完善。熊市炒股，最深的体会是，当百余点大阴线突然出现，数百只股票同时跌停，把人心打到最低点，把投资者折腾得异常冷漠、异常脆弱，几乎没有人相信还有牛市、牛股时，一定要保持冷静、清醒，做到独立思考，切忌随波逐流。最想对投资者说的一句话是：在人心脆弱时，不要忘了坚毅，最悲观时往往也是最蕴藏希望的时候。

Contents

目录

第1章 绸缪

增强计划性、提高执行力，不仅是“强震市”里踏准节奏、高抛低吸的一大关键，同时也是日常交易中稳定获利、跑赢指数的重要法宝，值得投资者认真琢磨、细心品味。

- 摒弃幻想　相信自己 / 2
- 逼空市须精细操作 / 7
- 周密计划巧对强震 / 11
- 利好股里机会多多 / 15
- 利空股里也有黄金 / 19
- 散户“冬播”须有“四技” / 24
- 解套重在打“组合拳” / 30
- 自制股市操作系统 / 35

第2章 品 种

能否变牛股的潜在机会为现实盈利，主要取决于“捕牛三技”的能力和功夫，取决于能否通过识“牛相”、捕“牛股”，最终达到赚“牛钱”的目的。

- 用“捕牛三技”觅良机 / 42
- “回购股”的操作技巧 / 48
- “单针探底”后怎么交易 / 52
- “倒挂股”里巧掘金 / 57
- 五步法掘金“自锁股” / 62
- 个性化应对“分红股” / 67
- 炒股也要不怕孤独 / 72
- 简单比较也能获利 / 77

第3章 交 易

投资者在组合投资、分批买卖中，既不要唱组合投资的“反调”——一次性满仓买入一只股票，也不可在分批买卖时显得过于分散。只有在交易数量的确定中守住“底线”、把握分寸，才能在分批买卖中确保达到恰到好处的程度。

- 分批买卖贵在有度 / 82
- 越跌越买技法揭秘 / 86
- 炒股也要梯次推进 / 90
- “折腾市”妙用补操作 / 95
- 小散户怎样修成“增持哥” / 99
- 满仓操作有何技巧 / 103

■ 存量资金如何双赢 / 110
■ 增量资金如何抄底 / 114

第4章 时 机

行情一旦进入反弹阶段，投资者只要不“挂空挡”不“跟风跑”，而是通过交易对象、时机和价格的正确选择，巧妙运用“俯卧撑”的独特技法，踏准节奏、高抛低吸，就能把握反弹初期的投资机会，取得反弹初期的理想收益。

■ 寻底市掘金路线图 / 120
■ 深跌后怎样跑赢指数 / 124
■ 打好“黄金坑”双赢战 / 128
■ 深套筹码坑底自救 / 133
■ 底部换股切勿跟风 / 138
■ 反弹初期如何操作 / 143
■ 如何搭自救“顺风车” / 147
■ “下半场”难题怎么破解 / 152

第5章 长 短

长线投资不等于一味死守，高水平的投资者往往会在长线投资的同时适度穿插一些灵活、有效的短线操作，做到长中有短、长短结合。

■ 长线持股须有分寸 / 158
■ 巧打“闪电战”与“擦边球” / 162
■ 散户也能快速“秒杀” / 167
■ 高频交易的获利模式 / 171

■ 三大巧门应对踏空 / 177
■ 如何参与超跌反弹 / 181
■ 三妙招抄底“错杀股” / 185
■ 变筹码为盈利工具 / 190

第6章 节 奏

正确把握板块或个股“轮动机会”的关键在于踏准“轮动节奏”，只有踏准了“轮动节奏”，才能抓住板块或个股轮动带来的盈利机会，取得理想收益。

■ 踏准个股轮动节奏 / 196
■ 高卖低买简而不易 / 200
■ “吃回头草”也有讲究 / 204
■ 怎样解决抄底难题 / 209
■ 如何进行防守反击 / 213
■ 神奇的回转交易法 / 217
■ 震荡市不坐“过山车” / 222
■ 波段操作注意事项 / 226

第7章 避 险

在股市持续下跌、趋势不明的市道里，若能同时做好避险和趋利两种操作，不仅能有效防范下跌风险，而且能及时把握上涨机会，有助于达到趋利避险的投资效果。

■ 筑保险坑避熊市险 / 232
■ 避垃圾股守住资金 / 238
■ 怎样才能不碰“地雷” / 242

■ 三招防“减持股”风险 / 246
■ 谨防股价破位风险 / 251
■ 如何防跌停股风险 / 256
■ 三招应对问题股票 / 262
■ 守住风险控制底线 / 266

第8章 策 略

如果能处理好踏空和套牢、集中和分散、长线和短线“三个关系”，做到“三个防止”：防止踏错节奏、防止搞坏心态、防止丢失筹码，采取“不操作”这种“笨办法”的操作方式同样能跑赢指数，成为高手。

■ 笨招也能跑赢指数 / 270
■ 自我感觉不能太好 / 275
■ 如何操作政策底部 / 280
■ “三要诀”做右侧交易 / 286
■ 如何参与配股操作 / 291
■ 善于算计才能取胜 / 295
■ 销户也会有风险 / 299
■ 寻找稳定获利路径 / 303

附 录 一个“两栖高手”的炒股经

第1章 绸　缪

增强计划性、提高执行力，不仅是“强震市”里踏准节奏、高抛低吸的一大关键，同时也是日常交易中稳定获利、跑赢指数的重要法宝，值得投资者认真琢磨、细心品味。

摒弃幻想　相信自己

在指数不可测、个股存变数、操作无定律的股市里，只有摒弃各种幻想和杂念，相信并依靠自己，做好适合自己的操作，获取属于自己的收益，才能在充满变数的股市里求得一席之地。也只有这样，才能持续盈利，笑到最后——

众所周知，股市是个机会与风险并存的特殊场所。之所以说机会与风险并存，是因为绝大多数投资者都知道，指数涨跌、个股牛熊，以及实盘操作全都充满着变数，不是普通投资者所能精准把握的。要是能精准预测指数涨跌，时时察觉个股牛熊，处处把握操作胜机，股市便成了只有机会、没有风险，只会盈利、不会亏损的“印钞机”了。

然而，这一浅显的道理并不是所有投资者都信服的。正因为如此，每逢岁末年初，市场上有关新年股指预测、金股推荐的文章总会接踵而至，吸引广大投资者的眼球。为数不少的投资者也会依据这些预测和推荐来确定新年操作思路乃至实际交易。但最终结果将会怎样？听信的投资者是否就能如愿以偿呢？

指数预测：多数不准

由于指数涨跌直接关系到账户市值增减和实际操作结果，所以不少投资者都希望能提前知道未来指数涨还是跌以及涨跌幅度。正因为投资者有这种需求，所以一些券商、机构总会在投资者最需要的时候推出一份份有关股指涨跌的研究报告，对未来指数的运行趋势乃至具体点位做出明确的预测。

那么，这些预测报告最终结果怎样，究竟对不对、准不准？笔者经多年观察发现，这些预测多数不准。换言之，靠谱的不多，离谱的很多。以2012年为例，资料显示，在年初10家主流券商关于2012年行情所做的点位预测中，绝大多数显得较为乐观，认为随着股市流动性的不断好转，以往单边下跌的熊市将会在2012年宣告结束，沪指全年的平均点位应在3000点左右，更有甚者给出了看高3500点至3800点这一极为乐观的股指预测。

但2012年（截止12月31日，下同）上证指数的实际走势不给预言家们任何面子，不仅始终未去触及3000点、3500点、3800点这些高点，而且连2500点都未能碰一下，全年的最高点才2478.38点，运行区间则是在2478.38点至1949.46点之间。A股的实际走势再次表明，上述关于大盘指数的预测大多不靠谱，只有少数“悲观派”成了“预言帝”。

为什么这些精心研究出台的报告会屡屡失算，出现“久研不准”的尴尬？实际上这是由股市的本质属性所决定的。股市是个既公正公平又充满变数的场所，指数涨跌是政治、经济、社会等各种“基本面”因素和市场参与主体的预期等各种“主观性”因素综合的结果，既有其自身的运行规律，又有着深不可测的一面。可以说，迄今为止无论是谁都不可能精确预测股指的涨跌幅度和波动区间，因为不可测性本身就是股市的一大特点。

操作思路

两手准备对涨跌

理性面对股指涨跌，始终做好两手准备。操作上做到：涨有涨的计划，跌有跌的打算，灵活控制仓位，确保应对自如。作为普通投资者，在多数时间段里，应控制半仓（一半股票、一半资金）较为适宜。在此基础上，当股指出现上涨，适当减少仓位，待股指回落后再进行低吸；当股指出现下跌，适当增加仓位，待股指反弹后再进行高抛。须注意的问题是，在控制仓位前，须精心制定操作计划，并确保盘中严格执行，千万不要受行情涨跌和参与者的情绪影响而改变初衷、追涨杀跌。因为当指数上涨时，参与者容易产生追涨冲动，而当指数下跌时，又容易做出杀跌选择，这样的操作盈面不大、亏率很高。所以，一定要摒弃从众心理，坚守操作定律，做到盘前慎重计划，盘中严格执行，盘后认真总结。

金股推荐：基本不灵

把握住了指数运行特点，把控住了仓位增减节奏，操作也就成功了一半。而成功的另一半则取决于品种的正确选择，只有选对了品种，才能为正确操作奠定基础。然而，品种选择是门艺术，而且是综合性很强的艺术，尤其是在牛股选择中，不仅要观察它的过去，更要着眼于它的未来。

实际操作中，几乎所有的投资者都希望自己是牛股的参与者、得益者，但真正能分享牛股盛宴的往往只有少数人，原因在于多数人既缺乏运气，又缺乏水平，缺乏观察、捕捉和骑住牛股的本领——喜欢看“牛”的过去进而“以牛取牛”，少有人能够洞察“牛”的未来，在实际选股中“以熊取牛”。

为说明问题，笔者特意对2012年十大牛股和十大熊股做了追踪分析，结果发现，2012年表现最强的ST泰复、国海证券、华夏幸福等十大牛股大多在上一年里表现平平，而表现最差的亿晶光电、大立科技、爱施德等十大熊股恰恰在前些年里牛气冲天。这说明，在2012年初选股时，如果“以牛取牛”，结果往往不尽如人意，反之，若能“以熊取牛”，倒能获得意外惊喜。

除了投资者“自选”时存在上述问题外，“他选”同样存在这样的问题。以2012年初机构荐股集中度最高的“十大金股”为例。在2012年度的实际走势中，这些所谓的“十大金股”涨少跌多，主要原因在于过去的一年里走势较强，已经透支了未来的涨幅，而2012年表现最强的十大牛股多数未能引起机构们的关注，不少系被机构们冷落的股票。

操作思路

精挑细选，独立思考

摒弃急功近利思维，做好精挑细选功课。在实际选股中，选择阶段性表现较强的股票介入的确是不少投资者成功的一大关键，但真正能够把握好时机的投资者不多。作为普通投资者，唯一能做的就是摒弃急功近利思维，做好精挑细选功课。一方面，做到“弃强择弱”。对那些股价出现连续暴涨，阶段涨幅巨大的超级牛股敬而远之，有重点地选择质地优良、股价低估，长时间在低位徘徊的潜力股票分批逢低吸纳才是上策；另一方面，做到“弃生择熟”，只做熟悉的品种，坚决不参与陌生股票的操作。与此同时，对券商、机构连续推荐、一致看好的热门品种、“××金股”，做到独立思考、保持一定距离同样显得十分重要。

“大师”操盘：不如散户

在现已挂牌交易的2000余只股票里，虽然各自的性格脾气不尽相同，区间涨跌也不一样，但有一点却是共同的，这就是有涨有跌。换言之，在所有的股票里，既没有只涨不跌的股票，也没有只跌不涨的股票。投资者的操作结果最终是盈还是亏，虽与个股表现密不可分，但主要还是取决于自己的操作而不是个股的涨跌。即对于心态良好、技法正确的投资者来说，即使个股走势不是很强，也往往能取得理想的收益；反之，如果心态不好、缺乏技法，即使个股走势很强，也难以取得理想收益。

另外，一提起操作，不少投资者总以为“大师”们说起来头头是道，操作起来也该是技高一筹，但实际并非如此。以某网站举办的“模拟炒股大师邀请赛”为例，在这次为期三个月的邀请赛中笔者发现，在同期上证指数微跌4.95%的情况下，参赛的55名“大师”跑赢指数的只有17人，仅占30.91%；不及指数的多达38人，占比高达69.09%。在指数下跌的情况下逆市取得正收益的更是寥寥无几（只有4人），结果为负收益的人数多达46人（其中5人未操作，收益率为零）。这一结果说明，“大师”们在这一赛事中的表现普遍不佳，跑赢指数都如此之难，更不要说逆市获利了。

除了“大师”们做的不如说的好外，一些“投顾”们的操作同样不尽如人意。在某网站日前组织的“首届投资顾问大赛”中，经过前一个月（11月20日至12月19日）的实际比拼，排名前50名的选手收益率全部超过19.09%，但后50名的选手收益率全部为负，且亏损幅度全部超过19.49%，几乎打了个平手。耐人寻味的是，这一平局是在同期上证指数涨7.20%的情况下出现的结果，可见“投顾”们的操作结果与同期上证指数相比存在着大幅跑输指数的问题。

更值得一提的是，无论是“大师”还是“投顾”，上述不佳战绩的取得是在模拟状态下进行的操作，是在没有压力、相对轻松的情况下进行的交易。如果大赛采取的是实际账户操作，动用的是真金白银，结果恐怕更难以想象。以上实例说明，炒股是个技术活，操作结果受多种因素影响，真正的高手、大师特别是常胜将军是不存在的，投资者没有必要迷恋于此、看低自己。与此同时，要想不断提高自己的操作技艺，唯有不断磨炼，除此之外没有他法。

操作思路

找到适合自己的交易方法

在当下赚钱难度依然较大的市况下，不同投资者须从各自实际出发，摸索出适合自己的交易方法，尤其是在多数投资者渐趋成熟的背景下，一定要坚持逢低分批吸纳原则买入股票，切忌高位追涨；在判断股指依然处于较低位置的前提下，一定要守住股票，防止低位筹码过早丢失；在确保拥有一定的短线交易经验和技法的基础上，可适当穿插短线交易，在高抛低吸获得稳定收益的同时提高实际交易的能力和水平；在认为股指涨到一定程度存在较大调整压力之时，方可择机卖出股票，逢高获利了结。

总之，在指数不可测、个股存变数、操作无定律的股市里，投资者只有摒弃各种幻想和杂念，相信并依靠自己，做好适合自己的操作，获取属于自己的收益，才能在充满变数的股市里求得一席之地。也只有这样，才能在新的一年里，实现持续盈利，进而笑到最后。

逼空市须精细操作

正确的计划、严格的执行和良好的心态，是“逼空市”下炒股的正确选择。只有在“逼空市”操作中精益求精，逐步达到“精细化”的程度，才能取得良好收益，确保市值稳中有升——

多数投资者以为，在“震荡市”里操作难度较大，需要技法、讲究精细，但在“逼空市”里操作似乎就非常简单——只要满仓买入热门板块里的强势品种，然后一路持有即可。实际上并非如此，“逼空市”炒股与“震荡市”一样，离不开“精细化”操作。

盲动蛮干导致收益滑坡

股市走势从极端运行方式看，一般可分为“逼空市”、“震荡市”和“暴跌市”三种。在“逼空市”里，指数要么连续大涨，要么涨多跌少；个股则是遍地开花、全面活跃，呈现出先普涨、后轮涨的特点。而且，冲击涨停板的股票数量不断增多。

随着行情转暖，投资者的操作热情随之升温、全面激发，股票账户新开率迅速增加，投资品种换手率持续上升，多空双方的较量结果明显对多头有利。此时，持股者大多想找更高的价位卖出股票，持币者则不得不以较高的价位买入股票。即使是单一投资者自身面对同一股票，也是高抛、惜售的心态占了上方，卖股甚至杀跌的意愿明显下降。

就投入精力和操作结果看，二者之间没有必然的联系。虽然“逼空市”里的大盘和个股总体保持上升趋势，但也不是只涨不跌，多数时间里依然会在一窄小区间里上下波动甚至出现快速跳水。投资者若死盯盘面，不少个股不温不火甚至“反走”，往往难有好的交易机会；有时稍不留神，又时常带来惊喜，或买入的股票突然大涨，或卖出的品种突然大跌，反而给投资者提供了理想的交易机会。操作结果是，投入精力大的投资者不一定收益高，投入精力小的投资者不一定收益低。

“逼空市”里正确的做法是：高卖低买、踏准节奏。这样操作，既可摊低成本、扩大收益，又可增加交易灵感，使操作流畅起来。

“逼空市”的这些特点表明，盲动蛮干不仅会导致收益滑坡、利润缩水，而且极有可能不盈反亏、适得其反，错失“逼空市”难得的赚钱良机。由此可见，要想在“逼空市”里抓住良机、跑赢指数，不仅需要有好的心态和技法，而且要精心谋划、精益求精，逐步达到“精细化”的程度。

多措并举应对逼空走势

在“逼空市”里操作，唯有“精细化”，才能稳定获利、成为赢家。表现在操作策略上，总体应保持较重仓位，但也应做到分寸得当，既不空仓也不满仓，一般保持在七成左右仓位较为适宜。只有这样，才能做到进出自如、游刃有余，既无须担心大盘和个股上涨造成踏空，也无须担心大盘和个股下跌造成被套，涨时可以找更高点位卖出所持筹码，跌时可以在更低价位买入待买股票。

在操作方式上，一是要反向操作。保持较重仓位并不意味着可以不看指数位置随意买入股票，而是要尽可能地买得早、买得低。要实现这一点，必须反向思维——当大盘“跌跌不休”、众人不敢买入时大胆买入股票。二是要不受干扰。以2012年4月份前三周为例，截止20日收盘，上证指数已涨6.37%，有近七成个股跑赢指数。最佳进场时机是月初，但当时的舆论氛围——“本周必大跌”、“年内无牛市”、“2132点本月必破”等信息随处可见，明显不利于投资者建仓。此时，只有不受干扰的投资者才会大胆从容地买入股票，最终取得丰厚回报。三是要调整策略。如果一开始在行情性质不明的情况下采取控制仓位策略，那么当市场出现明显的“逼空市”迹象后，就应及时调整操作策略，变“既买又卖”为“多买少卖”。

在操作节奏上，既不要追涨杀跌——追涨杀跌很容易导致巨亏且搞坏心态，

也不要一味死守。虽然在“逼空市”里操作，不操作往往是最好的操作，但不操作并非一味死守，尤其要防止大涨后不愿卖股，大跌后不愿买股。“逼空市”里正确的做法是：高卖低买、踏准节奏。这样操作，既可摊低成本、扩大收益，又可增加交易灵感，使操作流畅起来。在操作节奏的具体把握上，一般有三种情况：一是即时交易——买卖股票同时进行；二是错时交易——分段分批买入和卖出股票；三是择时交易——或先卖后买，或先买后卖等。

在操作技法上，需针对“逼空市”所处的不同阶段采取不同的交易方法。譬如，在大盘和个股急涨时，卖出要快，确定委托价时不要太贪，宁愿少卖几分钱也要确保成交。有正差收益时，要及时接回，此时想法不要太多，只要有微利、能接回、不踏空即可。再如，在大盘和个股震荡时，要保持淡定，耐心等待个股补涨，尽量不要割肉。因为股市里的交易机会不是时时都在、处处都有。机会多的时候，一天之内可以进出多次。机会少的时候，可能几天都没有交易机会，对此要能正确对待且有充分的思想准备。还如，在大盘和个股急跌时，要及时抢进，不要犹豫，以免错失低吸机会。

精细操作才能稳中有进

要想在“逼空市”里的操作中达到“精细化”的程度，要做到三点。

第一，离不开正确的计划。“逼空市”里的计划一定要缜密，考虑问题要周到。操作计划一般分为周计划和日计划两种。与此同时，还要根据政策形势变化和实际操作情况对计划进行及时的调整。“精细化”的交易计划主要体现在“三性”上：一是确定性——确保交易时所进行的操作是正确的；二是灵活性——交易之后，无论相关品种是上涨还是下跌，都要有相应的对策，充分体现“灵活性”的特点；三是主动性——在整个“逼空市”尤其是大幅震荡中，主动权要始终掌握在自己手里，既不被行情牵着鼻子走，也不被主力随意忽悠。

第二，离不开严格的执行。交易计划一经确定，就要在实际交易中严格执行。执行后可能会出现两方面问题：一是判断反了怎么办？原本认为大盘反弹到某一点位后应该会有调整，所以做了减仓操作，结果大盘依然选择上行，实际走势与当初判断正好相反；二是不慎踏空怎么办？卖出的股票本想在低位接回，结果一路上涨，要么接不回，要么只能以更高的价格买回，导致得不偿失。上述两个问题的共同对策是：能等则等——耐心等待计划价到达后再交易；适当纠偏——在确定性较大的情况下反差买入踏空的股票。

第三，离不开良好的心态。实际上，无论是踏空还是套牢，都是炒股的正常现象，“逼空市”也不例外。一些投资者之所以未能正确对待这一现象，且在事后采取错误的操作策略，主要原因是事先估计不足。对此，投资者在卖出股票时就要有踏空的心理预期，买入股票时则要有被套的思想准备。只有在“逼空市”里的操作中保持良好心态、做好两手准备，才能逐渐达到“精细化”的程度，进而取得良好收益，确保市值稳中有升。

周密计划巧对强震

相对一般的“平稳市”（单边上行或下跌），处于“强震市”里的股市行情变数更多、操作难度更大。增强计划性、提高执行力，既是“强震市”里踏准节奏、高抛低吸的一大关键，也是日常交易中稳定获利、跑赢指数的重要法宝——

相对通常的“平稳市”（单边上行或下跌），股市里的“强震市”行情变数更多、操作难度更大。在“强震市”里操作，要想提高成功率、取得好收益，必须增强计划性、提高执行力。

克服随意性，增强计划性

股市里的交易，按事先是否有明确、具体的交易计划大致可分为无计划交易（随意性）和有计划交易（计划性）两种。前者一般根据盘面走势临时确定买卖股票的时机、品种和数量，对投资者的操作要求相对较高；后者则很少受盘面走势影响，一切交易动作都严格按照事先制定的计划执行，表面上看似乎操作难度不大、要求不高，实际上却颇有讲究。

在多年的股市投资中，笔者已养成有计划交易的习惯。每逢周末或双休日，总要对上周操作进行回顾总结，对下周交易进行计划安排：买不买、买多少、买什么、怎么买等，都要事先计划妥当。这种变随意性为计划性的操作好处很多，不仅能有效抵御盘中涨跌对操作情绪的影响，避免由于过于随意导致追涨杀跌，而且能使整个操作完全在计划指导下进行，变得十分超脱和流畅——到价就做、不到不做。

> 考虑买还是卖的因素主要有：在业绩方面是否存在退市风险，在流通盘方面股性是否活跃，在主力驻扎方面是否有主力被套甚至深套，在技术层面跌幅是否够大、是否存在捡便宜的机会。

有计划交易的计划周期主要以周为单位。周计划通常由三部分组成。

首先是仓位控制。

通过对股市的基本面和技术面的分析研究，确定下周持仓比例。一般要做到“三个明确”：一要明确行情性质，是牛市还是熊市，是单边市还是震荡市。如果认为是单边大牛市，只要满仓持股即可；如果认为是单边大熊市，则应轻仓或空仓；如果认为是震荡市，就应适当调整持仓比例，尽量踏准操作节奏。二要明确股指点位，并根据点位高低对仓位做相应的调整，努力做到“高轻低重”（点位高时轻仓、点位低时重仓）。三要明确市场氛围，是一片狂热还是极度低迷，并据此确定下周仓位比例。仓位控制的一般原则是：当市场出现“狂热症状”时应逐渐降低仓位，当市场处于极度低迷时则应分批加仓。

制定的仓位控制计划是否正确，一定程度上取决于投资者的思维方式是否科学，如果总能逆多数投资者的想法而进行理性的计划，正确率往往较高。譬如，2012 年 5 月 4 日（周五），上证指数几乎以全日最高点收盘（收于 2452.01 点），在之后两天的双休日里，市场内外的“狂热症状”非常明显——“制度性利好持续发酵将挑战前高”、“制度红利点燃红五月激情”、“政策利多 A 股上测 3500 点”等各种看多声音随处可见，几乎达到“一边倒”的程度。但实际上，只要打开上证指数日 K 线图便不难发现，当时股指已明显处于前期多个高点和两波大的反弹这两大压力之下，调整的可能性大大增加。因此，此时制定的仓位控制计划应逐渐降低而不是加大。结果，在之后一周（截止 5 月 11 日），两市主要股指均出现较大跌幅。

其次是品种选择。

这是周计划的重要组成部分。在控制好仓位的基础上，下周买、卖什么股票，也要在周计划里做出具体安排。考虑买还是卖的因素主要有：在业绩方面是否存在退市风险，在流通盘方面股性是否活跃，在主力驻扎方面是否有主力被套甚至深套，在技术层面跌幅是否够大、是否存在捡便宜的机会。应重点回避的股票主要包括：前期热门股、连续大涨股、估值偏高股，以及定位不稳的次新股和问题百出的麻烦股，等等。

再次是交易计划。

在做好仓位控制和品种选择两大计划基础上，最关键的是要制定出具体、明确、操作性较强的交易计划，包括配对交易计划和各自交易计划。所谓配对交易计划，是指针对之前的换股操作，如今因出现了较好的回转机会而制定的操作计划，具体包括卖出和买入股票的名称、价格和数量，以及按计划价交易的预期盈利额等，以便在下周交易时做到一目了然。所谓各自交易计划，则是指单一品种自身出现高抛或低吸机会时制定出来的卖出和买入计划，同样包括股票的名称、价格、数量和预期盈利额等。此外，对交易计划，要集中记录在专门设计的“周操作计划表”里，内容主要由原操作、最新价和现计划三部分组成。

加强纪律性，提高执行力

在精心制定出切实可行的下周计划基础上，在实际交易中关键是要加强纪律性，提高执行力，严格按计划操作。

——计划执行的时机。由于事先制定的操作计划大多有明确的交易价格，因此在盘中会出现两种可能，一是达到或超过事先设定的价格，二是始终未达计划的交易价格。对于前者，原则上要按照计划在第一时间进行交易，即按计划操作；对于后者，唯一能做的是继续等待。

——计划执行的方式。**有时在某一时点，几个批次或几个品种出现了同时到价的情况，此时只要选择价差优势最明显的批次或品种先行交易即可，随后再进行下一批次或品种的交易。**极端的情况是，当某一交易日所有股票都大幅高开或大幅低开，可供交易的品种大量集中出现时，可先卖出涨幅最大或买入跌幅最大者，再依次进行其他批次或品种的委托交易。

——计划执行的结果。虽然在按计划进行交易时，多数投资者都是选择确定性机会进行交易，即不论交易之后相关股票是涨还是跌都是正确的交易。但交易之后的实际走势，即执行计划之后的结果往往有两种可能：一是“错”——卖出的股票上涨、买入的股票下跌，此时需要等待，不可盲动；二是“对”——卖出的股票下跌、买入的股票上涨，此时又给投资者提供了再次回转交易的机会。接下来的操作方式有二：一是当天回转，将卖出的股票当天买回，同时利用底仓将买入的股票当天卖出；二是次日及以后再回转，但存在不确定性，有可能“等待”后回转交易后的收益更大，也有可能收益更小甚至失去机会。

在执行环节须处理好的关系，主要是高抛低吸和仓位控制之间的关系。在高抛低吸、执行计划过程中，一定要确保将仓位控制在计划的范围之内，千万不要由于委托下单原因导致仓位极度膨胀或筹码完全丢失。一方面，在一定高位，委托卖出时，要确保成交，哪怕利差少些也无妨；委托买入时，则问题不大。另一方面，在一定低位，委托买入时，也要确保成交，哪怕买价适当高些也值得；委托卖出时，能否成交的关系同样不大。

体现灵活性，提高成功率

以上介绍的是周计划的操作方法。实际上，操作计划的周期，除了通常采用的周计划外，还有日计划、月计划等，投资者可视情况确定适合自己的计划周期。与此同时，还要随市场环境和交易情况的变化对原计划做适当的调整，以体现计划的灵活性，进一步提高成功率。

与计划的制定一样，计划的调整也由仓位控制、品种选择和交易计划三部分组成。在仓位控制方面，原计划确定的仓位控制计划针对的是当初大盘点位，后来由于情况发生了变化——大涨或大跌，此时的仓位控制计划也需要适当调整，并在实际操作中适当加仓或减仓。

在品种选择方面，原卖出的筹码原本以为周内不大可能接回，故未在原计划中包括，但在计划执行过程中发现，该股票出现了大跌，出现了正差接回的机会，此时就应在原计划基础上追加买、卖计划，并在操作中将该买入的股票及时买回来，将该卖出的筹码及时卖出去。

在交易计划方面，无论是配对交易计划和各自交易计划，都有可能未达交易条件，也有可能全部达到交易要求。对于前者，无须调整交易计划，但对后者，就应及时调整交易计划，增加配对交易的数量或各自交易的品种，尽可能结合行情变化，让操作达到最优化的程度。

增强计划性、提高执行力，不仅是“强震市”里踏准节奏、高抛低吸的一大关键，同时也是日常交易中稳定获利、跑赢指数的重要法宝，值得投资者认真琢磨、细心品味。

利好股里机会多多

同样面对“利好云集”的股市，不同投资者出现不同结果的原因，除了操作方法存在差异外，还与操盘策略和技巧截然不同有关。正确的策略和技巧大多离不开对大势、板块和个股规律的正确把握——

股市情况错综复杂，各种资讯层出不穷。单就政策对股市的影响来说，有时利空不断，个股跌跌不休，投资者纷纷割肉离场；有时“利好云集”，个股红红火火，投资者纷纷进场交易。

以 2011 年清明节小长假为例。正当节前 A 股连续 4 周收阴、处于岌岌可危之时，节后首个交易日出现了放量大涨走势。究其原因，除了市场本身具有超跌反弹动能外，还与政策面的“利好云集”密不可分——先是 1 日晚间，证监会拉开了新一轮新股发行体制改革序幕；时隔两天（3 日晚间），证监会又宣布扩大合格境外投资者的额度、规模等。

“利好云集”之下，节后首周（两个交易日）大盘和个股出现了不同程度的上涨：上证指数和深证成指分别上涨 1.93%、3.99%，两大股指平均涨 2.96%；个股也呈现出大面积普涨格局。在可比的 2289 只股票中，跑赢指数（涨幅超过 2.96%）的多达 1469 家，占 64.18%，跑输指数（涨幅小于 2.96%）的仅有 820 家，占 35.82%。与此同时，投资者的账面收益出现了明显分化，有的大幅跑赢指数，有的勉强持平，有的则逆市下跌。

同样，面对“利好云集”的股市，不同投资者出现不同结果的原因，除了操作方法存在差异外，还与操盘策略和技巧截然不同有关。一般情况下，“利好云集”下正确的操盘策略和技巧包括三个方面。

正确把握“利好云集”下的大盘规律

【大盘规律】

总体来讲，“利好云集”下的大盘走法没有一成不变的规律。相对而言，较有代表性的运行方式主要有三种：一是高开，具体表现为高开高走和高开低走两种；二是低开，又可分为低开高走和低开低走两种；三是震荡，包括震荡上行和震荡下行两种。

实际运行中采取何种方式开盘，接着怎样运行，很大程度上取决于“利好云集”时的股市环境，主要包括指数点位的高低和周边市场的走势。在指数点位方面，如“利好云集”的同时指数处于相对高位，多数情况下都会被主力视作出货的契机，所以出现高开低走的可能性较大；反之，如“利好云集”的同时指数点位相对较低，则高开后选择继续上行的概率相对较大。

在周边市场方面，如“利好云集”的同时周边市场纷纷大涨，则会起到“好上加好”的作用，导致股市大幅高开；如周边市场走势不佳，则会制约“利好”作用的发挥，二者“正负相抵”后股市高开的程度也会受到拖累。譬如，清明节后首周，受节日期间 A 股“利好云集”以及周边股市大跌的综合影响，市场选择了相对温和的开盘方式——上证指数小幅低开（跌 0.21%），深证成指几乎平开（涨 0.01%）。

【操盘策略】

如“利好云集”后股市大幅高开，原则上不再加仓，宜适量减持，若再涨则再减仓，待盘中或日后回落时再买回，以便赚取差价收益；如大幅低开，一般情况下不要卖出，且适量增持，若再跌则再加仓，待盘中或日后冲高时再卖出，扩大短线收益；如平开或开盘时涨跌幅不大，则可采取折中方式——不进也不出，耐心等待盘中或日后大盘和个股的方向选择。

操盘技巧

“利好云集”下的三技法

一要学会潜伏。多数情况下，“利好云集”后股市会大幅高开，很少有低吸机会，所以事先潜伏就显得越发重要。另外，从收益角度看，比较可观的收益往往是“从低位买入到利好高开”这一区间的涨幅。因此，平时操作中，就要养成低吸习惯。只有做到事先潜伏、吃足廉价筹码，才能在“利好云集”时取得理想收益。

二要制定计划。对于“利好云集”后大盘和个股可能出现的开盘方式和运行方向，盘前先假设多种可能，制定相应方案，盘中严格按计划执行，只有这样操作起来才会有条不紊。

三要做到适度。无论“利好云集”后高开还是低开，不管操作中选择买入还是卖出，都既不要“大进大出”，更不宜“满进满出”，一般拿出1/3或1/4仓位进行短线操作即可。因为能做好这部分仓位的操作已经不易，不要指望能在“全进全出”的前提下总能使操作达到高抛低吸、进出自如的程度。

正确把握“利好云集”下的板块特点

【板块特点】

体现在板块方面，“利好云集”下的市场多数情况下都会呈现出先普涨后分化的走势。在普涨阶段，无论什么板块一般都会上涨，但在分化阶段，不同板块的命运就会截然不同，呈现出涨跌互现、幅度不同的特点。如清明节后首周，在两大股指平均涨2.96%的情况下，位居“所有指数”涨幅榜前三名的分别是380电信（6.47%）、食品饮料（6.10%）和金融指数（5.92%），均大幅跑赢指数；居于后三位的300银行（-0.32%）、内地银行（-0.32%）和国债指数（0.05%）均大幅跑输指数，两天时间最大相差6.79个百分点。

【操盘策略】

对于有一定观察能力的投资者来说，若能事先看准“利好云集”后可能走强的板块，只需在“利好云集”前及时逢低买入“准强势板”品种即可；但就绝大多数普通投资者而言，逢低买入超跌或滞涨板块里的个股并耐心持有才是上策。如清明节后首周大幅跑赢指数的三大板块正是上一年度走势较弱的板块：380电信在上一年度全部448个指数品种中表现最差（列倒数第1名），金融指数列倒数第26名（食品饮料数据暂缺）。投资者若能以良好心态在上一年度走势较差的板块中选择超跌个股买入并耐心持有，就能在“利好云集”的节后取得不俗收益。

操盘技巧

"弃强择弱"与坚守定律

一是要"弃强择弱"，尽量不要买入并持有已经强势大涨的板块品种，以免替人"埋单"。

二是要坚守定律，尽量不要在板块大涨后机构或媒体一致看好时追高买入，应多在大跌后遭机构或媒体冷落时逢低吸纳，这样操作不仅风险较小而且机会较大。

正确把握"利好云集"下的个股机会

【个股机会】

除了少数个股在"利好云集"下呈单边上行或下跌走势外，多数股票或箱体震荡，或相互轮动。一方面，单一品种自身呈箱体震荡，且箱顶和箱底都较为清晰，把握起来相对比较容易；另一方面，几个品种之间相互轮动，此股涨、彼股跌，一段时间后，再轮回涨跌。轮回周期有长有短，长的数月甚至几年，短则三、五天或一两个月等。

【操盘策略】

一是做好单一品种自身的高抛低吸。下跌时分段买入，再在反弹中分批了结；上涨时分段卖出，再在回调中分批买回。二是踏准几个品种之间的涨跌节奏，卖出大涨品种的同时买入大跌股票。交易之后，当出现回转机会时，立即进行回转交易。若回转机会一直未能出现，则需耐心等待，切忌操之过急。只要有足够耐心，一般情况下日后都会出现正向回转机会。

操盘技巧

不可小看"蝇头小利"

把握"利好云集"下的个股机会，要对机构或媒体推荐的板块和个股保持谨慎态度，不买已经大涨的股票，但也不意味着对持有的股票死守不动，而是应多进行高抛低吸操作。当个股突然拉起时可先高抛，有正差收益时再及时接回。普通投资者不要小看这种"蝇头小利"，因为这是建立在正确把握大势、板块和个股规律基础上所进行的"多余操作"，产生的微小利润也是属于额外收益。而且，从实盘交易看，这种看似简单的交易手法，也是普通投资者应对"利好云集"股市行之有效的法宝之一。

利空股里也有黄金

面对“利空股”，投资者若能珍惜机会、定好计划、适时交易、注意技巧，也能取得超过指数和多数个股的好收益——

随着一年一度年报披露工作的即将开始，反映上市公司经营状况的“年报成绩单”将陆续与投资者见面。按照往年规律，在一些上市公司“利好”消息闪亮登场的同时，另外一些上市公司的“利空”消息也将接踵而至。获悉“利空”消息后，一些投资者特别是新股民的第一反应是：“利空”消息将对相关公司的股价走势带来不利影响，因此，持有“利空股”的投资者首先考虑的是要不要“割肉逃命”，原本想买的投资者考虑的则是要不要放弃建仓，有的甚至思忖着要不要把“利空股”从自选股中彻底删除。总之，投资者能跑则跑、能避则避的心态占了上风。

然而，一段时间后，投资者若再回过头来看这些“利空股”，或许就能发现，不少“利空股”在“利空”公布后反而走得更强，其中为数不少的个股还跑赢了指数，有些甚至成了红极一时的“热门股”，受到投资者的热烈追捧。每当此时，一些当时离“利空股”而去的投资者又开始后悔当时的操作，有的甚者又重新考虑起要不要追涨买入等问题。

理性看待“利空股”

无论何时，资本市场总会有一些“利好”或“利空”消息出现在投资者面前，这已成为规律，谁都无法回避。投资者若能提前获悉潜在的“利好”或“利空”消息，并在多数投资者尚不知情的情况下赶在“利好”公布前逢低买入，“利空”消息发布前逢高离场显然是明智的选择。但假如没这个本事，待“利好”公布后再追涨、“利空”出来后再杀跌往往为时已晚。正确的做法是，既不兴奋也不紧张，既不贪婪也不恐惧，而是对“利好”、“利空”消息进行具体分析，结合个股实际，采取相应对策。对于突如其来的“利空”消息，投资者重点要关注以下几个方面。

一是看“利空”性质。上市公司发布的“利空”消息五花八门，既有确定性的“利空”，譬如，长期以来生产、经营存在严重问题，导致企业业绩持续下滑等，也有突发性的“利空”，譬如因灾害等原因导致企业出现重大损失等；既有对企业今后的发展带来致命打击的大“利空”，也有对企业今后发展影响不大的小“利空”；既有包含实质性内容的真“利空”，也有只是看上去十分吓人的假“利空”。对此，投资者一定要保持清醒头脑，对“利空”性质分析清楚后再定夺。

二是看股价走势。一般来说，凡是“利空”消息都会对上市公司的股价产生不同程度的影响，只不过这种影响有的提前有的滞后。因此，投资者在遇到“利空”消息后重点要看“利空”公布前股价有没有做出提前反应。如“利空”公布前，在大盘和其他股票走势相对平稳的情况下，“利空股”已经出现了一定程度的跌幅，已经提前反应了“利空”对股价的影响，对于在这种情况下公布的“利空”消息，投资者没有必要过于担心。如在“利空”公布前，“利空股”一切“正常”，尚未出现“非正常”下跌，一般来说会在“利空”公布后有一个滞后反应过程，将会在日后对股价形成一定的冲击，遇到这种情况时投资者就需引起警觉。

三是看主力成本。如果“利空”公布前后股价处于相对底部且尚未脱离主力成本，一般来说，投资者无须过于担心，遇到主力刻意打压时更无必要惊慌；如果股价处于相对高位但主力尚无脱身迹象，有一定实力的主力也不会放任股价大幅下跌，想离场的投资者只要不是特别“贪心”，大多会有较好的出局机会。投资者重点需要注意的是那些“利空”消息出来时股价已处相对高位且主力已全身而退的“利空股”，对这样的股票，投资者应尽力回避，越早越好，即使亏些成本或“割肉卖出”，也不应存有任何侥幸心理。

四是看活动迹象。重点观察“利空”消息公布后盘口显示的信息有无主力活动迹象。如果股价处于低位、主力活动迹象明显，且时不时出现有规则的大单吸货现象，极有可能是主力在“捡便宜”；如果股价处于高位、主力活动频繁、成交明显放量，则多半是主力在倒仓或出货，目的是诱导散户跟风、接盘。检验某一股票有无主力在活动的方法之一是试盘，资金量较大或持股数较多的投资者可选某一时间买入、卖出同一品种、同一数量的股票，通过查看账户“当日成交”栏内显示的成交笔数和每笔股数即可看出主力和散户谁在进、谁在出。一般来说，在成交总量固定的情况下，成交笔数多、每笔股数少的系散户所为，反之则是主力所为。这种试盘的次数越多、数量越大，结果就越准确。

以上“四看”的目的是通过分析，观察“利空股”，有无短线投资机会。若没有机会，就选择卖出或放弃建仓，若有机会，就一路持有或适量买入。从以往一些上市公司“利空”消息公布后的市场走势看，除少数股票随“利空”大势已去外，多数“利空股”在日后均有良好表现。

怎样操作“利空股”

对于存在交易性机会的“利空股”，投资者应善于把握、及时抓住。简言之，已经持有的投资者继续持有，有资金的还可适量补仓，即使想卖出的也应在日后该股冲高过程中逢高卖出；正在关注、计划买入的则应大胆买入。具体操作方法如下。

> **对于存在交易机会的“利空股”，已经持有的投资者继续持有，有资金的还可适量补仓，即使想卖出的也应在日后该股冲高过程中逢高卖出；正在关注、计划买入的则应大胆买入。**

准备买入的投资者，可在以下两个时间里任选一个择机买入。

一个时间是“利空”消息公布当日。具体时机有三：低开时买入。一般情况下，个股突发“利空”消息后多数情况下都会大幅低开，此时买入虽有惯性下跌的风险，但比低开后又被迅速拉起时再买要便宜得多；下跌时买入。“利空股”低开后有的很快被买盘托起，有的则继续探底，在探底时买入是继低开时买入之后又一个较好的买点；转向时买入。即不在低开时建仓也不在探底时“接棒”，而是专等“利空股”完成低开和探底动作后出现向上转向时快速买入。相比前两个时机买入，转向时买入显得较为稳妥，问题是转向的时点一般投资者很难把握。

另一个时间是“利空”消息公布后的某日。有些股票“利空”公布后既不是“大势已去”，也不是立即大涨，而是先跌几天，待恐慌性抛盘全部涌出后再返身向上。对于这种“利空股”，投资者的最佳介入时机是下跌数日（一般为3～5天）后。具体介入方法是：股价下跌时分段买入，掉头向上时完成建仓。以紫金矿业为例，该股首次公布“渗漏环保事故公告”这一“利空”消息的日期是2010年7月13日，当日股价下跌3.68%；时隔一天，该股第二次公布“利空”消息，股价先探底后回升，收盘时不涨也不跌；7月15日，该股再次发布关于专项核查的“利空”消息，当日和下一交易日股价分别大跌4.17%和5.43%。直至7月19日该股关于“事故进展情况”公告发布股价瞬间下探至4.97元后才止跌回升。所以像紫金矿业这种“利空”消息公布后连跌数日的“利空股”在消息公布之后任意一个交易日买入的成本都要比首日买入低得多。

准备卖出的投资者，可在股票“利空”出尽、股价探底回升、反弹数日之后再择机高抛。紫金矿业第4次公布“利空”消息之日同时也是“阶段股价”的最低日，此时卖出实不明智，在以后反弹过程中的任意一天卖出都比之前卖出要好许多。自7月19日阶段低点4.97元至10月15日阶段高点10.82元，不到3个月，紫金矿业就大涨117.71%，跑赢指数93.51个百分点（同期上证指数最大涨幅24.20%），为准备卖出的投资者提供了极好的卖出机会。即使以1月10日作为截止日，7月19日以来紫金矿业也大涨了49.33%，大幅跑赢指数36.55个百分点（同期上证指数涨12.78%）。

在把握“利空股”投资机会时还需注意以下四点：

一是珍惜机会。只要“利空股”累计涨幅不大、绝对价位不高、主力获利不多，原则上应抓住难得的低吸机会（可与之前买入的成本做一比较）。

二是定好计划。投资者要在“利空”公布后的第一时间制定出明确的操作计划，对买卖时机、价格、数量等做到心中有数，以免到时候手忙脚乱、追涨杀跌。

三是适时交易。一方面要严格按照制定的计划进行交易，另一方面，当交易之后出现了更好的买卖点时可在原操作的基础上进行操作后的“再操作”——买得更低、卖得更高。

四是注意技巧。无论是买入还是卖出，一旦到价就应委托，但在实际下单、点击“确定”时可视盘口情况进行“延时”处理：准备买入时如果股价直线下跌，或者打算卖出时股价出现抢筹，均可在不改变委托价格和数量的情况下稍等一下，但须密切关注，待上述现象消除、股价出现转折时再点击“确定”。此时下单，由于委托价与市场价还有一段“空间”，一般都能确保“优先成交”（因委托价格优于其他委托者），而且实际成交价往往比计划价（委托价）买得更低、卖得更高，达到既能确保按计划交易又可提高投资收益的目的。

散户"冬播"须有"四技"

无论牛市还是熊市，总会有一批表现抢眼的强势股浮出水面，买入并耐心持有的投资者，总会取得令人羡慕的回报。这些"幸运者"之所以能在数以亿计的投资者中脱颖而出、成为赢家，除了天赋和外因外，还与强烈的"冬播"意识和精湛的"冬播"技艺密不可分——

无论牛市还是熊市，总会有一批表现抢眼的强势股浮出水面，吸引广大投资者的眼球。这些强势股，或在大盘调整中逆市上涨，或在大盘上涨中连续井喷。及时买入、耐心持有这些强势股的投资者总会取得令人羡慕的回报，成为股市为数不多的赢家之一。

这些"幸运者"之所以能在数以亿计的投资者中脱颖而出、成为赢家，除了天赋和外因外，还与强烈的"冬播"意识和精湛的"冬播"技艺密切相关。

"冬播"的两大要素

股市在任何时候都是机会与风险并存，既不存在没有风险的机会，也不存在没有机会的风险，只是在不同时期，面对不同品种，这种机会和风险的几率互不相同罢了。技术娴熟、水平高超的投资者与众人的区别主要在于操作方式不同，总是尽可能地用较小的风险去博取较大的机会。在适宜"冬播"的时节，进行恰到好处的"冬播"操作，便属于机会大、风险小的操作方式。

以笔者长线关注的品种中国铁建为例。自 2012 年 1 月 1 日起至 12 月 5 日止，中国铁建在上证指数下跌 7.62% 的情况下逆市大涨 56.91%，大幅跑赢指数 64.53 个百分点，在同期可比的 2449 只挂牌交易股票中位居涨幅榜第 45 名。显然，投资者若能在去冬今春及时“冬播”，买入并持有中国铁建，不仅能有效回避指数下跌风险，而且能及时把握牛股大涨机会，这就是正确“冬播”带来的机会所在。

从上例不难看出，**正确的“冬播”大多离不开资金来源和品种选择两大要素，即用什么样的资金去“冬播”什么样的品种**。就资金来源而言，一般情况下用于“冬播”的资金必须是多余的闲钱，没有时间限制和盈利压力。任何通过借贷等方式获得的“压力钱”都不适合用于“冬播”，因为这种“压力钱”不仅成本高、风险大，而且不利于实际操作，“冬播”的成功率反而更低。

品种选择同样是正确“冬播”的重要因素。换言之，“冬播”什么样的品种才能取得理想收益？有人说，应选择强势股进行“冬播”，也有人说得选择弱势股用于“冬播”。笔者的体会是，不可一概而论，要具体股票具体分析，总的原则是应尽量选择适宜“冬播”的潜力股。

适宜“冬播”的潜力股一般有四大特征：一是质地优良、有良好的业绩支撑、连续多年每股收益都能保持在0.30元以上；二是股价超跌，参与投资的主体多数处于被套甚至深套之中；三是盘子适中，既不能太大也不能太小，最新流通盘在1亿~10亿股之间较为理想，因为这样的盘子既有利于大资金进出，又有利于股价拉升；四是主力驻扎，最好有机构关注。通过查看“十大流通股东”，即可发现一段时间里机构、主力的活动身影，有无机构关注也就一目了然。

当然，在选择“冬播”的具体品种时，作为处于相对弱势地位的普通散户来说，没有必要在2000余只挂牌交易的全部品种里“大海捞针”，只需在平时跟踪的熟悉品种里通过比较、分析予以选择即可。只有这样，在实际进行“冬播”操作时才会做到踏实、放心。

“冬播”的操作技法

资金来源和品种选择是“冬播”的两大要素，也是成功“冬播”的两大关键。与此同时，投资者的操作技法也将对“冬播”结果产生重要影响。影响“冬播”结果的主要技法包括以下四个方面。

第一，选时。股市投资经常出现这样的情况：同样进行“冬播”操作，选择同一品种买入，但不同的投资者“冬播”结果往往大不相同。究其原因，多与选时恰当与否密切相关。恰当的“冬播”时机主要有两个。

一是“跌透”时低吸。衡量“冬播股”是否跌透，可以从大盘已跌透、相关板块已跌透、选定的股票已跌透几个方面加以把握。在跌透与否的具体量化上虽没有固定的标准，但大体可这样把握：先看绝对价格。对于价格低于10元的股票来说，当下跌3~5元时一般可认为已跌透，下跌超过5元时可认为严重跌透。对于价格低于5元的股票来说，当下跌2~3元时一般可认为已跌透，下跌超过3元时可认为严重跌透。再看相对幅度。一般情况下，当跌幅在30%~50%时一般可认为已跌透，超过50%可认为严重跌透。

一是“转势”时跟进。跌透的股票一般情况下再度大跌的可能性不大，但并不意味着会立即上涨，不少股票在跌透后往往须盘整一段时间。但对于“转势股”来说，短线上涨的机会明显大于前者，因此选择在股票调整到位后的转势期跟进，同样是较为理想的“冬播”时机。判断股票是否出现“转势”的方法，主要是通过观察盘面走势的一举一动来发现主力活动的蛛丝马迹，并据此判断出相关股票是否出现转势。如果某一股票在长期下跌后，一段时间里出现了“大盘跌，它不跌”、“大盘稳，它上涨”、“大盘涨，它大涨”，且持续时间较长的情况，一般可认为该股已出现了转势，宜及时跟进。

如果某一股票在长期下跌后，一段时间里出现了“大盘跌，它不跌”、“大盘稳，它上涨”、“大盘涨，它大涨”，且持续时间较长的情况，一般可认为该股已出现了转势，宜及时跟进。

须注意的是，无论是跌透时低吸还是转势时跟进，在实际选择“冬播”时机时还须与大盘走势和公司业绩结合起来一并分析。对于业绩出现下滑的公司，即使看上去已经跌透，也不宜轻易买入；还有，当大盘出现暴跌时，即使相关股票看上去已经跌透，同样须另当别论。

第二，定量。在买入某一“冬播股”时，不宜重仓甚至满仓，而是应控制好单一品种占全部市值的比例。**一般情况下，资金量较小的投资者，单一“冬播股”的占比控制在1/3左右较为适宜；资金量较大的投资者，控制在1/3~1/5之间即可；资金量特别大的投资者，有必要控制在1/5以下。**

第三，分批。在控制单一“冬播股”总量基础上，还须注意买入时的批次性，原则上应分批买入，不宜一次性建仓。其中，资金量较小的投资者，对于确定的拟买单一“冬播股”，总量一般可分3批左右进行建仓，资金量较大的投资者分为3~5批较为合适，只有资金量特别大的投资者才有必要分为5批以上。在实际“冬播”过程中，只要拟买“冬播股”到达预先设定的价格，即可按计划分批买入、越跌越买，直至完成全部建仓计划时止。

第四，搭配。在做好某一“冬播股”总量控制和批次选择基础上，还须做好不同“冬播股”之间的相互搭配工作，且尽可能做到“冬播”的几个品种分布在不同市场、不同行业、不同地域、不同价区（高价股和低价股）上，确保买入的“冬播股”具有广泛的代表性。因为只有分散搭配，才能既可分享“冬播”成果，又能有效抵御单一品种带来的突发性风险，确保做到一举两得。

“冬播”的获利秘籍

最终能否取得“冬播”的预期收益，达到“冬播”的终极目的，不仅取决于“冬播”操作本身，还与“冬播”有关的其他因素密不可分，主要有四个方面。

一是制定计划，有序操作。既包括“冬播”时的买入计划——买入时机、数量、价格等；也包括“冬播”后的卖出计划——当“冬播”后股价走向与预期一致时的“逆操作”计划，以及股价走向与预期相反时的“补操作”计划。只有做到计划周密，才能确保有序操作。

二是保持耐心，持股待涨。就“冬播”结果看，一般会出现两种情况：一种是正收益，由正确的“冬播”带来的持股收益和高抛低吸带来的短差收益两部分组成；另一种是负收益，同样由两部分组成，分别是错误的“冬播”导致的股价缩水和追涨杀跌导致的短线亏损。作为普通投资者，要想同时获得正收益的两个部分，有一定难度，但也须确保不成为后者负收益的买单者。比较适合多数投资者的是，正收益中由正确的“冬播”带来的持股收益部分。因此，在操作中原则上要以持股待涨为主，这样不仅收益可观且便于操作。只有在确保筹码不丢、方向不反的前提下，才可适当考虑进行短线交易，确保取得长线收益的同时争取短线收益的最大化。

三是择机高抛，获利了结。在进行“冬播”操作时一定要有收获意识，择机高抛。适合获利了结的情形一般有三种，分别是大盘见顶时、个股价格到达阶段性高点时，以及“冬播”后收益达到预期目标时。具体点位和价位可视投资者的各自实际加以设定。

四是抵御诱惑，保持淡定。在同样的“冬播”机会面前，为何总是有人及时抓住、有人错失良机，重要原因在于各种诱惑面前，有人总能保持淡定，有人则经受不住各种诱惑的考验。这些诱惑包括：“冬播”品种选择时强势股的诱惑，阶段性高点出现时看多声的诱惑，低位盘整时领涨股的诱惑，以及“冬播股”小幅上涨时微利的诱惑，等等。投资者只有在掌握“冬播”四大技法的基础上，及时抵御来自市场内外的各种诱惑，才能取得“冬播”操作的预期收益（文内涉及的相关股票区间涨跌幅及与上证指数比对表见表1～表6）。

表1　2012年1月1日至12月5日中国铁建涨跌幅及与上证指数比对表

区　分	2011年12月30日收	2012年12月5日收	区间涨跌幅	与上证指数比
上证指数	2199.42	2031.91	－7.62%	—
中国铁建	3.69元	5.79元	56.91%	64.53百分点

注：个股价格及阶段排行已做精确复权处理（下同）；同期可比的挂牌交易股票共有2449家，中国铁建列涨幅榜第45名。

表2　1月7日至2月27日中国铁建第一波上涨幅度及与上证指数比对表

区　分	1月6日收	2月27日收	区间涨跌幅	与上证指数比
上证指数	2163.40	2447.06	13.11%	—
中国铁建	3.72元	4.50元	20.97%	7.86百分点

注：1月6日系中国铁建创出年初低点3.66元之日；2月27日系中国铁建创出年内第一波高点4.56元之日；同期可比的挂牌交易股票共有2284家，中国铁建列涨幅榜第1162名。

表3　2月28日至3月29日中国铁建第一次回调幅度及与上证指数比对表

区　分	2月27日收	3月29日收	区间涨跌幅	与上证指数比
上证指数	2447.06	2252.16	－7.96%	—
中国铁建	4.50元	3.94元	－12.44%	－4.48百分点

注：2月27日系中国铁建创出年内第一波高点4.56元之日；3月29日系中国铁建第一次回调低点3.90元之日；同期可比的挂牌交易股票共有2310家，中国铁建列涨幅榜第1464名。

表4　　3月30日至7月19日中国铁建第二波上涨幅度及与上证指数比对表

区　分	3月29日收	7月19日收	区间涨跌幅	与上证指数比
上证指数	2252.16	2184.84	-2.99%	—
中国铁建	3.94元	4.79元	21.57%	24.56百分点

注：3月29日系中国铁建第一次回调低点3.90元之日；7月19日系中国铁建创出年内第二波高点4.86元之日；同期可比的挂牌交易股票共有2395家，中国铁建列涨幅榜第272名。

表5　　7月20日至8月27日中国铁建第二次回调幅度及与上证指数比对表

区　分	7月19日收	8月27日收	区间涨跌幅	与上证指数比
上证指数	2184.84	2055.71	-5.91%	—
中国铁建	4.69元（除权）	4.20元	-10.45%	-4.54百分点

注：7月19日系中国铁建创出年内第二波高点4.86元之日；8月27日系中国铁建第二次回调低点4.19元之日；同期可比的挂牌交易股票共有2404家，中国铁建列涨幅榜第1892名。

表6　　8月28日至12月5日中国铁建第三波上涨幅度及与上证指数比对表

区　分	8月27日收	12月5日收	区间涨跌幅	与上证指数比
上证指数	2055.71	2031.91	-1.16%	—
中国铁建	4.20元	5.79元	37.86%	39.02百分点

注：8月27日系中国铁建第二次回调低点4.19元之日；12月5日系中国铁建创出年内第三波高点5.82元之日；同期可比的挂牌交易股票共有2432家，中国铁建列涨幅榜第18名。

解套重在打“组合拳”

由于股市情况千变万化，具体解套方法也是多种多样，不同投资者须根据各自实际逐步摸索一套适合自己的解套方法。相对简便且适合多数投资者普遍采用的解套方法有：“持股不动解套法”、“等量补仓解套法”、“等差补仓解套法”、“倍数补仓解套法”——

熊市炒股，不幸被套，十分正常；从不被套，反而不正常。要想成为炒股的智者和赢家，不仅应尽力减少被套的次数和幅度，而且要通过熟练掌握解套的方法和技巧，变被套为解套甚至获利。

实例：解套要打“组合拳”

这是一起典型的从被套到解套再到获利的操作实例。

2011 年 8 月 22 日，笔者投入 10000 元资金，加上原有余资 1567 元，账户共有可用资金 11567 元。当天，笔者以 4.58 元的收盘价全仓买入正处于持续阴跌的中国北车 2500 股，收盘时上证指数为 2515.86 点。

建仓后，在大盘和相关板块走弱的影响下，中国北车继续下跌，最低跌至 4.40 元，买入的筹码没过几天就被套住。

但在之后的两个月时间里，昔日“跌跌不休”的中国北车一改之前的“熊样”，顽强经受住了大盘和个股大幅下跌的考验，笔者买入的筹码也同时经历了从被套、解套到最终获利的过程。至 10 月 21 日收盘，上证指数区间跌幅 7.89%，中国北车逆市上涨 7.21%，跑赢指数 15.1 个百分点（见表 1）。

在过去的两个月，上证指数区间跌幅 7.89%，许多个股跌幅更大，一些之

表1　　8月22日至10月21日上证指数及相关个股区间涨跌一览表

区　分	8月22日收盘（元）	10月21日收盘（元）	区间涨跌幅（%）	与指数比（百分点）
上证指数	2515.86	2317.27	-7.89	
中国北车	4.58	4.91	7.21	15.1
冠昊生物	79.98	46.74	-41.56	-33.67
正和股份	8.36	6.26	-25.12	-17.23
东宝生物	31.17	19.40	-37.76	-29.87

前的强势股更是出现了大幅补跌的走势。投资者若能在此期间躲过一劫，保住资金甚至获利无疑是幸运的。揭开中国北车从买入被套到解套获利“路线图”不难发现，之所以能在指数大跌的情况下不跌反涨、一举解套，打好熊市解套“组合拳”十分关键。

一方面，要选择突发利空、惨遭错杀的股票买入。熊市炒股，千万不能把解套希望都寄托在被套后的解套上。因为，不计后果、随意追涨、导致深套的筹码日后解套的难度很大，心态良好、逢低买入的低成本筹码即使被套也能为日后解套赢得主动。

“7·23”动车事故发生前，中国北车已经从前期高点9.69元跌至7月22日的6.50元，跌幅高达32.92%，远超大盘和其他多数股票的同期跌幅，已有超跌嫌疑。事故发生后，受投资者恐慌情绪影响和板块联动因素作用，该股再度暴跌。至8月22日，短短一个月时间，在上证指数下跌9.20%的情况下，中国北车再度暴跌29.54%，跑输指数20.34个百分点，区间跌幅甚至位居两市跌幅榜第5名，持股者的恐慌情绪几乎到了极点。从图形看，中国北车也是跌得面目全非，不仅依然运行在标准的下降通道中，毫无止跌迹象，而且不少机构主力也加入了杀跌者的行列。

与此同时，一大批表现坚挺的强势股风头正劲，冠昊生物、正和股份、东宝生物更是以93.47%、50.36%、48.92%的巨大涨幅雄居两市区间涨幅榜前3名的位置（停牌后复牌的股票和ST股票除外），与跌幅第5的中国北车形成了鲜明反差（见表2）。

此时，摆在投资者面前的选择是，要么按照技术派的选股原则，弃弱择强追冠昊生物、正和股份、东宝生物等股票，要么相反——弃强择弱，低吸中国北车。从盘面观察后笔者感到，中国北车明显属于受突发利空影响而惨遭错杀

表2　　7月22日至8月22日上证指数及相关个股区间涨跌一览表

区　分	7月22日收盘（元）	8月22日收盘（元）	区间涨跌幅（%）	与指数比（百分点）
上证指数	2770.79	2515.86	-9.20	
中国北车	6.50	4.58	-29.54	-20.34
冠昊生物	41.34	79.98	93.47	102.67
正和股份	5.56	8.36	50.36	59.56
东宝生物	20.93	31.17	48.92	58.12

的股票，加之该股是自己长期跟踪、一直看好的股票，事故发生后已先后4次做了加仓操作，按照越跌越买的原则和坚定执著的理念，决定在其他投资者不计成本“割肉”离场的情况下选择继续买入。

弃强择弱的结果，不仅顺利解套，而且取得了7.21%的收益，还跑赢指数15.1个百分点。如果当时眼红强势股追涨买入，结果正好相反——不仅解不了套，而且大亏34.81%（三只强势股平均跌幅），“一盈一亏”市值相差42.02个百分点。

另一方面，要保持良好心态，一路持有被套的股票。8月22日买入中国北车后，如果操作得好，有两次高抛低吸机会，若能踏准节奏高抛低吸收益更高，但对于普通投资者而言显然是可望而不可即；假如操作不好，在中国北车随后的两次调整中盲目止损，同样会后悔莫及。所以，采取持股不动的操作方法，任凭主力怎样折腾打压，始终坚定持股信念，是成功实现从被套、解套到最终获利的又一关键。

方法：解套“路线图”揭秘

以上是笔者在操作中国北车中从被套到解套的操作实例。由于股市情况千变万化，具体解套方法也是多种多样，不同投资者须根据各自实际逐步摸索一套适合自己的解套方法。下面，介绍一种相对简便、适合多数投资者的熊市解套“路线图”，供投资者参考。

仍以中国北车为例。假如投资者在“7·23”动车事故发生、股价连跌两天后的7月26日买入中国北车10000股，价格5.60元，结果被套。此时，可采取买跌不买涨的方法尝试解套操作。在买价方面，简单实用的做法是采取“等差分批法”（价差相同）买入——自首次5.60元买入起，每跌若干元（如0.60元）补仓一次，即第二次买入价为5.00元（对应的补仓时间为8月9日），第三次4.40元（补仓时间10月10日），以此类推。也可采取“等比分批法”（跌幅比例相同）等方法进行补仓。

在买量方面，主要有以下四种方法。

方法一：“持股不动解套法”。即，买入股票被套后，采取一路持有直至解套的方法。如，7月26日5.60元买入中国北车10000股后持有即可，无须补仓。特点是，操作非常简单，无须追加资金但解套价格较高（5.60元），时间较长，难度较大。

方法二：“等量补仓解套法”。即，每次补仓的数量均与首次买入时相同，中间价即为解套价的解套方法。如，首次5.60元买入中国北车10000股后，每次补仓的数量均为10000股。特点是，操作比较简单，买量全部相同但须留有补仓资金，解套价格（5.00元）、时间、难度适中。

方法三：“等差补仓解套法”。即，补仓的数量一次比一次多，但数量差（增加量）相同，解套价低于中间价的解套方法。如，5.60元买入中国北车10000股后，首次补仓的数量增加10000股即补仓20000股，再次补仓的数量再增加10000股即补仓30000股。特点是，解套价格（4.80元）较低，时间较短，容易解套但操作要求提高，数量逐步增加，要求留有更多补仓资金。

方法四：“倍数补仓解套法”。即，补仓数量一次比一次多，且成倍增加（倍数相同，如两倍等），解套价最低的解套方法。以“两倍补仓解套法”为例，5.60元买入中国北车10000股后，首次补仓数量为最先买入数量10000股的两倍即补仓20000股，再次补仓数量为上次补仓数量20000股的两倍即补仓40000股。特点是，解套价格（4.74元）最低，时间最短，最容易解套但操作要求最高，数量增加幅度最大，后续资金的需求量也最大。

买入批次、价格及解套方法见表3。

技巧：解套其实并不难

首先，审慎选择买入品种。熊市炒股，不幸被套后能否成功解套的关键取决于买入时的品种选择。一般情况下，首次买入的股票应当以“熟悉、价低、

表3　四种解套方法比较

批次	买入日期	买入价格（元）	买入数量（股）			
			方法一	方法二	方法三	方法四
A	7月26日	5.60	10000	10000	10000	10000
B	8月9日	5.00	0	10000	20000	20000
C	10月10日	4.40	0	10000	30000	40000
解套价格（元）			5.60	5.00	4.80	4.74

超跌”为首选，首次补仓时应本着“沉稳、审慎、坚定”为原则，再次补仓时要求做到“大胆、果断、快速”。上例中，如果不依上述原则低吸中国北车这样的弱势股，而是追涨冠昊生物、正和股份、东宝生物等当时的强势股，就很难解套。

其次，精心做好操作准备。一方面，要备足必要的补仓资金；另一方面，要做好充分的心理准备，尤其是承受风险的各种准备（如总量控制等）。虽然，在首次买入前已做了充分调研，买入时大多底气较足，但毕竟市场充满变数，所以做好两手准备必不可少，即要做好补仓计划才刚刚开始实施股价便掉头上涨导致计划落空的思想准备，又要做好补仓计划全部实施完毕后股价依旧下跌甚至大跌，被套甚至深套的打算。要养成无论情况怎样变化，都能理性平和面对结果这样的交易心态。

再次，妥善安排卖后事宜。股票解套后卖出的方法很多，应根据各自实际采取相应的方法，如，“一次性卖出解套法”——只要股价到达事先计算好的解套价，便一次性卖出全部股票，进行解套。卖出后，若股价涨了则观望，跌了则买回，赚取差价。再如，“分批式卖出解套法”——具体有两种情形：一是解套一批卖一批。卖出后，若跌至计划的回补价，则按计划买回，若涨至下一批解套价，则再按计划卖出解套，以此类推。二是获利一批卖一批。即，当最后一批（C）买入的股票到达解套价时暂时不卖出，等股价涨至上一批（B）买入的筹码也解套时，再卖出此时已经获利的C批筹码，继续保留B批筹码。以此类推，使得每次卖出的股票不仅能解套而且能获利，因此收益更大、效果更好（操作方法同上），但难度较大、要求更高。

自制股市操作系统

说起炒股，多数人自然而然地会将获利与牛市、牛股、内幕信息等联系起来。实际上，在大盘和个股方向不明、持续震荡的“折腾市”里操作，只要拥有一套适合自己的操作系统，也能达到稳定获利的目的——

说起炒股，多数人自然而然地会将获利与牛市、牛股、内幕信息等联系起来，认为在没有牛市、牛股、内幕信息的情况下，普通散户最终都难以摆脱亏钱的结局。

实际并非如此。在眼下大盘和个股方向不明、持续震荡的“折腾市”里操作，只要拥有一套适合自己的操作系统，并能正确、熟练地使用这一操作系统，也能达到稳定获利的目的。

实用的操作系统

炒股，尤其是在“折腾市”里操作，最难的无疑是仓位控制、品种选择和进出节奏的把握。要是有一套简便实用、适合自己的操作系统，这些“难题”就会得到缓解甚至迎刃而解，且不会受消息、评论和市场内外各种声音的干扰。

笔者经长期摸索，自行总结了一套适合普通散户在“折腾市”里使用的操作系统，主体部分由三个子系统组成，现分别介绍如下。

一是仓位控制系统。简言之，叫做既不满仓也不空仓。一方面，无论媒体、舆论、消息是看多还是看空，投资者情绪是高涨还是低落，都始终坚持既不满仓也不空仓的持仓原则；另一方面，根据自己对资本市场基本面和技术面的个性化判断对仓位做出适当调整，原则上做到利好公布后适当减仓、利空出来后适当加仓，大盘和个股大涨后适当减仓、大跌后适当加仓。

二是品种选择系统。在操作对象的选择方面，原则上以操作熟悉的老股票为主，一般不参与股性不熟、定位不稳的新股操作，充分体现“宁可错过、不可做错”的风控原则。只有在建仓对象出现难得的建仓机会之后，且胜算把握相对较大的情况下，才会考虑在适当的时机拿出适当的资金参与适当的操作——或换股操作，或筹资买入。

三是节奏控制系统。只进行高抛低吸，不参与追涨杀跌。在多数情况下，所进行的买入操作只针对原来的卖出操作，即品种、数量保持不变，且符合高卖低买原则；卖出操作则是只针对原来的买入操作，同样做到品种、数量不变，且符合低吸高抛原则。特例是：当个股出现重大转机、具备长线投资价值时，则只买不卖；当个股出现变盘迹象或出现突变甚至成为“问题股”，操作时只卖不买。

由上述三个子系统共同组成的这套完整的、适合自己的操作系统，能帮助投资者在股市方向不明、操作难度加大的“折腾市”里沉着应对、自如操作，最终达到高抛低吸、稳定获利的目的。

易行的操作工具

投资者或许会觉得，这套操作系统好是好，但在实际操作中还是不知道效果如何、从何下手、怎样运作，这就是接下来要介绍的与上述操作系统相配套的操作工具。下面，结合笔者7月2~6日（刚好一周）对新疆城建单一品种的操作实例，具体介绍这套操作工具的主要构成和使用方法。

第一，准备《空白计划表》。用一张A4纸或大小相仿的白纸制作成《空白计划表》，表头有4部分组成，分别是原交易、最新价、周操作和日操作。《空白计划表》制成后备用（见表1）。

表1　　空白计划表

原交易	最新价	周操作	日操作

第二，制定周操作计划。周一开盘前（可利用双休日时间），将之前的交易情况进行仔细回忆，并将原交易情况填写在事先设计好的《空白计划表》“原交易”栏内，本着数据要准确、文字要简捷的原则依此填写交易方向（可用“↗”表示卖出，“↙”表示买入）、交易品种（可用简称，如用“新城”表示新疆城建）、交易价格、交易数量（单位均可省略，一般指元、股）等。与此同时，还要在“最新价”栏内填写最新收盘价（一般指上周五收盘价）（见表2）。

表2　　一周计划表

原交易	最新价（元）	周操作	日操作
↙新城 5.72×4200	5.74		

第三，实际交易并填表。下周开盘后，根据行情涨跌和股价变化，按照高抛低吸原则进行委托交易，并及时将委托和交易情况填入“日操作”栏内（有委托和交易就填，无委托和交易就不填）。如2012年7月2日（周一），在大盘震荡盘整过程中，新疆城建出现了快速冲高走势，时价已达5.88元，比“原交易”中的买入价5.72元高出0.16元，已达自己的心理卖出价，于是当即进行委托卖出，并将委托交易情况及时填入表内。填写时，分为两种情况：一是已委托但未成交时，只填写委托方向和价格即可，无须填写数量，表示委托尚未成交，如“↗5.88”；二是委托成交后，在原已填写委托方向和价格基础上再填写成交数量，表示委托已成交，如“↗5.88×4200”（见表3）。

表3　　盘中操作表（1）

原交易	最新价（元）	周操作	日操作
↙新城 5.72×4200	5.74		↗5.88×4200

第四，做好盘后登记。收盘后，将“日操作”栏内填写的内容转移至《盘后登记表》“周操作”对应的品种栏下。如转填后，交易期间填写在“日操作”栏内的“↗5.88×4200”，字样此时已消失，“周操作”栏内原来的空白部分此时已出现“↗5.88×4200”字样。转填目的是为了更加清晰地显示不同品种的

即时交易状态——买入还是卖出、成交价格、数量等信息，便于投资者在接下来的看盘和操作中进行比对和委托（见表4）。

表4

盘后登记表（1）

原交易	最新价（元）	周操作	日操作
↙新城 5.72×4200	5.74		↗5.88×4200

第五，继续交易并填表。下个交易日，按照“第三”步方法，继续根据行情涨跌和股价变化，按照高抛低吸原则择机进行委托交易，并将委托和交易情况填入“日操作”栏内。如7月3日（周二），在新疆城建回调过程中，笔者以5.75元的时价将上一交易日卖出的4200股筹码买了回来，比之前的卖出价便宜了0.13元。交易后，再将委托交易情况及时填入表内（见表5）。

表5

盘中操作表（2）

原交易	最新价（元）	周操作	日操作
↙新城 5.72×4200	5.74	↗5.88×4200	↙5.75×4200

第六，继续做好盘后登记。收盘后，按照“第四”步方法做好转填工作，将“日操作”栏内填写的“↙5.75×4200”内容转填至“周操作”栏内（见表6）。

表6

盘后登记表（2）

原交易	最新价（元）	周操作	日操作
↙新城 5.72×4200	5.74	↗5.88×4200 ↙5.75×4200	

第七，参照上述相同方法，再将周内其他委托和交易情况依照先“日操作”、后“周操作”顺序，分别填入对应的栏内。如7月6日（周五），笔者又做如下委托和交易：↗5.82×4200，↙5.74×4200。交易期间和收盘之后，又

分别做了填写和转填（见表7、表8）。

表7　　盘中操作表（3）

原交易	最新价（元）	周操作	日操作
↙新城5.72×4200	5.74	↗5.88×4200 ↙5.75×4200	↗5.82×4200 ↙5.74×4200

表8　　盘后登记表（3）

原交易	最新价（元）	周操作	日操作
↙新城5.72×4200	5.74	↗5.88×4200 ↙5.75×4200 ↗5.82×4200 ↙5.74×4200	

第八，一周交易结束后，再利用周末时间制定下周操作计划，具体参照上述“第二”步介绍的方法即可。此时，投资者即可发现，本周最后一笔操作情况（交易方向、名称、价格、数量）已成为下周计划表中“原交易”的内容，以此类推，循环交易即可（见表9）。

表9　　一周（下周）计划表

原交易	最新价（元）	周操作	日操作
↙新城5.74×4200	5.80		

奇妙的操作效果

7月6日（周五）收盘后，笔者特意对用与不用操作系统进行了比较，结果发现：若不用操作系统进行委托和交易，只是选择持股不动，结果为：新疆城建周涨0.06元，对应市值增加252元，加上周内分红获得的税后红利189元，合计增值额为441元，对应的周涨幅为1.83%；使用操作系统后，最终筹码依然不变（仍持新疆城建4200股），只是增加了盘中交易，两次高抛低吸后分别获得484元和275元额外收益，加上股价上涨、税后红利，总增值额上升到了1200元，对应涨幅达4.98%。用与不用操作系统，结果相差759元，相当于3.15个百分点，这就是操作系统为账户总值增加所做的“特别贡献”。

看到这里，投资者或许会说，上述两种操作结果中，后者比前者多增值3.15个百分点主要应归功于委托操作，而不是操作系统。但实际上，这一超额收益的取得除了离不开正确的委托操作外，上述操作系统同样功不可没。通过操作系统的正确使用，不仅对于过去的操作能做到一清二楚，而且能为以后的交易提供及时、有效的依据和参考，确保做到高抛低吸、正差交易。

以上介绍的是笔者在一周之内利用操作系统对新疆城建单一品种的操作实例。实际交易中，操作的品种和数量远不止这些，其共同特点在于：操作之后，最终筹码保持不变，但账户资金却能源源不断地多出来。所以，一周下来，“周操作”栏内有时会填写得密密麻麻，这些填写的数字正是利用操作系统之后带来的一周收获。

投资者在借鉴、使用操作系统特别是操作工具时须注意的问题主要有两个：一是在填写“原交易”栏时，应按照不同品种、不同交易方向、不同交易价格依次排列。如先新疆城建、后南方航空，先买入、后卖出，价格则从高到低或从低到高等；二是制表用的纸张尺寸一般用A4纸较为合适，其中“周计划”部分（包括原交易和最新价）一般只占1/3的页面（左侧位置），“周操作”部分也只占1/3页面（中间位置），以上两个部分可在同一纸张上（连体式）。另外1/3是“日操作”部分，需另用纸张、进行折叠，正面（1/3页面大小）部分显示“日操作”记录，其余部分折叠后放在反面。这样，从整体上看，是一张完整的A4纸，实际上是由上、下两层，其中上层（右侧1/3）部分上下折叠、每天变换，下层部分连成一体、保持不变（只需填充周操作内容即可），经折叠、组合而成一套完整的操作系统和操作工具。

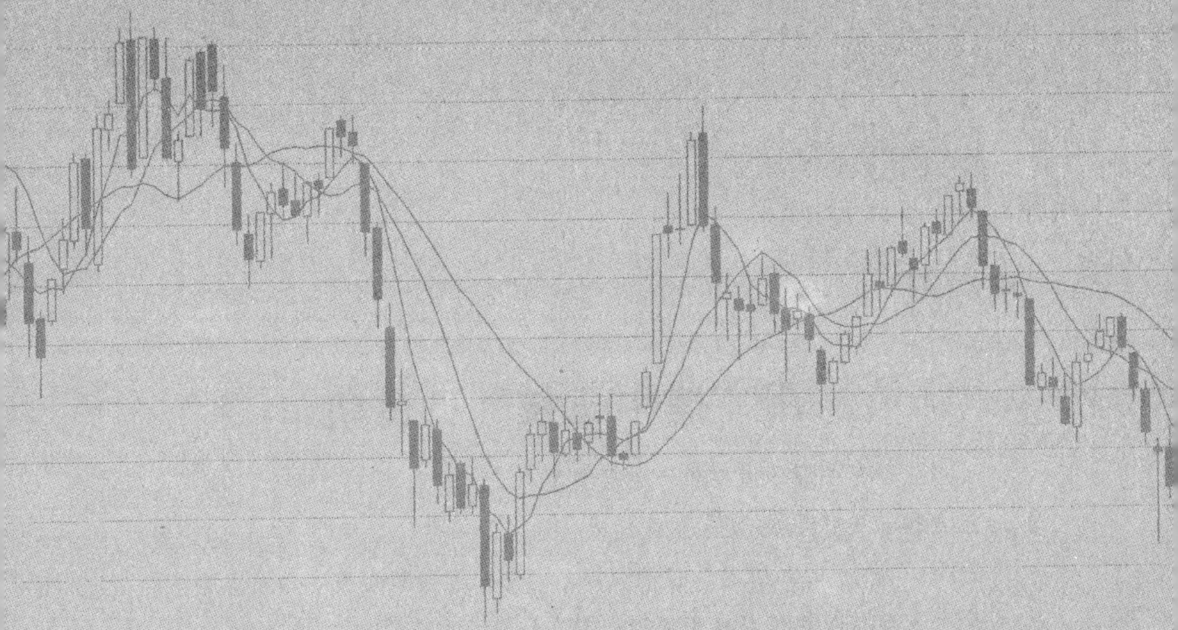

第2章

品　种

能否变牛股的潜在机会为现实盈利，主要取决于“捕牛三技”的能力和功夫，取决于能否通过识“牛相”、捕“牛股”，最终达到赚“牛钱”的目的。

用“捕牛三技”觅良机

能否变牛股的潜在机会为现实盈利，主要取决于“捕牛三技”的能力和功夫，取决于能否通过识“牛相”、捕“牛股”，最终达到赚“牛钱”的目的。所以，在精心筹划、充分准备新年投资策略基础上，把更多的时间和精力放在捕捉牛股上显得尤为重要——

充满变数的2012年，已在投资者的期待与失望中说再见了。2013年，资本市场变数依旧、风险依旧，更多的机会主要体现在局部板块和个别股票上。因此，在精心筹划、充分准备新年投资策略基础上，把更多的时间和精力放在捕捉牛股上显得尤为重要。

识“牛相”

以2011年为例，当年上证指数跌21.68%，深证成指跌28.41%，平均跌25.05%，个股跌幅和股民损失更大。但要是碰上好运、骑上牛股，结果就会大不一样——不仅能有效避免下跌风险，而且能逆市取得不俗收益。

截止12月27日（下同），在指数跌幅超过两成的情况下，十大牛股的涨幅却十分可观。其中，名列第一的华夏幸福涨幅高达202.75%，位居最后的中珠控股涨幅也有46.90%，十大牛股的平均涨幅高达100.86%，跑赢指数125.91个百分点（见表1）。纵观这些跻身十大牛股的股票，主要有以下七个特点。

一是沪市牛股中，占比高于深市。十大牛股沪市有6家，占同期沪市挂牌交易股票915家的0.66%；深市4家，占同期深市挂牌交易股票1371家的0.29%，沪市牛股占比高出深市1.28倍。

表1　　2011年1月1日至12月27日十大牛股基本情况　　单位：元

股票代码	股票名称	涨幅（%）	前收盘价	收盘价
600340	华夏幸福	202.75	5.45	16.50
600645	ST中原	153.62	9.38	23.79
000750	国海证券	148.52	4.39	10.91
000587	ST金叶	114.77	4.15	8.92
000035	*ST科健	83.38	6.68	12.25
600637	广电信息	78.28	8.38	14.94
002136	安纳达	69.60	8.19	13.89
600490	ST合臣	55.56	15.75	24.50
600466	迪康药业	55.23	3.90	6.06
600568	中珠控股	46.90	11.79	17.32
平　均		100.86	7.81	14.91

注：2011年1月1日至12月27日上证指数跌22.86%，深证成指跌30.08%，平均跌26.47%。

二是ST股票（含*ST股票，下同）牛股占比高于非ST股票。十大牛股中，ST股票有4家，占同期挂牌交易的125家ST股票的3.2%；非ST股票有6家，占同期挂牌交易的2161家非ST股票的0.28%，ST股票牛股占比高出非ST股票10.43倍。

三是低价股牛股占比高于高价股。在同期可比的2286家股票中，“前收盘”高于10元（含10元）的股票有1607家，其中十大牛股2家，占比仅为0.12%；低于10元的股票为681家，其中十大牛股有8家，占比高达1.17%，低价股占比高出高价股8.75倍。

四是流通盘适中。十大牛股平均流通A股为2.56亿股。其中，3亿股以下的有7家，占70%，盘子最小的*ST科健只有0.85亿股；3亿股以上的有3家，占30%，盘子最大的广电信息也只有7.09亿股（见表2）。

五是业绩一般。十大牛股三季报每股收益平均为0.42元。其中，0.10元以下的有6家，占60%，包括亏损的2家；0.10元以上的有4家，占40%，超过1元的只有华夏幸福和中珠控股两家。因此，动态市盈率普遍较高，平均高达133.1倍。在8家非亏损公司中，动态市盈率高达100倍以上和不到100倍的公司各有4家，各占50%。

表2　　2011年1月1日至12月27日十大牛股基本情况

股票代码	股票名称	流通A股（亿）	三季度收益（元）	动态市盈率
600340	华夏幸福	2.33	1.97	6.3
600645	ST中原	3.22	0.05	346.6
000750	国海证券	1.47	0.05	181.1
000587	ST金叶	2.50	0.85	7.8
000035	*ST科健	0.85	-0.18	
600637	广电信息	7.09	0.04	302.7
002136	安纳达	1.53	0.26	40.8
600490	ST合臣	1.32	-0.02	
600466	迪康药业	4.39	0.03	168.1
600568	中珠控股	0.85	1.14	11.4
平　均		2.56	0.42	133.1

注：平均动态市盈率不含*ST科健和ST合臣。

六是机构持股家数居中。在十大牛股前十大流通股东中，既没有无机构（包括公司、私募基金、券商理财、信托公司）关照的股票，也没有机构家数超过5家的公司。机构家数在3~5家的多达8家，占80%，机构“独门股”2家，占20%。

七是上一年市场表现“明强暗弱”。乍一看，十大牛股在上一年——2010年上证指数跌14.29%，深证成指跌9.06%，平均跌11.68%的情况下，不跌反涨1.87%，跑赢指数13.55个百分点，似乎走得很强。但实际上，当年可比的2003家公司大多走势较强，跑赢指数的有1406家，占70.19%，跑输指数的只有597家，占29.81%。从当年排名可以看出，十大牛股在该年的走势实际上并不强。除2家公司当年停牌外，其余8家公司平均排名位于1091名，远远落后于1002名这一平均名次，呈现出典型的“明强暗弱”特点（见表3）。

捕“牛股”

捕“牛”三技，既包括识“牛相”，也包括捕“牛股”。从“牛相”七特点不难看出，**普通投资者若想捕捉牛股，应尽量在沪市挂牌交易、股价在10元以**

表3　　2011年1月1日至12月27日"十大牛股"基本情况

股票代码	股票名称	2010年12月31日十大流通股东机构家数	2010年涨跌幅（%）	排　名
600340	华夏幸福	4	-37.31	1939
600645	ST中原	5	24.57	593
000750	国海证券	3	停牌	停牌
000587	ST金叶	5	停牌	停牌
000035	*ST科健	5	-3.19	1165
600637	广电信息	5	22.69	614
002136	安纳达	3	11.81	813
600490	ST合臣	4	38.16	396
600466	迪康药业	1	-8.27	1310
600568	中珠控股	1	-33.54	1897
平　均		3.6	1.87	1091

注：十大流通股东机构包括公司、私募基金、券商理财、信托公司；国海证券十大流通股东机构家数时间为2011年3月31日；2010年1月1日至12月31日，上证指数跌14.29%，深证成指跌9.06%，平均跌11.68%；同期可比股票为2003家，其中跑赢指数1406家，占70.19%，跑输指数597家29.81%。

下、流通A股在3亿股以内、前十大流通股东有3～5家机构的股票里选择。另外，在控制好风险的同时，还可适量买入ST类股票，这种股票日后成为牛股的可能性最大。至于业绩好坏、动态市盈率高低、上一年走势强弱则关系不大，可忽略不计。

在把握上述"捕牛"总体原则基础上，在具体买入潜在"牛股"时还须注意以下三点。

第一，弱弱重组成强者。就单个品种而言，所谓牛熊是个相对概念，某一时段走势牛的股票在另一时段不一定还会再牛，有时甚至成为最熊的股票之一。如果选时不当，即使买入了牛股，同样难以获利。以十大牛股之一中珠控股为例，该股自2001年5月上市以来至2005年7月，在长达4年多时间里，一直阴跌不止，股价从36.88元一直跌至3.21元。在此期间，不仅跑输大盘，而且时常成为两市最熊股票之一，如在此期间买入，显然难以获利；自2005年7月至2007年1月该股一直在低位徘徊，若在此期间买入后一路持有，将难有收获，如高抛低吸，将赚些小钱，如追涨杀跌将不赚反亏；只有在走势最弱的2007年1月、2008年10月以及2010年7月等时机建仓，并一直持有，才能分享牛股奔腾带来的丰硕回报。所以，选择这样的弱势股放在账户里，形成弱弱重组架势，反而有望成为最强的投资组合。

第二，“混搭”是个好办法。不仅要选弱势股，而且要组合搭配。在把握上述“捕牛”要点基础上做到不同市场（沪市和深市）、不同板块（主板、中小板、创业板等）、不同行业（金融、房地产等）、不同品种（数只股票）之间的有机搭配，既能确保获得良好收益，又能尽力降低投资风险。

第三，“分段”建仓不可少。即使在确定性非常高的时机炒股，股市也时常会出现各种意想不到的情况，如果总是满仓进出、不计后果地买卖股票，不仅风险很大，而且操作的成功率较低。因此，在保持平常心态、做好两手准备基础上，采取分段建仓显得尤为重要。简单易行的办法是在选好品种、时机后，进行分步买入，如“三三制”买入法：先买入1/3，当大盘和个股跌至一定点位（价位）时再买1/3，以此类推。此法建仓，虽不能确保“捕牛”收益的最大化，但能做到进退自如，尤其是当大盘急跌时能有效控制风险，反转向上时能带来惊人的高收益。

赚“牛钱”

识“牛相”、捕“牛股”是一项集投资者的智慧、技法和心态于一体的综合性操作技巧。赚“牛钱”的关键在于妥善处理好三个关系。

首先，牛股和熊股的关系。如果只是一味想着捕捉牛股，没有防范熊股的意识，极有可能捕牛不成反被熊股害。以2011年十大熊股为例，跌幅最大的汉王科技跌71.61%，跌幅最小的滨海能源跌65.04%，平均跌67.38%，跑输指数40.91个百分点。观察发现，这些熊股绝大多数集中在创业板和中小板，占比高达70%，而且“前收盘价”普遍较高，平均为36.95元，最高的万邦达甚至高达67.60元，最低的新中基也有14.60元。所以，在一心想着“骑牛”的同时尽力做好“避熊”工作十分重要。“避熊”方法是：尽量不要买上市不久、定位不稳的中小板、创业板股票，尤其是其中的高价新股（见表4）。

表4　　2011年1月1日至12月27日十大熊股基本情况　　单位：元

股票代码	股票名称	涨幅（%）	前收盘价	收盘价
002362	汉王科技	-71.61	43.28	12.29
300055	万邦达	-69.30	67.60	20.75
002384	东山精密	-68.64	62.24	19.52
000972	新中基	-68.63	14.60	4.58
600707	彩虹股份	-66.89	19.12	6.33
002106	莱宝高科	-66.51	47.18	15.80
300150	世纪瑞尔	-66.19	47.30	15.99
002202	金风科技	-65.80	21.96	7.51
300107	新建股份	-65.15	29.87	10.41
000695	滨海能源	-65.04	16.39	5.73
平　均		-67.38	36.95	11.89

其次，长线和短线的关系。买入潜在牛股后的操作方法有两种：一是长线，二是短线。前者的好处是能充分获得长线牛股带来的丰厚回报，问题是存在“坐电梯”的可能；后者的好处是能有效避免“坐电梯”，问题是可能因短线操作而丢失牛股。因此，不能简单地就短线还是长线操作下孰优孰劣的结论，而是应区别情况、不同对待。总的原则是：若进行长线投资，就应明确目标，耐心持有，到价再走，不惧不贪；如进行短线操作，则应动静结合，见好就收，高卖低买，进出自如。

再次，高抛低吸和追涨杀跌的关系。这是平时说得最多但最难把握的关系，要做到高抛低吸，避免追涨杀跌，唯有计划周密、准备充分、目标明确、心态平和，除此之外，没有他法。

2012年，虽然从总体上看市场仍充满变数，既存在机会又充满风险，但其中的牛股依然会不断出现。能否变牛股的潜在机会为现实盈利，主要看投资者“捕牛三技”的能力和水平，取决于能否通过识“牛相”、捕“牛股”，最终达到赚“牛钱”的目的。

“回购股”的操作技巧

变“回购股”的潜在机会为实际盈利，重在注意三点：关注回购动向，计算回购均价；关注盘面动向，摸清主力意图；等待大盘企稳，逢低择机买入。用此法操作，一般来讲，胜算较大——

要想胜人一筹，离不开独特的选股技法。能够及时发现并抓住“回购股”的投资机会，便是在充满变数的资本市场里成功胜出的关键之一。

“回购股”里有黄金

所谓“回购股”，一般指上市公司利用现金等方式，从二级市场上回购本公司发行在外的一定数量的股票。

从近年来一些上市公司的回购举措及相关股票的市场走势看，“回购股”大多具有以下特点。

一是回购主体动用的是真金白银。以健康元为例，该股发布的关于公司股份回购实施完毕公告称，截止 2011 年 11 月 28 日，公司回购股份共支付 29999.9709 万元，已达到 3 亿元人民币上限，公司回购部分社会公众股份方案实施完毕。显然，在该股实施的回购行为中动用了近 3 亿元人民币。

二是回购后大多将所回购的股票注销，也有公司将回购的股票作为“库藏股”保留起来，但仍属发行在外的股票，以便日后移作他用，如发行可转换债券、雇员福利计划等，或在需要资金时将其出售。

三是回购后往往利好不断，由于回购部分股票一般不参与每股收益的计算和分配，由此给公司带来了一定的利好。此外，在回购前后往往还伴随其他利好消息的同时出台。如健康元宣布股份回购实施完毕两天后，又发布了关于全资子公司深圳市海滨制药有限公司无菌美罗培南（原料药）获得欧盟 GMP 认证的公告。

总而言之，由于“回购股”一般出现在管理层认为公司股价被低估的上市公司中，因此时常被业内人士视为股价见底的标志之一，相对而言属于风险小、机会大的品种，因而受不少投资者的喜爱和青睐。

“慢动作”换来高收益

“回购股”里有黄金，是否意味着只要发现“回购股”，就可不假思索地大量买入？不是的。仍以健康元为例，通过对该股回购消息发布后股价走势分析不难发现，消息发布后第一时间介入的风险实际上非常大。

受回购消息及其他利好刺激，“回购股”一般都会在消息兑现后的头几个交易日出现良好走势，或跑赢指数，或逆市大涨。

纵贯“回购股”走势，消息发布后股价走势大多经历以下三个阶段。

一是短暂上冲阶段。受回购消息及其他利好刺激，“回购股”一般都会在消息兑现后的头几个交易日出现良好走势，或跑赢指数，或逆市大涨。健康元2011 年 11 月 29 日晚间发布关于股份回购实施完毕公告后至 12 月 2 日，短短 3 个交易日大涨 7.59%，跑赢上证指数（同期跌 2.14%）9.73 个百分点（见表 1）。值得一提的是，12 月 2 日正是美罗培南生产线通过欧盟 GMP 认证利好发布日，也是该股阶段性见顶日（高点 7.96 元）。当天，在指数下跌 1.10% 的情况下，该股大涨 5.98%，短线走势非常强劲。

表 1　　短暂上冲阶段“回购股”与上证指数涨跌幅比较

区　　分	健康元	上证指数
2011 年 11 月 29 日收盘价	7.25 元	2412.39
2011 年 12 月 2 日收盘价	7.80 元	2360.66
涨跌幅	7.59%	-2.14%
与指数比	9.73 个百分点	—

二是大幅下跌阶段。与短暂上冲阶段强势表现形成鲜明对照的是，在回购

消息及其他利好发布后，仅仅过了3个交易日，该股便掉头向下、持续下挫。自2011年12月2日收盘起至2012年1月6日（当天最低价），在上证指数只跌9.66%的情况下，健康元大跌31.92%，跑输指数22.26个百分点（见表2）。此阶段对于第一时间追高买入的投资者来说，“杀伤力”非常大。

表2　　大幅下跌阶段“回购股”与上证指数涨跌幅比较

区　分	健康元	上证指数
2011年12月2日收盘价	7.80元	2360.66
2012年1月6日最低价	5.31元	2132.63
涨跌幅	-31.92%	-9.66%
与指数比	-22.26个百分点	—

三是企稳回升阶段。健康元于2012年1月6日随大盘见底后，出现了同步回升走势。截止2月17日收盘，该股上涨17.33%，跑赢指数（同期涨10.53%）6.80个百分点（见表3）。投资者若能在该股大幅下跌后介入，风险反而得到充分释放，25个交易日获利17.33%；若第一时间介入至2月17日收盘，反而亏损20.13%，“一盈一亏”相差37.46个百分点，这就是“慢动作”换来的“高收益”。

表3　　企稳回升阶段“回购股”与上证指数涨跌幅比较

区　分	健康元	上证指数
2012年1月6日最低价	5.31元	2132.63
2012年2月17日收盘价	6.23元	2357.18
涨跌幅	17.33%	10.53%
与指数比	6.80个百分点	—

“回购股”的操作技巧

在操作层面，变“回购股”的潜在机会为实际盈利，重在注意以下几点。

首先是关注回购动向，计算回购均价。凡“回购股”，一般都会在第一时间通过公告等形式告诉投资者回购的数量、最高价、最低价以及支付的总金额，投资者可依据这些信息计算出公司回购的均价，方法是：总金额/回购数量。由于总金额一般包含印花税和佣金，所以实际回购价会略低于计算出来的均价（可忽略不计）。计算回购均价的目的在于了解公司回购成本，以便在参与交易时买得比公司更低，牢牢把握操作中的主动权。因此，在实际操作中，应尽量在公司的回购均价以下最好是回购最低价以下买入。

其次是关注盘面动向，摸清主力意图。以另一只“回购股”宁波华翔为例，2010 年 11 月 18 日笔者在观察该股盘面时发现，公司回购之后该股主力仍在大举建仓，全天超过 5 万股的买单共有 13 笔（不含尾盘集合竞价部分），且极有规律，间隔时间相等，买点基本相似，都以比时价高 0.01 ~0.05 元价格成交。体现在分时图上，每次一建仓，图形就直往上拉，主力收集筹码的主动性迹象十分明显，无奈大盘不配合，该股只能随之调整。在同等条件下，这样的“回购股”日后跑赢指数的概率大大增加。对此，只要密切关注、等待时机即可。摸清主力意图的目的在于为日后搭主力自救“顺风车”奠定基础，同时有利于增强日后买入“回购股”的信心和底气。

> **对于事先已潜入“回购股”的投资者来说，回购及其他利好消息发布后的最佳选择是利用股价冲高之机借高点出局；对于事先尚未拥有又想买入“回购股”筹码的投资者来说，千万不能着急，更不能追高买入。**

再次是等待大盘企稳，逢低择机买入。对于事先已潜入“回购股”的投资者来说，回购及其他利好消息发布后的最佳选择是利用股价冲高之机借高点出局；对于事先尚未拥有又想买入“回购股”筹码的投资者来说，千万不能着急，更不能追高买入，因为在多数情况下，日后会有更多的机会和更好的买点。其中的操作要诀：一是将待买的“回购股”加为自选股，平时多加留意；二是备足买股所需资金，制订好具体操作计划；三是看准时机，大胆买入。这里所说的“大胆买入”不是指利好刚公布、众人都看好时，而是指利好公布后经过一段时间的下跌，技术面似乎仍无止跌迹象，消息面渐趋平静，多数投资者看不到底在哪里并失去信心，大盘又出现了见底征兆时需要大胆买入。至于买入的数量，则分为两种情况：一是一次性买入，二是分批次买入，包括试探性、确定性和抢购性三个阶段。用此法操作“回购股”，一般来讲，胜算较大。

“单针探底”后怎么交易

所谓“单针探底”，通常是指含有长下影线的一种日K线图，其实体部分一般可分为小阴、小阳和十字星三种。变“单针探底股”的潜在机会为现实盈利，重在把握“火候”，不可操之过急，核心在于买入要“慢”、持股要有耐心、卖出要“快”——

单就日K线图形看，股市就有无数种走法，也存在着无数个机会，“单针探底股”便是其中之一。

有利可图的“单针探底股”

所谓“单针探底”，通常是指含有长下影线的一种日K线图，其实体部分一般可分为小阴、小阳和十字星三种。无论是大盘还是个股，日K线图一旦出现“单针探底”状，大多会以该日为起点，在日后出现止跌企稳甚至反转向上的走势。

以2011年为例。该年上证指数至少有3个交易日出现过“单针探底”走势：1月25日“单针探底”后，出现了3波力度较大的反弹；3月15日，第二次“单针探底”后出现了持续一个多月的上涨行情；6月2日，再次“单针探底”后又连收三阳，给投资者带来了久违的惊喜。

类似的“单针探底”走势在2010年也出现过多次。其中，始于2010年下半年2319.74点的反弹行情，在短短4个月时间里涨到了3186.72点，涨幅高达37.37%。这波力度较大的反弹行情的起点正好是2010年7月2日的这根“单针探底”日K线。

神奇的“单针探底”现象在一些个股身上更是表现得淋漓尽致。一向低调的大唐发电3月18日出现了一根难得的“单针探底”日K线。从这一天的低点5.73元起，大唐发电在不到两个月时间里，一鼓作气冲到了7.63元的阶段高点，区间涨幅高达33.16%，跑赢指数33.50个百分点（同期指数-0.34%）。

当时，被“单针探底”吓出一身冷汗的投资者事后发现，大唐发电当时的“单针探底”不过是虚惊一场。

寻找心目中的“单针探底股”

虚惊之后，不少投资者又在反思：假如在“单针探底”时及时介入该有多好！的确，在多数情况下，只要介入“单针探底股”，日后跑赢指数的概率较高。那么，到哪里去寻找这种具有良好回报的“单针探底股”呢？现介绍两种实用的方法。

投资者在查找“单针探底股”时，可从大到小依次逐个查找。排在前列、振幅较大的股票，当行情上涨时多数是“光头大阳股”，当行情下跌时多数是“光头大阴股”，对这些股票投资者可一一剔除。

一是被动发现法。就是在没有刻意寻找的前提下，投资者偶然发现“单针探底股”的方法。主要途径有三种：在平时关注的自选股里突然发现“单针探底股”；在读报、上网、看电视时偶然发现其中介绍的“单针探底股”；在日常生活中偶然发现的“单针探底股”，譬如朋友介绍、家人说起等。

被动发现法的共同特点，都是在无意之中偶然发现的“单针探底股”，需要投资者多加留意，做有心人，一旦发现了“单针探底股”的任何线索，都要抓住不放，不要因为主观上没有搜寻意愿而让来之不易的“单针探底股”从自己身边悄然溜走。

二是主动寻找法。不少投资者往往不满足于被动发现这种听天由命式的发现方法，喜欢主动出击寻找“单针探底股”。想主动寻找的投资者可在振幅榜里查找，具体方法如下：

先点击网上行情交易系统“A股”，再点击“振幅%”。当方向“↓”时，振幅按从大到小排列，当方向“↑”时，则按从小到大排列。投资者在查找“单针探底股”时，可按前者排序，从大到小依次逐个查找。排在前列、振幅较大的股票，当行情上涨时多数是“光头大阳股”，当行情下跌时多数是“光头大阴股”，对这些股票投资者可一一剔除。当发现正好是“单针探底股”时，无论该股当天是收阳还是收阴，只要“针尖”够长即可收集起来备用。

哪些“单针探底股”值得关注

投资者只要学做有心人，抑或做到够勤快，每天盘中或盘后总能发现一些“单针探底股”，只不过具体形态、针尖长短不同罢了。但问题是，不是所有的“单针探底股”都有投资机会，更不是所有的“单针探底股”都适合投资者买入并持有。

那么，什么样的“单针探底股”值得投资者关注并买入呢？一般来说，取决于“两看”结果。先看“单针探底”前。通常要求累计涨幅不大，最好是长期下跌的股票，其跌幅已大，之后又一直在一个较狭窄的箱体内横盘，且横盘时间较长，不再创出新低。这种已走出下降通道且底部不断抬高、上升趋势确立的股票如果突然出现“单针探底”走势，一般来说都值得投资者加以重点关注。

再看“单针探底”日。开盘并无异常，如大唐发电“单针探底”日以昨收价6.37元平开，盘中还冲高过6.39元；盘中一路下跌，伴随成交缩量；探底时间不长，有明显的“做图形”嫌疑，不给投资者低吸的机会。从分时图上看，看不到“单针探底”的过程，只有在日K线图上才能看到“单针探底”的图形，在大图右侧的小窗口（盘口显示窗口）上看到当天曾经到过的最低价；尾盘放量抢筹，多数股票还在“单针探底”的同时收出小阳图形，包括真阳（收盘价不但高于开盘价而且高于昨收价）和假阳（收盘价虽然高于开盘价但却低于昨收价）。

在“两看”基础上，投资者还要把握以下两条原则：一是震幅越大越好，二是针尖越长越好。如大唐发电“单针探底”日的震幅达到10.36%，超过了涨停极限，盘中跌幅一度达到了跌停价，实体阴线只有0.16元，但针尖长度却达到了0.48元，是实体阴线的三倍。一般来说，这种既符合“两看”要求，又具备两条原则的“单针探底股”在日后交易中都值得投资者重点关注、适量买入并耐心持有。

操作中的三个关键点

要变“单针探底股”的潜在机会为现实盈利，还需与正确的操作结合起来，其中关键是要把握“火候”，不可操之过急。

一是买入要“慢”。

对于经过筛选、具有投资机会的“单针探底股”，已经持有的筹码原则上不宜卖出，留有资金的投资者还可在控制仓位的前提下择机适量买入。

买入的时机为：能在“单针探底”日盘中低点买入的当然是最佳选择，但不要指望买在最低点；能以“单针探底”日收盘价买入的同样是不错的选择，但须有足够的眼力和勇气。未能在“单针探底”日买入的投资者则应慢慢来、不要急，日后还有更多的建仓机会。

如大唐发电“单针探底”成功后，先是连涨两天（此时不要追涨），但随后又连跌8天（尽管跌幅不大且未跌破“单针探底”日的低点），给投资者提供了更好的买点。在此期间，每次拉回都是好的买点。投资者在逢低买入时要注意切忌患得患失，不要总拿买入价与之前的最低价比。

二是持股要有耐心。

对于绝大多数没有超短线操作能力的投资者来说，买入“单针探底股”后不要做波段，耐心持有即可。而且，在“单针探底股”盘中波动时应做到涨不喜、跌不悲。大唐发电在4月6日起涨到5月10日创出阶段高点的23个交易日里，虽然总体上涨多跌少，其中上涨15天、下跌8天，单一交易日最大涨幅达到9.53%，但也时有大幅波动出现。投资者情绪如果经常随涨跌波动，不仅会影响心态，而且会影响操作，导致拿不住股票、过早地下马。

三是卖出要快。

一旦确定卖出，则要坚决果断。“单针探底股”的卖出时机主要有：到达计划价时，无论出现什么情况都严格按事先确定的卖出计划执行；确定为滞涨时，虽然未到计划卖出价，但当盘中发现“单针探底股”前期高点迟迟突破不了，时常靠尾市少量资金快速拉起勉强维持股价，已经明显出现上涨乏力迹象时也应果断卖出。大唐发电5月10日创出7.63元阶段高点后，在随后的6个交易日里始终在高位振荡，尤其是后三天还有盘中冲高或尾市拉起动作，给人后市仍存机会的错觉，实际上每次拉高动作都是难得的卖点；突破下轨时，如果“单针探底股”一直未到计划卖出价，且盘中滞涨时也未能抓住机会及时卖出，只要箱体下沿被有效击穿，则应抓住最后的逃命机会，坚决卖出。

投资者在选择突破下轨日卖出时，同样不能患得患失，将即时卖出价与之前的高点比较。否则，极有可能错失“单针探底股”的高抛时机，导致整个操作前功尽弃。

“倒挂股”里巧掘金

股市里的机会，有些高不可攀、稍纵即逝；有些只要稍加留意就能及时把握，带来实际收益。利用A股、H股两市环境的差异，适当借鉴港股投资者的判断，通过洞察价格差，把握“倒挂股”的投资机会，是成功获得确定性收益的一大法宝——

股市既充满风险，也蕴含机会。有些机会稍纵即逝，不是普通投资者所能把握的；而有些机会就在身边，只要稍加留意、及时把握，就能带来实际收益。位居A/H“溢价率倒挂榜”前列的“倒挂股”便是适合普通投资者参与的确定性机会之一。

“倒挂股”里有黄金

截止2012年4月13日，在沪深股市挂牌交易的2347只A股里，有74只属于既有A股又有H股的上市公司。其中，超过七成的股票溢价率为正（A股股价高于H股），不到三成的股票溢价率为负。所谓“倒挂股”，指的是后者，即溢价率为负、股价呈“倒差”（A股股价低于H股）的上市公司。但在这些为数不多的“倒挂股”里，却蕴含着大量确定性机会。

先看操作。4月9日，笔者卖出中海集运10000股（3.08元），买入中国中铁10000股（2.50元）。结果：10000股中海集运变成了10000股中国中铁。

4月10日，卖出中国中铁10000股（2.52元），并于当天买回等量的中国中铁（2.50元）。结果：仍持10000股中国中铁，但多出资金137元。

4月12日，卖出中国中铁10000股（2.53元），买入中海集运10000股

(3.03 元)。结果：持股恢复到了 4 月 9 日前的状态——10000 股中海集运，再多资金 660 元。

再看结果。操作前后相比，持股没有变化，但多出资金 797 元。如考虑中海集运本身周涨 0.03 元、对应市值涨 300 元因素，仅此一只股票，一周市值增加额就从“不动”的 300 元变成了“动后”的 1097 元。这一结果，看似敲敲键盘、“三进三出”产生的利润，实际上正是“倒挂股”带来的确定性收益。

“倒挂股”收益虽不及大牛股，但却是在风险较小的前提下带来的确定性收益，不仅比踏空者颗粒无收要好，而且还比持股不动好。

对“倒挂股”带来的这一收益，有些投资者可能不以为然，认为区区 1097 元浮盈不值得一提，与周内连续涨停的大牛股相比更是微不足道。但笔者觉得，普通投资者不应小看这种微利，“倒挂股”收益虽不及大牛股，但却是在风险较小的前提下带来的确定性收益，不仅比踏空者颗粒无收要好，而且还比持股不动好。若以持有中海集运 10000 股或中国中铁 10000 股计，周浮盈分别只有 300 元或 400 元（中国中铁周涨 0.04 元），1097 元“倒挂股”收益相当于持有这两只股票收益的 3.66 倍和 2.74 倍。

再看操作。至 4 月 13 日收盘，在指数涨 7.26% 的情况下笔者取得了 13.53% 的收益，很大程度上正是由操作“倒挂股”这样的微利积攒而成。

“倒挂股”操作技巧

发现并抓住“倒挂股”的投资机会，需要有良好的操作技巧。

首先，在简单比较中捕捉确定性机会。上例操作的关键是 4 月 9 日的交易：卖出中海集运、买入中国中铁。之所以在周一就进行这样的操作，缘于前一天的简单比较。4 月 8 日（周日），笔者发现某网站有两条“倒挂股”信息：一是某证券公司关于中海集运的“买入”评级；二是关于中国中铁《年报现 134 亿现金流亏空》的“利空”报道。

由于笔者一向重视“利空股”的投资机会，对“利好股”反而保持一定的谨慎。加之上述两股都是长期关注的对象，所以特意对其做了比对，结果发现这两只既有 A 股又有 H 股的股票溢价率一正一负，若都不考虑汇率因素，以 8 日最新价计，中海集运溢价率 8.83%，中国中铁溢价率 -14.29%，二者相差

23.12个百分点。

直觉告诉我，这两只溢价率两极分化的股票存在较好的换股机会。为进一步增加操作底气，又对两股股价和基本面做了量化比较（详见下表）。结果，中国中铁得了高分（8分），拟作为买入品种；中海集运得分较低（2分），故作为卖出对象。这就是在简单比较中捕捉到的确定性机会。4月9日，按计划进行了上述交易，此举为日后回转交易、取得确定性收益迈出了关键性的一步。

中海集运和中国中铁基本情况及股价比较（4月8日晚）

区分		中海集运			中国中铁			上证指数
		数据	涨跌(%)	得分	数据	涨跌(%)	得分	
股价比较	A股收盘	3.08	溢价率	0	2.52	溢价率	1	2306.55
	H股收盘	2.83	8.85		2.94	-14.29		
	历史最高	12.57	-75.50	0	12.57	-79.95	1	5403.35
	对应日期	2008年1月7日			2008年1月7日			日高点
	历史最低	2.35	31.06	0	2.37	6.33	1	
	对应日期	2012年1月6日			2012年1月6日			
	前期高点	3.17	-2.84	0	3.35	-24.78	1	
	对应日期	2011年11月3日			2011年11月4日			
	前期低点	2.35	31.06	0	2.37	6.33	1	
	对应日期	2012年1月6日			2012年1月6日			
基本情况	2011收益	-0.23		0	0.31		1	
	发行价	6.62	-53.47	1	4.80	-47.50	0	
	总股本	116亿		0	213亿		0	
	A股	77亿		1	166亿		0	
	H股	37亿		0	42亿		0	
	限售股	2亿		0	5亿		0	
	最近信息	利好		0	利空		1	
	分配预案	不分配		0	10派0.48元		1	
综合得分				2			8	

注：涨跌栏数据均系与A股收盘价比，且暂不考虑除权因素；A股股价与H股股价比对时也不考虑港币对人民币汇率因素；历史分配情况忽略不计。

其次，既要“抓大”也不“放小”。“倒挂股”的投资机会有大、小之分，但大、小机会是相对的。一方面，“倒挂股”虽不及涨停板那样涨得既干脆又迅猛，但收益确定、风险较小。涨停板虽然涨起来风光但跌起来惊心，一旦“掉头”损失也大；另一方面，就“倒挂股”本身来说，既包括股价上涨带来的收益，也包括短线操作带来的收益。因此，在充分享受涨价收益的同时应尽可能多地通过短线操作获得更多收益，养成两种机会都要利用的习惯，使收益最大化。4 月 10 日的高抛低吸体现的正是这种既要“抓大”也不“放小”的交易原则。

再次，借机回转，变账面盈利为实际收益。操作“倒挂股”易犯两种错：一是不珍惜机会，当“倒挂股”这样的确定性机会降临时犹豫不决，未能及时利用；二是抓不住机会，可以见好就收、落袋为安时患得患失，未能果断回转。所以，珍惜机会、抓住机会，做到该狠则狠、该等则等，对于成功操作“倒挂股”来说显得尤为重要。4 月 12 日的回转交易便较好地体现了这一点，两股随后走势表明，若不在当时果断地进行回转操作，就会失去机会，这是操作“倒挂股”的又一关键。

“倒挂股”制胜秘籍

要想发现并抓住“倒挂股”的投资机会，制胜秘籍在于两个字：“察”和“做”。

所谓“察”，指的是通过正确的观察比较，通过洞察价格差确定“倒挂股”的去留。之所以能在 4 月 8 日及时做出卖中海集运、买中国中铁这一选择，一定程度上得益于正确的比对方法——在量化比较、逐一打分时，既要比价格差，也要比基本面，只有将二者结合起来比较，才能得出正确的去留结论。

在上例操作中，主要做了 10 项比较：一是 A 股/H 股的溢价率，负者得分，正者不得分；二是自历史最高价以来的跌幅，大者得分，小者不得分；三是自历史最低价以来的涨幅，小者得分，大者不得分；四是自前期高点以来的跌幅，大者得分，小者不得分；五是自前期低点以来的涨幅，小者得分，大者不得分；六是 2011 年度收益，正者得分，负者不得分；七是发行价对应的跌幅，大者得分，小者不得分；八是 A 股总量，少者得分，多者不得分；九是最近信息，“利空”得分，“利好”不得分；十是分配预案，推出分配预案者得分，不分配者不得分。由于总股本、H股和限售股三项内容区别不大，故均不得分。最后经量化，中国中铁得了8分，中海集运只得2分，卖中海集运、买中国中铁的结论便是这样做出的（见表1）。

所谓“做”，指的是做好下单前的准备。股市永远是个充满变数的市场，“不确定”是绝对的，“确定”是相对的。**“倒挂股”的确定性机会仅仅体现在交易时，即无论买入还是卖出的股票交易后的走势与预期是否一致，都属于正确的交易。唯一不同的是，在接下来的操作中交易方向会有区别，当走势与预期一致时，进行的是回转交易，而当走势与预期相反时进行的则是跟进交易。**

为此，在下单前应做好两手准备：一是交易后操作对象走势与预期一致的准备——当卖出的股票下跌、买入的股票上涨，或虽然买、卖的股票齐涨共跌，但结果仍为正差时，则进行回转交易；二是交易后走势与预期相反的准备，当卖出的股票上涨、买入的股票下跌，或虽然买、卖的股票齐涨共跌但结果仍为负差时，则进行跟进交易：再卖同等数量原卖出的股票，买同等数量原买入的股票。以此类推，直至达到买、卖极限时止。

操作表明，善于利用A股、H股两市环境的差异，适当借鉴港股投资者的判断，通过洞察两市价格差，把握“倒挂股”的投资机会，是普通投资者成功获得“确定性”收益的一大法宝。

五步法掘金“自锁股”

大股东做出“自锁承诺”后，相关上市公司二级市场股价走势如何？第一时间介入的投资者机会多还是风险大？欲参与“自锁股”操作的投资者该注意哪些问题？所有这些，都是在股市连续大跌后，投资者在寻找投资品种时无法回避的问题——

随着大盘的持续调整和个股的不断缩水，不少上市公司的估值重心随之下移。与此同时，一些大股东推出了一系列提振投资者信心的举措，“自锁承诺”便是其中的积极举措之一。

大股东作出“自锁承诺”后，相关上市公司二级市场股价走势如何？第一时间介入的投资者机会多还是风险大？欲参与“自锁股”操作的投资者该注意哪些问题？所有这些，都是在股市连续大跌后投资者在寻找投资品种时无法回避的问题。

“自锁股”的走势特点

所谓“自锁股”，指的是上市公司大股东自愿追加（延长）股份限售期，设定或提高最低减持价格等股份限售承诺的上市公司。从“自锁承诺”的内容看，主要包括延长股份限售期、设定或提高最低减持价等。有的上市公司大股东还把这种承诺与企业的经营业绩相挂钩，体现的是对上市公司未来经营业绩和股价走向的良好预期。

那么，这些被大股东充分看好的“自锁股”在二级市场的走势是否如多数投资者所预想的一定会牛气冲天，甚至脱离大盘和其他个股走出独立上涨行情？

下面，就以4年前被大股东做出“自锁承诺”的百利电气为例，对“自锁股”的走势特点做一简要剖析。

2008年7月，百利电气控股股东天津液压机械（集团）有限公司在“承诺”中说，液压集团自愿将持有的百利电气股份自7月1日起连续有条件锁定3年——2011年7月1日前，如不能同时满足公司前一年度经审计的每股税后利润不少于0.6元以及股价不低于每股25元的条件，液压集团将不减持所持有的百利电气股票。自大股东做出这一“自锁承诺”起，至2012年9月21日止，在4年多的时间里，百利电气的股价走势大致经历了五个阶段。

第一阶段：杀跌期。就在投资者充分看好“自锁股”的市场走势，纷纷追涨买入之际，百利电气却走出了与多数投资者预期相反的走势，和大盘和绝大多数个股一样，出现了急速下跌。自2008年7月1日至10月28日（上证指数创出1664.93点当日），百利电气的股价缩水了一半（跌50.49%），不仅跑输指数15.25个百分点（同期上证指数跌35.24%），而且领跌绝大多数个股（在同期可比的1529只股票涨幅排名中，百利电气处于倒数第347名的位置）。

不仅在大盘和个股调整期间百利电气处于领跌位置，而且在指数创出新低后不再下跌的情况下，百利电气依然跌势不止。在上证指数见底1664.93点后出现反弹之际，百利电气却在10月28日创出4.40元新低基础上，又连续两天创下4.29元、4.08元的调整新低。“自锁承诺”后的股价杀跌气氛由此可见一斑。

第二阶段：反弹期。自2008年10月29日至2009年8月4日，上证指数出现了一波力度较大的反弹行情，区间涨幅高达95.93%。在此期间，百利电气涨幅更大，高达347.59%，超过指数两倍还多。在同期可比的1557只个股中，百利电气居涨幅榜第75名，遥遥领先全部个股同期平均涨幅。

第三阶段：横盘期。**“自锁股”在二级市场的良好表现不仅体现在大盘的反弹期，而且在接下来的大盘调整过程中，通过“横盘”方式消化了市场压力。**自2009年8月5日至2010年6月30日，在上证指数大跌30.91%的情况下，百利电气逆市上涨1.48%，跑赢指数32.39个百分点，在同期可比的1829只股票中依然处于较领先的位置（涨幅第566名）。

第四阶段：续涨期。“横盘”至2010年6月30日后，百利电气再起一波，“主升浪”自2010年7月1日起一直持续到2011年3月9日，直至创出41.70

元的历史新高，阶段涨幅高达139.92%（同期上证指数仅涨25.17%），在可比的2065只股票中再次名列前茅（居涨幅榜第67名）。

第五阶段：阴跌期。创出41.70元历史新高后，百利电气“由牛转熊”，进入漫漫“阴跌期”。自2011年3月10日起至2012年9月19日止，百利电气大跌64.86%，大幅跑输指数（同期上证指数跌31.12%）。在可比的2441只股票中居涨幅榜第2391位，列倒数第51名。

“自锁股”的操作技巧

从百利电气被大股东承诺“自锁”起至2012年9月21日止长达4年多的走势看，“自锁股”与普通股票相比，其二级市场上的走势并无本质上的区别，既有波动起伏，又无绝对规律可循，甚至有些“怪诞”：“自锁”消息发布初期、众人普遍看好之时，百利电气不涨反跌甚至领跌大盘和其他个股；一段时间后、众人淡忘时，百利电气却出现了十分强劲、许多人感到看不懂的“怪诞走势”。

百利电气大股东“自锁承诺”后的市场走势充分说明，没有规律是包括“自锁股”在内的所有股票最大的走势规律，投资者要想成功驾驭“自锁股”，针对“五个阶段”的特点，采取“五步法”操作必不可少。

第一步：逢低吸纳。在众人看好“自锁股”市场走势时，恰恰是投资者需要警惕之时。此时，最有效的操作法就是，不在利好出来、股价大幅高开时追涨，而是选择在股价调整过程中逢低、分批吸纳，做到越跌越买，跌幅越大、买得越多，直至完成全部建仓计划时止。

第二步：耐心持股。自建仓完毕起至反弹结束，在整个“反弹期”里应耐心持股，不轻易放弃，直至个股股价出现高位滞涨迹象，或已到达事先设定的目标价时为止，个别有特别高超的短线操作能力的投资者除外。

第三步：高抛低吸。在一波大的上涨之后，“自锁股”一般需做一段时间的休整，尤其是在大盘调整过程中。在此期间，正是短线高手施展操作技法的大好时机。具体技法是：原有筹码保持不变，既不追加也不减少。与此同时，利用少量固定筹码进行高抛低吸，但卖出的股票要利用低点及时买回，防止踏空，买入的股票要利用高点及时卖出，防止套牢。

第四步：逢高卖出。当“自锁股”在横盘后再起一波时，要充分利用“主升浪”结束前后、股价冲高之机，按计划分批卖出，逢高逐步了结。在此期间的操作中，投资者可通过“止盈法”确保卖出计划的顺利实现，即一旦股价在上升过程中出现了回探并触及事先设定的“止盈位”，就当机立断卖出股票，防止错失高抛机会。

第五步：静观其变。持有的“自锁股”到达心理价位并按计划逐批卖出后，原则上不要“二次介入”。无论股价是继续上涨还是持续下跌，都要始终坚持“自锁股的操作使命已经完成”这样的理念，不再买回，静观其变甚至彻底回避。

注意的三大问题

其一，关于买卖时机。不少投资者都知道利好消息包括“自锁承诺”公布后，股价在短暂冲高后都有回落可能，故不会在第一时间追涨，但调整的时间长短和幅度大小不易把握，因此很难确定正确的买入时机。对此，可用两种方法予以应对：一是先设目标位、再一次性买入。“目标位”就是投资者期望的买入价位，“一次性买入”就是一旦到价立即全部一次性买入；二是先试探性买入，再按计划在股价调整过程中分批建仓。卖出时机也一样，既可先设目标位、再一次性卖出；也可先在股价涨至一定程度时试探性少量卖出，接着再按计划在股价上涨过程中分批卖出，直至卖完。

其二，关于短线操作。这是取得“自锁股”操作中的额外收益、扩大盈利的重要途径。但此法也有两面性，对于操作得法的投资者来说，多数都能达到预期的“双赢”目的；但若操作不当，也会适得其反。因此，不同投资者须从各自实际出发确定是否参与其中的短线操作。总的原则是，有技法有时间的投资者可适量、适度参与；既缺技法又无时间的投资者不要勉强。**对于确定参与短线操作的投资者来说，一定要注意把握“火候”——急涨时卖、急跌时买，防止做反、不盈反亏。**

其三，关于风险控制。与操作任何投资品种一样，参与“自锁股”的交易同样存在操作风险，尤其是在“续涨期”卖出的股票，当“阴跌期”刚刚开始就急于回补甚至新开仓位、大量买入。操作时，一方面要坚持在“续涨期”卖出的股票原则上不予回补的操作纪律，另一方面要明白，即使要买也一定要严格限定在原卖出的筹码范围内，不开新仓、不加投资。至于确保不回补的方法主要有二：一是“忘记法”，将曾经操作过的“自锁股”从账户里的“自选股”中彻底删除；二是“自锁法”，将账户里剩余的可支配资金买入别的股票，或从账户中转出，使得即使想买也无资金可买，最终达到将操作过的“自锁股”彻底“锁住”的目的。

个性化应对“分红股”

掘金“分红股”，除操作前须对相关上市公司进行必要的分析研究外，还须从各自实际出发，制定出适合自己、切实可行的个性化操作计划。在此基础上，根据持股时间长短，综合各方因素后再来确定是否参与“分红股”操作——

在大盘持续下跌、个股涨难跌易的背景下，如果光是按照传统思维模式，单纯依靠股票价格上涨去获取资本收益，实际上并不现实。在这种情况下，一些资深老到的投资者总会拓展思路、另辟蹊径，去寻找新的获利模式。通过参与“分红股”的操作，进而达到分享上市公司利润特别是现金红利的目的，便是其中行之有效的获利模式之一。

对不同的上市公司须做不同的分析研究

所谓“分红股”，指的是将当年的收益在按规定提取法定公积金、公益金等项目后，按股票份额的一定比例支付给投资者红利的上市公司。参与“分红股”操作的最大好处在于，无论大盘怎样起伏，个股如何波动，只要上市公司获得利润、及时分配，一般情况下投资者都能获得因公司赢利而带来的红利收益。

当然，在实际参与“分红股”的操作中，也是颇有讲究的，不像一些投资者所想象的那样——只要一买一卖即可获利。普通投资者在参与“分红股”操作前，须对相关上市公司进行必要的分析研究，这主要包括三个方面。

第一，根据以往公司分红的登记日推算本次分红的大概实施日期。

以大秦铁路为例，2011 年 4 月 27 日，根据公司董事会决议公告，大秦铁路推出了2011年期末拟以总股本为基数，每10股派3.9元（含税，下同）的分红预案。此时，对于熟悉大秦铁路，又想参与公司分红的投资者来说，就可根据以往公司分红的登记日推算本次分红的大概实施日期。

方法如下：先查找出前5年（2006~2010年）大秦铁路的分红预案、登记日、除息日、红利发放日，再计算出“平均日期”。结果如下：在之前5年里，大秦铁路推出的分红方案中，红利比例最高的是2010年，为每10股派3.5元，其余4年均为每10股派3元，5年平均为每10股派3.1元；登记日最早的是6月15日，最晚的是6月30日，5年平均为6月25日；除息日最早的是6月18日，最晚的是7月1日，5年平均为6月26日；红利发放日最早的是6月22日，最晚的是7月7日，5年平均为7月2日。

因分红预案，此时已推出“2011年为每10股派3.9元”，实际上投资者只要推算出登记日、除息日、红利发放日的5年“平均日期”即可。推算结果为：登记日约为6月25日，除息日约为6月26日，红利发放日约为7月2日。由于以上推算结果只是用简单的算术平均法获得，所以与实际日期会有差异，但一般不会超出前后各一个月，故最终得出的登记日在5月25日至7月25日之间，除息日在5月26日至7月26日之间，红利发放日在6月2日至8月2日之间，大体上不会有误。实际上，最终公布的实施日期正好在此范围内。

> **在观察比较时，不仅要看5年间的绝对值，更要看在此期间的相对值——发展趋势，并以此作为买卖决策的主要依据。若能平均跑赢大盘，且发展趋势渐强，就可考虑买入；反之，即使平均跑赢大盘，但发展趋势渐弱，则同样不宜买入。**

第二，根据登记日之前5个交易日股价涨跌及与上证指数比较确定登记日前5个交易日是否买入。

判断方法如下：分别计算出某股票前5年分红登记日之前5个交易日股价涨跌幅，并与上证指数同期涨跌幅做一比较，看其走势是强于大盘还是弱于大盘。如大秦铁路前5年分红登记日之前5个交易日股价涨跌幅分别为：21.35%、9.58%、2.52%、3.00%和2.44%，同期上证指数涨跌幅分别为：5.62%、-0.88%、2.30%、0.00%和4.26%，大秦铁路与上证指数比分别为：15.73个百分点、10.46个百分点、0.22个百分点、3.00个百分点和-1.82个百分点，平均跑赢指数5.52个百分点。

值得一提的是，在观察比较时，不仅要看5年间的绝对值，更要看在此期间的相对值——发展趋势，并以此作为买卖决策的主要依据。若能平均跑赢大盘，且发展趋势渐强，就可考虑买入；反之，即使平均跑赢大盘，但发展趋势渐弱，则同样不宜买入。譬如，大秦铁路虽然平均跑赢指数5.52个百分点，但主要“贡献”是在前两年，后三年优势其实并不明显，所以登记日之前5个交易日同样不宜买入。

第三，根据除息日之后5个交易日股价涨跌及与上证指数比较确定除息日后5个交易日是否持股。

对于登记日之前5个交易日已经买入、参与了分红操作的投资者来说，接下来还须考虑除息日后5个交易日是否持股的问题，而其中的主要依据便是过去5年除息日之后5个交易日股价涨跌及与上证指数的比较结果。判断方法如下：分别计算出某股票前5年分红除息日之后5个交易日股价涨跌幅，并与上证指数同期涨跌幅做一比较，看其走势是强于大盘还是弱于大盘。如大秦铁路5年平均数与上证指数几乎持平（只微幅跑赢指数0.17个百分点，可忽略不计），所以在除息日之后5个交易日里不宜持股。

当然，以上分析研究方法只适合某类特定股票，如在分析研究A股票的基础上适用于A股票，分析研究B股票的基础上适用于B股票，投资者在对不同上市公司做出是否参与分红操作时须对相关公司进行专门分析，在此基础上再做“个性化”操作决策，不应千篇一律甚至张冠李戴。

不同的投资者主体要做不同的操作计划

分析研究的目的在于操作决策。相对不同的投资者来说，即使面对同一上市公司，做了同一分析研究，也应从各自实际出发，制定出适合自己、切实可行的操作计划。其中，可供参考的操作计划主要有以下三种类型。

A计划——“短差计划”。即只利用“分红股”存在的潜在获利机会，实际并不参与公司分红，只博取其中“短差机会”的操作计划。具体包括两个方面：一是根据某一股票过去5年登记日前5个交易日股价涨跌及与上证指数比较结果，确定是否于登记日前5个交易日进行买入操作，以便赚取“短差收益”。总的原则是，如走势明显强于大盘，可考虑适当买入，博取“短差收益”，否则不宜买入。二是根据除息日之后5个交易日股价涨跌及与上证指数比较结果，确定除息日后5个交易日是否持股，赚取“短差收益”。原则同上，如走势强于大盘，可考虑继续持股，否则不宜持有。以此做出的“短差计划”，一般来说都比较可靠。

在操作层面，一旦发现相关股票存在“短差机会”，即可制定具体的“短差计划”，通常选择在“分红股”登记日前5个交易日表现弱于大盘（意味着未来涨升空间较大）的情况下，在“分红股”回调过程中分批适量买入，并在以下三种情况下择机卖出：一是获利5%（或10%）以上，二是跑赢指数5个百分点（或10个百分点）以上，三是若在登记日收盘价卖出能确保不亏的前提下。

B计划——“分红计划”。在没有出现前两种卖出的情形，且按登记日收盘价卖出将造成亏损的情况下，即可制定参与分红的操作计划。也包括两个方面：一是直接参与分红；二是除息后择机获利卖出。对于后者，须以除息后的价格为准，此时的保本价（除息后的卖出价高于除息前的买入价），实际上是获利价，因为已参与公司分红，取得了分红收益。

C计划——“回转计划”。在上述卖出情形均未出现，又不想参与公司分红的情况下，参与“分红股”的操作还有一种了结方式，这就是“回转交易”——相对之前的交易进行的反向操作。这种操作有个前提，就是在参与“分红股”操作前，须对之前的操作进行梳理，当之前卖出的股票出现了分红机会，时价又比当时卖出价低，出现了正差接回机会，此时即可制定“回转计划”，进行正差接回操作。接回之后，既可按上述方法处理，又可进行高抛低吸操作，还可选择长线持股，因为操作这样的“分红股”针对的不仅是“之后”股价的走向，还包括针对“之前”的操作。从这点上看，无论“分红股”涨还是跌，投资者的操作都能“确保”是正确的操作。

股息红利税差别化征收对实际操作的影响

之所以不同投资者主体要从各自实际出发制定出适合自己的个性化操作计划，主要是鉴于股市走势的不确定性。因此，在参与“分红股”的操作中一定要有两手准备，既包括行情走势与预期一致的计划准备，也包括与预期相反的具体打算，操作中既要控制仓位，又要分批买卖。只有这样，才能在顺势操作中取得“正收益”，在逆向交易中进行“补操作”，这是参与“分红股”操作的一大前提，必须始终牢记。

还有，**投资者在参与“分红股”操作中，须注意新近出台的股息红利税差别化征收政策——将原来的不论持股时间长短统一进行固定式征税改为按照持股时间长短进行差别化征税——对投资收益和实际操作带来的影响。**股息红利税差别化征收政策主要包含三方面内容：一是持股超过1年的，税负为5%；二是持股1个月至1年的，税负为10%；三是持股1个月以内的，税负为20%。换言之，持股时间越长，其股息红利的税负就越低；持股时间越短，其股息红利的税负就越高。

实际参与“分红股”操作时，须根据持股时间长短，结合各方面因素综合决断，重点是要把握好以下三个“个性化原则”：一是如果持股时间较短——少于1个月，在无特殊情况下，以不参与分红为宜。因为一旦参与分红，不仅分得的红利（税后部分）要除息，缴纳的税负要除息（因为是税前除息），而且此时缴纳的税负比原来高出一倍，参与分红将得不偿失。若不参与分红，20%的高税负就不会对投资者的实际收益产生任何影响。当然，对于个别在短时间内有可能出现连续大涨的股票除外。二是如果持股时间适中——在1个月至1年之间，与原来一样即可，该怎么操作还是怎么操作，因为税负不变。三是如果持股时间较长——超过1年，尽量选择分红，此时虽要除息且有税负，但毕竟比原来少了一半税负。在同等条件下，现在参与分红税负要比原来低50%，因此，参与“分红股”操作的盈利概率也将随之增加。

炒股也要不怕孤独

要想成为赢家，最简便、最有效的方法还是在第一时间发现并抓住潜在的“黑马”股票。基金“独门股”便是频出“黑马”、时常被不少投资者捕获并为之带来可观收益的投资品种，但要求投资者不怕寂寞和孤独——

无论心态怎样、技法如何，要想成为炒股的赢家，最简便、有效的方法还是在第一时间发现并抓住潜在的“黑马”股票。基金“独门股”便是频出“黑马”、时常被不少投资者捕获并为之带来可观收益的投资品种。

“独门股”变成“摇钱树”

这里所说的“独门股”，指的是上市公司业绩报告披露的前十大流通股东中仅有（或全有）一家基金、券商或QFII持有的股票。由于“独门股”多半是由基金把控，因此也称基金“独门股”。

与普通品种相比，基金“独门股”成为阶段性潜在“黑马”的可能性非常大。日前在研究沪深股市阶段性强势品种时笔者发现，位于两市阶段涨幅榜前列的股票不少都是基金“独门股”。

以2011年11月（截止25日收盘，下同）为例，位居两市涨幅榜第一名的中发科技正是一只基金“独门股”。在查看11月份可比的2236只沪深A股区间涨幅后笔者发现，在剔除停牌后恢复交易的置信电气（涨36.89%），中发科技以36.51%的涨幅高居两市榜首，跑赢同期指数（同期上证指数跌3.57%）40.08个百分点。

只要打开中发科技三季报即可发现，截止 9 月 30 日，该股共有 A 股账户 12181 户，人均持有 9280 股。在“十大流通股东”栏内清晰地记载着，除了一家基金持有 226.22 万股外，其余九大流通股东均系公司和个人。原来，这家 11 月份走势最强的上市公司正是只有一家基金掌门的最牛基金“独门股”。

寻觅“独门股”的蛛丝马迹

在所有披露三季报的上市公司里，像中发科技这样的基金“独门股”多达 509 家，即使将范围缩小，以持股数量合计超过 500 万股、基金持股占流通股比例合计超过 3% 为界，符合条件的上市公司也多达 43 家。要想在这 43 只基金“独门股”中找出中发科技这样的最牛基金“独门股”，难度可想而知。

实际上，只要仔细观察，还是能寻觅到一些最牛基金“独门股”的蛛丝马迹。笔者发现，能被基金相中且极有可能成为最牛“独门股”的股票大多具有三个特征。

首先是盘子适中、易于操控。流通盘一般在 1 亿 ~ 5 亿股之间，且没有限售股份。如中发科技，最新流通盘仅为 11304 万股，已实现全流通，像这样 1 亿左右的盘子极易被主力操控和驾驭。

其次是行业普通、业绩一般。以中发科技为例，主营业务非常普通，以半导体集成电路塑封模具等精密模具的生产为主，行业属于“其他电器机械制造业”。业绩也比较一般，最近三年每股收益分别只有 0.0298 元、－0.5326 元和 0.0503 元，三季度依然只有 0.0237 元。

最后是股性活跃、起伏较大。仍以中发科技为例，该股 2002 年 1 月 8 日上市，从二级市场近 10 年来的走势可以看出，该股经历了数次大起大落，特别是上市之初短暂冲高至 29.65 元这一历史最高价后便一路下滑，至 2008 年 10 月 28 日大盘跌至 1664.93 点时该股也同时创出历史新低 2.91 元。之后，该股又强劲反弹，曾多次触及 18 元上方的阶段性高点，不仅强势特征十分明显，而且股性活、起伏大。

以上只是结合中发科技走势揭示最牛基金“独门股”的几个特点，有些基金“独门股”也有例外，其走势强弱往往与主力吸筹充分与否、资金实力强弱、阶段意向如何密切相关。当然，若能与大盘走势结合起来一并分析，可靠性会更大。

散户何时出击“独门股”

要想发现像中发科技这样的最牛“独门股”并不难，只要利用行情交易系统软件，点击“报价”、“阶段排行”，挂牌交易的全部A股阶段涨幅就清晰可见，位居前列的最牛基金“独门股”也水落石出，但事后发现意义不大。能否变最牛“独门股”为实际收益，与投资者的操作方法尤其是介入时机密切相关。具有代表性的介入时机主要有三种。

其一，风险最大的是在股价大涨后、利好出尽时介入。一般情况下，一些阶段性涨幅较大的个股，大多会在大涨后有一定的利好消息“跟进”。中发科技11月25日收盘后位居当月两市涨幅榜第一名。26日，该股发布了“关于媒体报道的澄清公告”。针对媒体关于“中发科技有资产整合预期”传闻的报道，该公司做了及时的澄清。细看公告，笔者发现，该公告与其说是在澄清传闻，不如说让投资者获悉了有关该股土地置换的潜在利好。

一些信息相对缺失的投资者往往会在利好出来后买入股票，但此时介入实际上为时已晚。公告发布后首个交易日——28日，该股低开低走，全天绝大部分时间都死死封于跌停位置，尾市虽打开跌停，但依然大跌8.84%，列两市跌幅榜第三位。之后几个交易日尤其是12月1日，在指数大涨的情况下该股走势依旧较弱，利好出来时介入的投资者不仅难以获利还出现大亏。至1日，仅4个交易日，该股累计大跌8.79%，跑输指数9.07个百分点（同期上证指数涨0.28%）。这说明，对于基金“独门股”包括最牛“独门股”，当股价已大涨、传闻已澄清，再加上潜在利好已明朗时再介入往往为时已晚，这也是风险最大的介入方式。

其二，收益最大的是在基金介入后、股价回调时介入。如能在获悉基金进场的第一时间特别是在股价回调时介入，收益无疑是最大的。中发科技的“独门”基金买入股票后，该股出现了一定程度的下跌。基金“介入季”该股最高价14.69元，最低价11.12元，至季末最后交易日——9月30日，该股甚至跌至全季最低价，至收盘虽有所反抽但依然处于较低价位。此时介入，不仅能紧跟基金脚步，而且成本比基金还低，这是介入基金“独门股”的最佳时机，同时也是收益最大的介入方式。

其三，相对稳当的是在公告发布后、第一时间点介入。这是对于普通投资者来说行之有效的介入方式。中发科技发布三季报的时间是 10 月 28 日，前一天——27 日晚上 10 点左右网上就可看到相关资讯。发布的季报中就专门有持股情况的记载，如果仔细阅读季报，就能发现该股已成为基金“独门股”，持股数为 226. 22 万股，且全部是在三季度“新增”买入。投资者要是再仔细点，还可查找出基金的持股成本，在 11. 12 ~ 14. 69 元之间，平均成本亦就不难算出。

即使采取公告发布后第一时间点介入，也还有两种方式可供投资者选择。

一是在公告发布后首个交易日以开盘价买入。10 月 28 日——公告发布后首个交易日，在大盘高开 1. 09% 的情况下，中发科技却以 13. 25 元的价格平开，为投资者提供了较好的低吸机会。若以这种方式买入，自 10 月 28 日开盘至 11 月 25 日收盘，上证指数下跌 3. 33%，中发科技逆市大涨 38. 26%，跑赢指数 41. 59 个百分点，收益非常可观（见表 1）。

表 1　　公告后首个交易日开盘价买入中发科技涨幅及与上证指数比对表

区　分	10 月 28 日开盘价	11 月 25 日收盘价	区间涨幅	与指数比
上证指数	2462. 09	2380. 22	-3. 33%	
中发科技	13. 25 元	18. 32 元	38. 26%	41. 59%

二是选在公告发布后数日内股价回调时买入。11 月 1 日——公告发布后第三个交易日，中发科技出现了 12. 96 元的当日低点，若此时买入“买点”会更好。截止 11 月 25 日收盘，上证指数区间下跌 2. 67%，中发科技同期大涨 41. 36%，跑赢指数 44. 03 个百分点，收益更为可观（见表 2）。

表 2　　公告后数日内股价回调时买入中发科技涨幅及与上证指数比对表

区　分	11 月 1 日最低价	11 月 25 日收盘价	区间涨幅	与指数比
上证指数	2445. 53	2380. 22	-2. 67%	
中发科技	12. 96 元	18. 32 元	41. 36%	44. 03%

通过分析不难看出：在上述三种较有代表性的介入方式中，普通投资者没有可靠消息来源，也没有高超投资技法，要想不替他人买单，最佳介入时机是在公告发布后、第一时间点——以首个交易日开盘价或在公告发布后数日内待股价回调时买入。

巧追“独门股”秘诀大总结

把握最牛“独门股”的投资机会，除了学会识别“牛相”、精选时机外，还有三点须引起投资者注意。

首先要敢于买入。中发科技的最佳买点是在10月28日至11月1日之间，此时季报已出、情况已明，不仅有充分的时间而且有理想的低点可供投资者选择。但须注意的是，不要以某个交易日该股的表现来判断强弱。如，11月1日，在大盘微涨0.07%的情况下，中发科技不涨反而逆市大跌1.86%，若以此判断该股走势较弱，并认为日后也不会有良好表现那就错了，实际上此时正是主力进行的最后一次洗盘动作。所以，**敢于买入实际上是要求投资者能经得起大盘大涨、“独门股”小涨，大盘不跌但“独门股”大跌这样的一系列考验**。只有经受住了类似的考验，才会敢于在下跌时买入基金“独门股”，这是取胜的前提。

第二要不怕折腾。行情启动以来，中发科技虽然总体上保持上涨态势，但期间也有表现较弱甚至逆市下跌的时候。特别是11月9日，在大盘涨0.84%的情况下该股还逆市下跌1.52%。此时，投资者如果能保持淡定、不为折腾所动，至25日收盘，收益高达36.51%；反之，如果此时拿不住股票，以9日收盘价将其卖出，收益就只有6.56%，二者相差29.95个百分点，丰厚回报就会失之交臂。

第三要舍得卖出。至25日收盘高达36.51%的收益，与指数比高出整整40个百分点，若能在此时将这一盈利收于囊中，无疑将成为市场最大的赢家。虽然此时**选择离场并不能排除该股存在继续上涨的可能性，但要想抓住收益、回避风险，唯一的办法就是舍得高抛**。即使日后再涨，收益虽相对低些，但只要有明确的计划和目标，价格一到、及时卖出，都是正确的选择。

简单比较也能获利

利用“比价效应”稳定获利，看上去有些复杂，做起来其实不难，与其他方法的重要区别在于：与大盘涨跌无关，只需观察目标股票比价，认为价差够大（或够小）时能做到高抛低吸、踏准节奏即可，无需左顾右盼未来股指运行方向，因而大大增加了操作的确定性和投资收益的稳定性——

在股市2000多家上市公司里，有些股票之间风马牛不相及，无论是股本结构、主营业务、经营业绩，还是二级市场股价都截然不同；但有些股票“比价效应”十分明显，不仅股本结构、经营业绩非常相似，而且二级市场股价也彼此依附、十分接近，不是你吸引我，就是我吸引你，一会儿相互赶超，一会儿又趋于一致。

利用上市公司的这一“比价效应”及股价之间的“拉动作用”，踏准节奏、高抛低吸、简单操作、稳定获利，乃炒股一绝。

“比价效应”也是“真金白银”

景兴纸业和太龙药业就是这样一对难舍难分、极具“比价效应”的“孪生兄弟”。从历史股价看，二者的波动范围大体相当：景兴纸业的波动区间为2.73～19.00元，太龙药业为2.75～23.65元，最低价只差0.02元，最高价差也不大，只有4.65元。

2011年以来，景兴纸业和太龙药业的这种“比价效应”得以延续。截止7月15日收盘，前者波动范围在6.29～8.49元之间，后者在5.80～8.14元之间，高点相差只有 0. 35 元，低点相差也只有 0. 49 元。从波动幅度看，景兴纸业为 2. 20 元，太龙药业为 2. 34 元，二者的“波幅差”只有 0. 14 元。

值得一提的是，在绝大多数时间里，景兴纸业和太龙药业的股价都非常接近，在同一交易日以同一价格收盘的情况至少出现过两次，分别是 2 月 10 日（都以 6. 93 元收盘）和 3 月 21 日（均以 7. 25 元收盘），其余交易日收盘价虽有不同但也相差不大，即使某段时间股价拉开了距离但一段时间后又开始靠拢，呈现出明显的“比价效应”和彼此之间的“拉动作用”。

“比价效应”和“拉动作用”的意义不仅在于有利于投资者把握相关股票的走势特点，而且能给投资者带来实实在在的投资收益。譬如，投资者年初时持有景兴纸业和太龙药业各 10000 股，且持仓不动，至 7 月 8 日收盘，市值由年初的 139900 元增加到 143100 元，上涨 2. 29%，跑赢指数 2. 66 个百分点（同期上证指数 -0. 37%）。但若能有效利用景兴纸业和太龙药业之间的“比价效应”适度换股、高抛低吸，就能多出“真金白银” 56983 元，增加投资收益 39. 82%，跑赢指数 43. 39 个百分点。

不难看出，能否有效利用相关股票的“比价效应”及股价之间的“拉动作用”，投资收益竟相差 40. 73 个百分点。

神奇的“五步操作法”

投资者或许会问：这 56983 元额外利润，39. 82% 的超额收益究竟是怎么得来的？“比价效应”及对股价“拉动作用”的功效真有这么神奇？怎样操作才能使这种潜在效应变成实际收益？

要回答这些问题，前提是要明确操作对象——目标股票必须是具有“比价效应”的上市公司。在此基础上，再利用“比价效应”稳定获利的“五步操作法”来进行相应的操作。

第一步：有“价差”时换股。当发现具有“比价效应”的股票存在一定的价差时，先卖出价格高的股票，同时买入价格低的股票。12 月 31 日收盘时，景兴纸业和太龙药业的价差为 0. 69 元，已具有一定的价差优势。此时，即可卖出价高股太龙药业（7. 34 元，10000 股），并随即买入价低股景兴纸业（6. 65 元，可买 11010 股，已扣除各种交易费用，双向交易费用按 0. 25% 计算，下同）。交易后的股票余数为景兴纸业 21010 股。

第二步：有“反差”时换回。当双方股价在“比价效应”的作用下经过多次、反复“拉动”出现反差（原来的价低股景兴纸业股价反超原来的价高股太龙药业）时，再择机找高点换回。5 月 12 日，当景兴纸业和太龙药业股价反差扩大到了 1.51 元时，卖出价高股景兴纸业（8.49 元，21010 股），买入价低股太龙药业（6.98 元，可买 25491 股）。交易后的股票余数为太龙药业 25491 股。

第三步：“价差”缩小后进行“回转”交易。经过一段时间运行，虽然景兴纸业和太龙药业的价差方向不变，依然是景兴纸业高、太龙药业低，但价差的程度已明显缩小（至 6 月 2 日价差已由原来的 1.51 元缩小到了 0.66 元）时，仍可进行回转交易。虽然卖出的是价低股太龙药业（6.18 元，25491 股），买入的是价高股景兴纸业（6.84 元，可买 22974 股），但交易后依然能取得正向收益。

第四步：“价差”扩大后再行“二次回转”。当首次“回转”交易结束、价差再次扩大时，又可进行反向交易——“二次回转”。6 月 23 日：卖出价高股景兴纸业（6.96 元，22974 股），买入价低股太龙药业（5.80 元，可买 27500 股）。本次交易结束后与第二步交易结束相比，虽然持有的品种依然是太龙药业，但股票数量却由原来的 25491 股变成了 27500 股，净增 2009 股。

无论操作了几步，核心大都离不开以下两点：一是顺差换股——卖出价高股、买入价低股；二是逆差换股——卖出价低股、买入价高股，操作结果都是使账户资产不断增加。

第五步：“价差”再次缩小后可“逆差换回”。在“比价效应”的再次作用下，当卖出的价高股景兴纸业涨幅不大，而买入的价低股太龙药业出现短线急涨，价差也再次缩小到 0.19 元时，又可进行“逆差换回”：卖出价低股太龙药业（7.45 元，27500 股），买入价高股景兴纸业（7.64 元，可买 26749 股）。此时两股“价差”只有 0.19 元，但持有景兴纸业的数量却增加到了 26749 股。

实际交易时，“五步操作法”不一定要局限于“五步”，投资者可结合各自实际进行多次反复滚动操作。但无论操作了几步，核心大都离不开以下两点：一是顺差换股——卖出价高股、买入价低股；二是逆差换股——卖出价低股、买入价高股，操作结果都是使账户资产不断增加。至 7 月 8 日收盘，景兴纸业的最新价为 7.48 元，26749 股景兴纸业对应的市值为 200083 元，比不动多了

56983 元，增加收益 39.82%，同时也使累计收益达到了 43.02%，跑赢指数 43.39 个百分点。

看上去复杂，做起来不难

利用“比价效应”稳定获利，看上去有些复杂，做起来其实不难，与其他方法的重要区别在于：与大盘涨跌无关，只需观察目标股票比价，认为价差够大（或够小）时能做到高抛低吸、踏准节奏即可，无需左顾右盼未来股指运行方向，因而大大增加了操作的确定性和投资收益的稳定性，非常适合普通投资者采用。在操作层面须注意的问题主要有四个。

一是要在长期跟踪、股性较为熟悉的品种里进行“比价效应”操作。陌生的股票原则上不要去碰，宁可错过、不可做错。在此基础上，还应做好股价的跟踪、记录工作，必要时可设计一张专门的《股价跟踪表》，用于记录和比对，为发现并把握其中的交易性机会提供参考。

二是要有可比性。虽然景兴纸业和太龙药业的主营业务各不相同，且不在同一板块，前者属于深市的中小板股票，后者属于沪市主板股票，但也有许多共同之处，譬如，连续三年每股收益都为正数，总股本都在 4 亿～5 亿股之间，最新流通盘都在 3 亿～4 亿股之间，盘子适中且大体相同，因而具有一定的可比性。

三是要有良好的心态，操作起来急不得也等不得。一方面，当价差达到一定程度时要果断进行换股交易，另一方面，当股价在既定的方向稳步运行时要保持耐心，适当等待，待出现更好的买卖点时再行交易。还有，从控制风险的角度出发，**尽量不要采用满仓进出的方法操作，做好仓位控制，适当留有余地，争取操作主动。**

四是两手准备，理性应对。虽然从理论和实践角度看，利用“比价效应”稳定获利的确定性都比较大，但资本市场毕竟是个充满变数的特殊市场，各种意想不到的事情随时可能发生，除了需要养成不满进满出、不追涨杀跌的良好习惯，做到动静结合、适度适量外，对操作结果也不能抱过高期望。只有适当降低利用“比价效应”稳定获利的预期，两手准备，理性应对，才会取得令自己满意的投资收益。

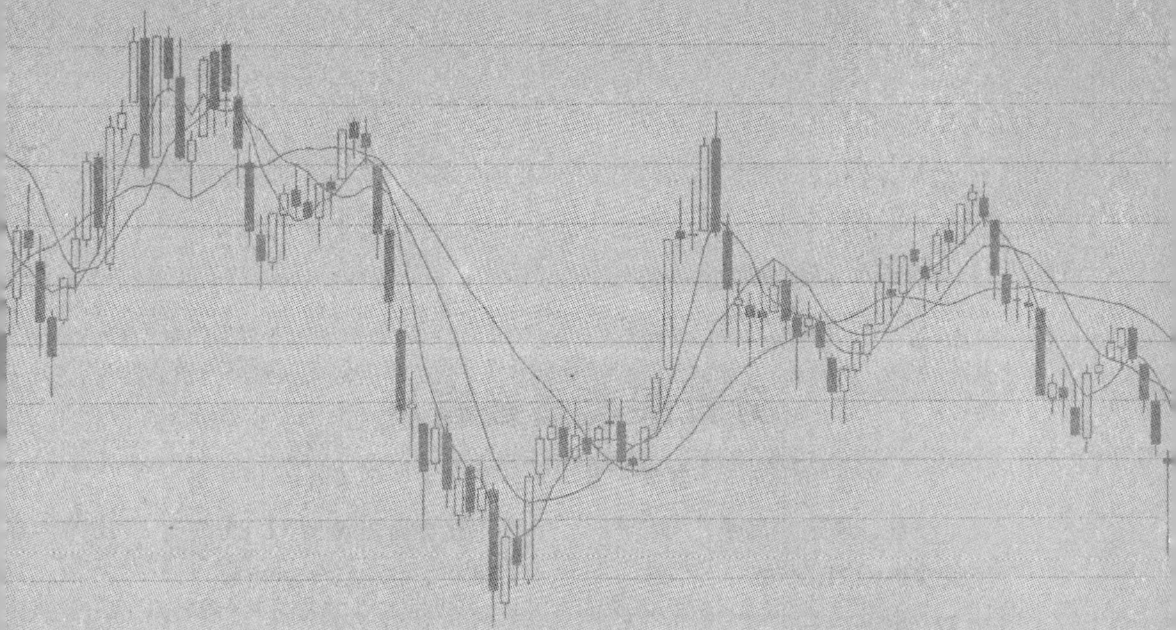

第3章 交 易

投资者在组合投资、分批买卖中，既不要唱组合投资的“反调”——一次性满仓买入一只股票，也不可在分批买卖时显得过于分散。只有在交易数量的确定中守住“底线”、把握分寸，才能在分批买卖中确保达到恰到好处的程度。

分批买卖贵在有度

投入资金100万元、每周交易一次的投资者，如果在分批买卖中过于分散、未达“底线”，缴纳的各项税费就会由应缴的11.85万元变成实缴的21.05万元，一年下来就会多缴9.2万元，多缴的幅度高达77.64%——

要想取得股市投资的良好收益，除了需精准确定操作时机、审慎选择投资品种外，还须正确把握操作分寸、合理确定交易数量。只有这样，才能在实际操作特别是组合投资、分批买卖中达到恰到好处的程度。

有哪些费用，标准是多少先要弄清楚

绝大多数投资者在证券交易中采取的是组合投资、分批买卖的方法。这种方法虽不能使最终结果达到收益最大化的程度，但也能有效缓解股市风险对投资带来的心理压力，因而被越来越多的投资者所采用。

但在实际操作中笔者发现，也有为数不少的投资者采取了较为绝对的做法。有的采取一次性投资法，将所有资金满仓、一次性买入一只股票。这种做法虽然“涨起来”利润可观，但“跌起来”也会损失惨重，因此，并不适合普通投资者采用。有的采取分批买卖法，但显得过于分散，不仅增加了操作难度、浪费了宝贵时间，而且多缴了不少费用，增加了交易成本。

为使操作达到不多不少、恰到好处的程度，首先要弄清楚自己的证券交易有哪些费用，标准是多少，以便每次操作都做到心中有数。现以投资者G为例，对普通投资者所缴的证券交易税费作一简要剖析。

2012年7月26日，投资者G做了如下操作：卖出中国北车3600股，价格3.67元，成交金额13212元；买入南方航空3000股，价格4.36元，成交金额13080元。缴纳的各种税费有：卖出时的佣金6.61元，印花税13.21元，过户费2.70元，合计22.52元；买入时的佣金6.54元，印花税0元，过户费2.25元，合计8.79元。

不难看出，投资者G在证券交易中实际缴纳的税费共有三项，分别是：佣金（比例为成交金额的0.05%），印花税（比例为成交金额的0.10%，只在卖出时单向缴纳，买入时无须缴纳），过户费（按成交股数计，标准为每1000股0.75元，只在沪市缴纳，深市无须缴纳）。这样，卖出时的总费用约为成交金额的0.170%，买入时的总费用约为成交金额的0.067%，“一买一卖”的总费用约为成交金额的0.237%。

实际操作中，由于与证券公司约定的佣金标准不同，不同投资者的实际交易费用不尽相同。其中，印花税和过户费保持不变，区别在于佣金标准。投资者若想了解自己的税费标准，只要（隔日）打开证券交易账户，依次点击“查询”、“交割单”，即可看到佣金、印花税、过户费的实际缴纳数，并计算出对应的缴费比例。

实际缴多少，多缴了多少也要弄清楚

在弄清楚自己的缴费项目和缴费标准基础上，通过与实际操作的比对即可发现实际缴费情况及操作中存在的问题。

仍以投资者G为例。8月2日，投资者G作了如下操作：卖出中国北车1000股，价格3.75元，成交金额3750元；买入南方航空900股，价格4.13元，成交金额3717元。缴纳的各种税费如下。

卖出中国北车时缴纳的税费：佣金按0.05%标准计、应缴1.88元，实缴5.00元、对应比例为0.13%，多缴3.12元、对应比例为0.08%；印花税应缴3.75元，实缴3.75元，比例不变；过户费按每1000股0.75元标准计、应缴0.75元，实缴1.00元、对应标准为每1000股1.00元，多缴0.25元、对应比例为每1000股0.25元。卖出合计：应缴税费6.38元、对应比例0.17%，实缴税费9.75元、对应比例0.26%，多缴税费3.37元、对应比例0.09%。

买入南方航空时缴纳的税费：佣金按0.05%标准计、应缴1.86元，实缴5.00元、对应比例为0.13%，多缴3.14元、对应比例为0.08%；印花税应缴0元，实缴0元；过户费按每1000股0.75元标准计、应缴0.68元，实缴1.00元、对应标准为每1000股1.11元，多缴0.32元、对应比例为每1000股0.36元。买入合计：应缴税费2.54元、对应比例0.07%，实缴税费6.00元、对应比例0.161%，多缴税费3.46元、对应比例0.09%。

综合上述分析可以看出，印花税的缴纳比例与成交量大小、股数多少没有关联，即无论成交量大小、股数多少印花税都按成交金额的0.10%征收。对投资者缴纳费用影响较大的主要是两项：一是佣金，多缴了166%~169%；二是过户费，多缴了33%~47%。由于这两项费用的多缴，使得“一买一卖”的总费用由应缴的0.237%增加到了实缴的0.421%。

“小账”恐怕说明不了什么问题，再来算笔“大账”或许就会“吓一跳”。假如投资者G投入的资金总量为100万元，每周交易（包括买入和卖出）一次，全年按50个交易周计算，应缴的税费为：100万元×0.237%×50=11.85万元；若按上述方法操作，实缴的税费为：100万元×0.421%×50=21.05万元。一年时间就多缴了9.2万元税费，多缴的幅度高达77.64%。值得一提的是，这些多缴的费用正是由于在分批买卖时数量确定不当，过于分散、未达“底线”引起的。

底线在哪里，该如何操作更要弄清楚

从投资者G缴纳的税费构成可以看出，多缴的费用主要是佣金和过户费。因此，要解决费用多缴问题，须对症下药，从避免多缴佣金和过户费做起。

解决佣金多缴问题，取决于操作时的成交量。在佣金比例0.05%、“底线”5元不变的情况下，要想不多缴佣金，就必须确保单笔操作的成交量在10000元以上，即只有当单笔成交额大于或等于10000元时，佣金才大于或等于5元，才不用多缴佣金，否则就会多缴佣金。另外，当投资者与证券公司签订的佣金合同发生变化时，确保不多缴佣金所对应的单笔交易成交额也会随之发生变化，计算公式为：5元/佣金比例。如，佣金比例依次为0.01%、0.02%、0.03%、0.04%、0.05%、0.06%、0.07%、0.08%、0.09%、0.10%的投资者，确保不多缴佣金所对应的单笔交易成交额必须在50000元、25000元、16667元、12500元、10000元、8333元、7143元、6250元、5556元、5000元以上。佣金比例越低，确保不多缴佣金所对应的单笔交易成交额就越多；佣金比例越高，单笔交易成交额就越少。

解决过户费多缴问题，取决于操作时的成交股数。在过户费标准为每1000股0.75元、“底线”1元不变的情况下，要想不多缴过户费，就必须确保单笔操作的股数在1333股以上（对应的百股整数为1400股以上），否则就将多缴过户费。

所以，对于佣金比例为0.05%的投资者来说，在佣金“底线”为5元、过户费标准为每1000股0.75元、“底线”为1元的情况下，只有确保成交额在10000元以上、成交股数在1400股以上，这两个条件同时满足，才不会多缴交易费用。否则，就会多缴交易费用，且成交额和股数越少，多缴的费用就越多，就越不划算。

当然，证券交易税费除了尽量不要多缴外，还应设法做到能省则省，这就需要选择好券商——在服务质量、信誉程度、交通便利等方面大体相当的情况下，尽可能选择佣金（手续费）标准较低的券商。如果没有选择券商的余地，也要设法与券商进行协商，尽可能地把佣金标准降到最低；选择好市场——如果备选品种大体一致，既可选沪市股票，也可选深市股票，在这种情况下应尽量选择深市股票交易，就可免缴过户费。但若不同品种之间优劣相差悬殊，则首先要考虑品种本身，而不是市场；选择好品种——即使必须在沪市交易，也要尽可能选择股价相对较高的品种进行交易，以节省过户费。因为在成交金额已定的前提下，股价越高，股数就越少，需缴纳的过户费也越少。只有选择好了券商、市场和品种，才能把“该缴”的证券交易税费降下来。

总之，投资者在组合投资、分批买卖中，尽量不要采取“极端式”的操作方法，既不要唱组合投资的“反调”——一次性满仓买入一只股票，也不可在分批买卖时显得过于分散。只有在交易数量的确定中，守住“底线”、把握分寸，才能在分批买卖中确保达到恰到好处的程度。

越跌越买技法揭秘

在行情更加扑朔迷离、操作难度越来越大的今天，只有坚决摒弃买得最低、卖得最高奢望，真正做到越跌越买、越涨越卖，才能在充满变数的股市里保持不败、笑到最后——

投资者买入股票后，一般会出现两种情况：上涨或下跌。对于前者，只要卖出即可获利；对于后者，应对方法主要有二：一是止损，二是补仓。不同投资者由于理念、方法不同，选择的策略也大不一样，有的喜欢用止损操作，有的擅长用补仓交易。笔者用得较多的是后者——跌后补仓法，即越跌越买操作法。

至2012年4月27日收盘，在该年股市前4个月交易中，在上证指数涨8.95%的情况下，笔者取得了总值涨18.91%的收益。之所以能在全年1/3的时间里跑赢指数9.96个百分点，与越跌越买操作法的正确运用密不可分。

不同方法比较

中铁二局是“五一”节前最后一周表现最抢眼的股票之一。在上证指数周跌0.44%、深证成指微涨0.49%的情况下，该股25日、26日连续两天以涨停价报收，并以全周12.97%的涨幅位居A股涨幅榜第20名。

多数投资者可能会觉得，操作中铁二局的投资者无论是涨前潜伏还是涨时追进，都将取得不菲收益，实际上并非如此。

先看两个实例：一是投资者G。一个多月前，G以5.76元的价格买入1300股中铁二局，一直持有到25日上午收市前才止损卖出（5.33元）。遗憾的是，下午开盘后不久，中铁二局快速拉升，直冲涨停（5.82元）。26日，该股再以涨停（6.40元）报收。事先潜伏并苦苦坚守了一个多月的投资者不仅与大牛股擦肩而过，而且最终亏着出局。

另一位是署名“120.35.242.＊”的投资者，他27日在中铁二局股吧上发帖说：“昨天涨停排队进的，主力让我亏了5个点割肉了。”因为追涨，一天时间，该投资者5个点的“真金白银”就打了水漂，大牛股同样让追涨的投资者不盈反亏。

上述两例虽不能代表所有操作中铁二局投资者的最终结果，但从一个侧面说明，无论是涨前潜伏还是涨时追进，并非所有参与大牛股操作的投资者都能取得想象中的暴利。

买入中铁二局的操作尽管资金来源不同，有的是筹资，有的是换股，但有一点却是共同的，那就是买价一次比一次低，这便是越跌越买操作法的基本原则之一。

再看笔者操作。作为一只长期跟踪、反复操作的自选股，笔者操作中铁二局的方法有些特殊，既非被套后一味死守，也非启动后参与追涨，而是越跌越买。清单如下：

批次一：2011年11月16日，卖出中国北车2500股（5.00元）；换股买入中铁二局2500股（6.39元）。

批次二：2012年3月16日，筹资再买中铁二局3500股（5.35元）。

批次三：同一天，再次买入中铁二局3500股（5.28元）。

批次四：3月28日，卖出中海集运10000股（2.91元）；换股买入中铁二局5000股（5.06元）。

批次五：4月5日，卖出中海集运10000股（2.92元）；换股买入中铁二局5000股（4.95元）。

原本打算继续执行第六、七批建仓计划，但由于股价反身向上，未达期望的买价而停止执行买入计划。

不难看出，以上买入中铁二局的操作尽管资金来源不同，有的是筹资，有的是换股，但有一点却是共同的，那就是买价一次比一次低，这便是越跌越买操作法的基本原则之一。

与买入时越跌越买相对应的是，卖出时则是越涨越卖。清单如下：

第一批：4月25日，中铁二局启动时，首次卖出3500股（5.46元），清仓了买入的第三批筹码，获利582元（已扣除交易成本，下同）。

第二批：当天，在中铁二局急冲时，再次卖出5000股（5.62元），清仓了买入的第五批筹码，获利3280元；次日接回当时卖出的10000股中海集运（3.11元），亏损1973元。正负相抵，最终盈利1307元。

第三批：翌日，中铁二局大幅高开8个多点，再次卖出5000股（6.30元），清仓了买入的第四批筹码，获利6121元；同时接回当时卖出的10000股中海集运（3.04元），亏损1373元。正负相抵，最终盈利4748元。

27日，准备择机再次卖出中铁二局时，因股价未达笔者期望的卖价而未能成交。至此，买入的5批中铁二局，有3批已卖出或做了回转交易，累计获利6637元。

操作技法揭秘

通过比较可以看出，在上述操作大牛股的几种方法中，比较适合普通投资者的其实是越跌越买操作法。

所谓越跌越买，指的是首次买入的某一股票，当股价出现一定时间或幅度的下跌后，再次买入一定数量，以此类推。越涨越卖正好相反，指的是首次卖出的某一股票，当股价出现一定时间或幅度的上涨后，再次卖出一定数量，以此类推。

巧妙运用越跌越买操作法的秘籍主要体现在三个方面。

一是确定首次买入品种。应选择长期跟踪、股性熟悉、盘子适中、业绩优良、估值合理、涨幅不大、跌幅较大且主力被套甚至深套的股票，这种股票往往机会大于风险，操作起来较为放心，这一点非常重要。否则，极有可能以首次买入为起点，由越跌越买变成越套越深。

二是确定具体交易方法。一方面，要控制总量，采取越跌越买法操作的单一品种市值一般不超过总市值的1/3～1/5；另一方面，要做好交易，既要根据下跌幅度进行交易，如每跌5%或10%买入一次，又要把握具体买入数量，如每次买入1/3～1/5等，直至达到建仓极限时止。

三是确定操作之后策略。这既包括建仓完毕后的策略：如股价出现了下跌，则应持股不动，既不买入也不卖出；如股价出现了震荡，则可高抛低吸做短线；如股价出现了上涨，则应分批卖出，越涨越卖，直到卖完全部筹码时止。也包括筹码卖完后的策略：如股价出现了上涨，则应持币不动，不再买入；如股价出现了振荡，则可低吸高抛赚差价；如股价出现了下跌，则应分批买回，越跌越买，直至全部接回。

三大考验怎么过

采用越跌越买法操作时常见的问题有两个：一是在分批买入或卖出尚未结束时，股价就出现了反向运行；二是在分批买入或卖出已经结束后，股价继续同向运行：跌后再跌、涨后再涨。每当此时，对投资者心态和技法都会带来考验。因此，能否运用好越跌越买操作法的关键，实际上取决于能否经受住以下“三大考验”。

首先是买入后股价长期阴跌的考验。越跌越买虽然是一种机会大、风险小的操作方法，但风险小不等于没有风险。譬如，在投资者看来，某一品种应该跌无可跌了，于是大量买入，但买入后该股却继续大跌。在这种情况下，就很容易动摇投资者当初的判断，此时操作也变得越发关键：不仅已经买入的筹码要继续持有，要坚信自己当初的判断，而且应分批再买，越跌越买。事实反复证明，越跌越买买入的筹码，建仓成本更低，获利也就更丰。

其次是强拉前进行最后打压的考验。即使是大牛股，主力也不可能只涨不跌，经常会通过震荡、洗盘等“折腾”走势来“折磨”投资者，有时甚至在大涨前进行最后的打压洗盘。此时，能否保持淡定，经受打压考验，坚决拿住股票，确保筹码不丢，对于取得最终盈利起着非常重要的作用。

最后是卖出后股价大幅上涨的考验。当持股卖完后，股价继续大涨时，一定要经受住贪婪恐惧的考验，严格坚守“越涨越卖”操作底线，绝不进行追涨操作。若经不住这一考验，选择追涨操作，极有可能使已经到手的利润“鸡飞蛋打”。

越跌越买操作法的最大敌人是“奢望”——面对大牛股产生不切实际的幻想。一方面，希望买得最低、卖得最高；另一方面，希望涨时满仓、跌时空仓。这种奢望，不仅与越跌越买操作法的初衷和原则相违背，而且在实际交易中根本不可能实现。在行情更加扑朔迷离、操作难度越来越大的今天，普通投资者只有坚决摒弃这种不切实际的奢望，始终保持良好心态，拥有一颗平常之心，真正做到越跌越买、越涨越卖，才能在充满变数的股市里保持不败、笑到最后。

炒股也要梯次推进

不少投资者总埋怨：股市大跌，缺乏机会。的确，在持续下跌、方向不明的情况下把握起来难度较大，若采取“一次性”重仓甚至满仓进出操作的难度会更大，但这也为擅长“阶梯法炒股”的投资者提供了难得的用武之机——

在指数大跌，多数品种随之出现大幅下挫的情况下，不少投资者感到交易机会缺乏，操作难度加大。在大盘持续下跌，个股方向不明、难以把握的情况下，采取“一次性”重仓甚至满仓进出操作的难度越来越大，但也为擅长“阶梯法炒股”的投资者提供了难得的用武之机。

“阶梯法炒股”也能赚钱

先看操作：2011 年 7 月 28 日晚，笔者账户内共持有 6 只股票，分别是中海集运、中国铁建、新疆城建、中国北车、华东数控和大唐发电，其中，持有新疆城建 19300 股。考虑到大盘指数的不确定性和新疆城建当时的强势表现，在随后的几个交易日里，笔者采取“阶梯法”操作方法，分批减仓了新疆城建筹码，并在低位适量补仓了中海集运股票。交易清单如下：

7 月 29 日：卖出新疆城建 4200 股，价格 8.77 元。

8 月 1 日：卖出新疆城建 4200 股，价格 8.846。

8 月 2 日：卖出新疆城建 4200 股，价格 8.95 元。当天，再次卖出新疆城建 4200 股，价格 9.12 元。

8 月 3 日：卖出新疆城建 2500 股，价格 9.25 元。当天，正差接回新疆城建

2500股，价格9.19元。

8月4日：买入中海集运24800股，价格3.25元。

再看结果：至8月19日收盘，买入的24800股中海集运下跌0.16元，收于3.09元，而分批卖出的新疆城建出现大幅下跌，收于7.60元。若以19日收盘价进行回转交易——数量不变、方向相反的操作，中海集运亏4170元，新疆城建则获利21826元，两者相抵后，在筹码不变的情况下账户里的资金却多出了17656元，相当于7月28日收盘时持有新疆城建股票市值的10.56%，跑赢指数17个百分点（同期上证指数-6.44%）。这些多出来的资金便是"阶梯法炒股"带来的额外收益。

"阶梯法炒股"交易清单及收益率统计如下表。

"阶梯法炒股"交易清单及收益率统计表　　单位：元

交易日期	交易方向	交易名称	成交价格	成交数量（股）	8月19日收盘价	反向交易后盈亏额
7月29日	卖出	新疆城建	8.77	4200	7.60	4822
8月1日	卖出	新疆城建	8.846	4200	7.60	5140
8月2日	卖出	新疆城建	8.95	4200	7.60	5576
8月2日	卖出	新疆城建	9.12	4200	7.60	6288
8月3日	卖出	新疆城建	9.25	2500	7.60	已接回
8月3日	买入	新疆城建	9.19	2500	7.60	已接回
8月4日	买入	中海集运	3.25	24800	3.09	-4170
合　计						17656

注：计算反向交易盈亏额时已扣除双向交易成本费0.25%。

"阶梯法炒股"交易手法揭秘

从以上交易不难看出，**通过"阶梯法炒股"取得超过指数17个百分点收益的关键在于：一是及时果断地分批卖出新疆城建；二是逢低适量买入中海集运，为日后的回转交易奠定了基础。**

问题是，在当时，新疆城建正处于逆市上涨、风头正劲的"主升浪"之时，为什么会选择卖出而不是买入？中海集运正处于跌跌不休、毫无起色之机，为什么要反其道而行之，进行买入而不是卖出？这种与趋势"作对"的交易究竟出于什么考虑？实际上，道理非常简单，那就是较好地坚持了"阶梯法炒股"

的三步操作原则。

第一步：制定操作计划。7月28日晚，笔者对账户内的持仓品种进行了专门“清理”，在此基础上制定了操作计划。根据最新持仓及盈亏比例，结合平时关注的自选股，对这些品种1月25日以来至7月28日之间的涨跌幅进行了统计，按照自己的操作习惯，筛选出唯一没有下跌的新疆城建（区间涨幅1.52%）作为首先卖出的品种，同时选定跌幅较大的中海集运（区间跌幅29.05%）作为优先买入的品种。

第二步：确定交易方法。先确定“基准价”——以7月28日“计划日”的收盘价为准，确定新疆城建的卖出“下限价”为8.66元，中海集运的买入“上限价”为3.37元；在此基础上，再确定“交易量”——每次卖出和买入的数量。具体计划如下：先分批逢高卖出新疆城建，即按原先买入时的各批次数量依次卖出4200股、4200股、4200股、4200股和2500股，再选择合适时机在低位一次性适量买入中海集运。

第三步：择机分批下单。7月29日，在上证指数逐波下跌的情况下，新疆城建走势坚挺，全日绝大多数时间都在“昨收价”上方运行，于是，便按计划在该股上冲过程中先卖出首批筹码4200股，价格8.77元——高于“基准价”；首战告捷后，8月1日，在指数横盘过程中，新疆城建再次大涨4.03%，强势特征依然十分明显，笔者再按计划卖出4200股，均价8.846元——高于上次卖出价；8月2日，在指数下跌0.91%的情况下，按照越涨越卖原则，分两批卖出正在“上冲”的新疆城建各4200股，价格分别为8.95元和9.12元；8月3日，当新疆城建再次大涨时毫不犹豫地卖出仓位内剩余的2500股筹码，价格9.25元。至此，持有的19300股新疆城建通过“阶梯法”全部卖出。

与此同时，笔者发现，拟买的中海集运却出现了一定程度的下跌。8月4日，当中海集运跌至3.25元（低于“基准价”）时，用一半左右的资金买入了24800股，一轮完整的“阶梯法”操作宣告结束。

“阶梯法炒股”离不开平常心

“阶梯法炒股”看上去非常简单，无非是越涨越卖、越跌越买，但真正操作起来并不容易，经常出现的问题主要有三个。

一是易抱幻想。

由于“阶梯法”炒股采取的是越涨越卖“卖股法”，因此，分批卖出的筹码售价一般情况下都是“一次比一次高”，多数投资者难免会对已经进行的卖出操作感到遗憾：“卖得太早了，要是晚一点卖该有多好！”对将要进行的卖出操作产生幻想，担心股票卖出后再涨，因此常感到心里不踏实、下不了决心。

应对方法

适度接回与自我宽心

可采取“自我宽心法”——投资者可这样思考：虽然与之后卖出比，之前的卖出价是低了些，但与之前的卖出比，之后的卖出价却又卖得更高了。这样，心里就会得到安慰。

又可尝试“适度接回法”，即筹码全部卖出后，如果感到不放心，担心大牛股跑了，不妨以正差方式少量接回。笔者3日卖出新疆城建2500股（9.25元）之后，当天又在该股回调过程中以正差方式原数将它接了回来（9.19元）。这样，如果该股再涨，手里仍有筹码；如果出现下跌，随时可以补仓。自我宽心和适度接回是解决“阶梯法”炒股中时常出现的易抱幻想问题的重要法宝。

二是难断方向。

与越涨越卖“卖股法”相对应的是，买入时采取的是越跌越买“买股法”。股票卖出后，如果出现不跌反涨就比较好办，剩余的筹码继续卖出，腾出的资金观望即可。但若下跌，出现了正差接回的机会时，何时接回就成了一大难题：若不接回，怕股价调头上涨；一旦接回，又怕下跌。投资者之所以在接回时感到十分纠结，原因之一在于待买股票的运行方向难以判断。

应对方法

仔细观察

8月3日卖完新疆城建后，笔者并未放弃对该股走势的跟踪。通过观察发现，与之前主力的活动迹象相比，3日该股主力明显出现了短暂诱多、去意坚决、虚报买盘、故作强势等特征，目的在于吸引散户跟风、防止股价出现雪崩。在仔细观察、弄清主力意图的基础上，方能保持足够耐心，做到镇定自若，并在股价尚未见底之时不轻易参与买入。

三是贪婪恐惧。

在利用“阶梯法”炒股时，投资者最担心的是股价不去触碰“基准价”：拟卖品种的股价始终在“下限价”下方，拟买品种的价格始终在“上限价”上方，使得原先制定的操作计划无法执行；或者当首批股票卖出后，该股不再上涨，预期的计划部分落空。这是一些投资者在交易中容易出现贪婪和恐惧问题的重要原因。实际上，上述情况在股市投资中屡见不鲜，对此须做好充分的思想准备。

应对方法

学会淡定

操作计划确定后，如果一开始股价走势就与预期相反，则停止计划的执行，只有当走势与预期一致时才可进行交易；如果一开始股价走势与预期一致，就择机交易，不要贪婪，该卖就卖、该买则买。但后来股价走势又与预期相反时，再暂停原计划的继续执行——尚未卖出的筹码不再卖出，没有买入的股票不再买入；与此同时，已经卖出又有正差接回机会的筹码可择机买入，已经买入且有正差卖出机会的股票就择机卖出，此时操作的关键在于不要恐惧。它们的共同之处在于，无论结果如何，“阶梯法炒股”的一大要求是保持淡定、学会从容，切不可意气用事、贪婪恐惧。

“折腾市”妙用补操作

能否巧妙运用“补操作”操作法，与投资者的交易心态密不可分。“补操作”实际上是一种越跌越买、越涨越卖，看似笨拙实则高超的交易方法。有些投资者之所以在“折腾市”里做不好“补操作”，欠缺的也正是这种平常之心——

炒股，没有人不希望赶上大牛市、骑上大黑马。若能如此，只要满仓买入强势股并一路持有，即可赚得盆满钵满。

但随着股市的不断扩容，整个市场的流通盘越来越大，加之投资者日趋成熟，都想高抛低吸成为赢家。在这种情况下，股市出现持续井喷或单边暴跌的概率相对越小，多数时间里则表现出起落交错、涨跌互现这种典型的“折腾市”走法。

比起“井喷市”或“暴跌市”，在“折腾市”里炒股，要想踏准节奏、持续获利，难度更大、要求更高，对投资者的操作技法也提出了更高要求。通过交易实践，笔者总结出了一种应对“折腾市”的操作技法——“补操作”操作法，非常适合普通投资者在“折腾市”里采用，现介绍如下。

“补操作”的实例和效果

所谓“补操作”，指的是在一定的价位首次买入（卖出）某股票后，当股价出现一定程度的下跌（上涨）后再次“补买”（“补卖”）该股票的操作方法。

这种不是“补买”就是“补卖”的简单操作法究竟有多大效果，在实际交易中能否行得通？2012 年 5 月下旬，笔者通过实盘交易对此法进行了实际运用。

先来看操作：

5月21日，先“首买”新疆城建4700股（6.34元，数量的确定主要考虑与之前的交易配对，下同），再在下跌过程中“补买”4200股（6.20元），再跌时再“补买”4200股（6.10元）。

5月22日，新疆城建出现了反弹，于是先“首卖”4200股（6.30元），再在上涨过程中“补卖”4200股（6.40元），再涨时再“补卖”4700股（6.50元）。三次卖出对应前一天的三次买入分别获利774元、773元和676元（已按双向交易共0.25%比例扣除交易成本，下同）。其中，6.40元卖出的4200股新疆城建当天又以6.30元的价格“补”了回来，其余两批未能接回。

5月23日，卖出新疆城建4200股（6.66元），对应前一天的买入获利1442元，随后又在该股回调中以6.57元的价格再次“补”回。

5月24日，卖出新疆城建4200股（7.00元），对应前一天的买入获利1733元，但随后以6.91元所做的买入委托未能成交。至此，对新疆城建的“补操作”暂时告一段落。

上述操作有一特点，除了全部符合“补操作”的要求——下跌时分批“补买”、上涨时分批“补卖”外，还体现了“补操作”的基本原则——在交易数量保持不变的前提下确保做到获利卖出、正差接回，有机会就操作、无机会就放弃。

再来看结果。同样操作新疆城建股票，如果不进行“补操作”——6.34元“首买”后不再“补买”，6.30元卖出后也就没有可供“补卖”的筹码，操作结果亏262元；由于进行了“补操作”，不仅操作的三批筹码全部获利，而且买价一次比一次低，卖价一次比一次高，同时还为日后滚动操作、反复获利奠定了基础，最终使81458元起始资金在一周时间里取得了5398元的收益，周涨6.63%，跑赢指数7.10个百分点（同期上证指数跌0.47%）。

“补操作”的方法和技巧

上述收益的取得，既有偶然性——第二次“补买”的价格6.10元正好是该股当天的最低价，捡了个大便宜。而且买后该股连拉4阳，此买入价又成了全周最低价；也有必然性——正确的技法和良好的心态。在技法方面，“补操作”

的方法和技巧主要有以下三种。

第一种是单一式，即“补操作”的交易对象为单一品种（如A）自身。

操作方法为：投资者买入A股票后，若A出现下跌则再次买入相同数量股票。譬如，“首买”A股票10000股，价格10元。当A跌至9元时再“补买”10000股，此时买入的成本比之前节省了10000元，以此类推；同样，卖出A股票后，若A上涨则再次卖出。譬如，“首卖”A股票10000股，价格11元，当A涨至12元时再“补卖”10000股，此时卖出的盈利额比之前又多出了10000元，以此类推。

第二种是组合式，即“补操作”的交易对象为两个品种（如A、B）。

操作方法为：先卖出A、买入B，若之后出现更好的交易机会时再进行“补操作”——再卖A买B。具体分为三种情况：一是卖A买B后A涨B跌，即可进行“补操作”（再卖A买B）；二是卖A买B后A涨B也涨，但A涨幅大于B涨幅，也可进行“补操作”；三是卖A买B后A跌B也跌，但A跌幅小于B跌幅，同样可进行“补操作”。这三种情形的共同特点是，与初次配对交易相比，“补操作”后能在筹码不变的情况下多出一定数额的资金，所以有必要进行“补操作”。卖A买B后不适合“补操作”的情形也有三种（与上述相反），由于在筹码不变的前提下“补操作”后的资金不增反减，所以不适合进行“补操作”。

第三种是连环式，即“补操作”的交易对象为三个（含三个）以上品种。

操作方法为：当卖出A、买入B并出现“补操作”机会后，原本可以再卖A买B，但与再卖A比卖C优势更加明显，与再买B比买D结果更加有效，此时即可由原本的卖A买B改为卖C买D。显然，以此方式操作，品种价差更大、隐性收益更高。所以，只要出现这样的“补操作”机会，即可进行连环式“补操作”。

“补操作”的问题和对策

在心态方面，“补操作”过程中存在的问题和对策主要体现在三个方面。

一是在品种选择上，重在通过精挑细选，以解决提心吊胆问题。“补操作”交易方法的前提条件是“越跌越买”，当首次买入的股票下跌后能否大胆、及时地“补买”，主要取决于投资者对该股票的熟悉程度和放心度。如果买入的股票是熟悉的，买入的时机和价格是合适的，再跌时才不会提心吊胆，才会放心大胆地“补买”。因此，在选择“补操作”的对象时，一定要慎之又慎。通过精挑细选，选择合适的时机买入放心的品种，对于增加“补操作”的底气，取得“补操作”的成功显得非常关键。

二是在交易计划上，重在通过精心准备，以解决追涨杀跌问题。“补操作”的操作原则与追涨杀跌正好相反，急涨时不是“追”而是卖出，急跌时不是“杀”而是买入。能否达到这样的理性操作状态，与准备工作的周密程度密切相关，包括资金准备、计划准备和技术准备。只有通过周密细致的资金准备，做到既有筹码又有资金，才能在“补操作”过程中有钱可补、有股可卖；只有通过周密细致的计划准备，对待买、待卖的品种、数量、价格做到一清二楚，才能在实际交易中敢于“补操作”；只有通过周密细致的技术准备，做到方法正确、操作得法，才能在“补操作”过程中补得了、补得好。

三是在操作预期上，重在通过平常心态解决贪婪恐惧问题。“补操作”是一种相对的操作。相对初次操作，“补操作”显然是一种较好的操作方式，因为可以买得更低、卖得更高；但相对“补操作”，初次操作又不是好的操作方法，因为操作得太早，买得不够低、卖得不够高。由此可见，“补操作”的最大敌人实际上就是贪婪和恐惧，因为贪婪和恐惧才会导致对之前的首次操作感到后悔，对之后的“补操作”患得患失，最终导致跌时不敢“补买”、涨时不敢“补卖”。解决贪婪、恐惧问题的重要法宝在于平常心态，一方面，要平静面对首次操作，不要有任何不切实际的幻想；另一方面，要果断进行“补操作”。当初次操作之后出现了更好的操作机会时，应及时抓住难得的“补操作”机会，做到跌时敢于“补买”、涨时敢于“补卖”。

投资实践表明，能否巧妙运用“补操作”的操作方法，与投资者的交易心态密不可分。**“补操作”操作法实际上是一种越跌越买、越涨越卖，看似笨拙实则高超的交易方法**。有些投资者之所以在“折腾市”里做不好“补操作”，欠缺的也正是这种平常之心。

小散户怎样修成“增持哥”

2012年5月30日至6月5日，中国平安副董事长兼常务副总经理孙建一累计增持公司股份189.83万股。截止6月15日收盘已大涨10%，跑赢指数13.46个百分点，累计浮盈795.39万元，孙建一因此被投资者称为精准的“增持哥”——

自2012年5月30日起至6月5日止，孙建一在短短5个交易日里累计增持中国平安189.83万股，总投资7948万元，以此测算均价应为41.87元。至6月15日收盘，孙建一买入的股份逆市大涨10%，跑赢指数13.46个百分点，累计浮盈795.39万元，孙建一因此被人们称为股市里精准的“增持哥”。

精准增持缘于“三字技法”

炒股，最难莫过于投资品种和时机的选择。投资者大多有过这样的体会：看好的品种如果没有买入，它一个劲儿地大涨；但一旦买入，往往不涨反跌。这一现象在股市由来已久，投资者因此感到炒股很难、赚钱更难。

但孙建一此次对于本公司股份的增持却显得十分精准。建仓阶段，中国平安窄幅震荡甚至小幅下跌，为孙建一顺利建仓提供了难得契机。5月30日，孙建一增持中国平安20万股，均价42.28元；5月31日，又增持48万多股，均价41.94元；6月1日，再次增持59万股，均价42.46元；6月4日、5日两天，又分别增持46万股和16.59万股，均价分别为41.29元和40.7元。5天时间，孙建一累计增持189.83万股，合计投入7948万元，均价应为41.87元。

建仓之后，中国平安逆市上扬、涨幅巨大。至6月15日收盘，孙建一买入的中国平安在上证指数大跌3.46%的情况下逆市大涨10%，跑赢指数13.46个百分点。孙建一对于本公司股票的增持用“精准”两字形容一点都不为过。

投资者或许会说，孙建一的精准增持一是因为强大的资金实力，二是由于本身拥有的公司“副总”身份。实际上，孙建一的精准增持不能完全归功于以上两条。在笔者看来，**孙建一精准增持的真正奥秘在于周密的计划筹谋、良好的心理素质和充分的思想准备。除此以外，还在于对增持本公司股份的充分自信以及风险投资的“三字技法”——稳、准、狠。**

一是“稳”。在增持时机上，没有十足的把握孙建一不会轻易出手。从孙建一增持的时间节点上看，5月30日至6月5日正是大盘持续调整、人气极度低迷、底部特征明显之时。选择在众人普遍不看好的市场环境下增持，体现的正是“稳”字当头的原则。

二是“准”。在增持品种上，孙建一既没有喜新厌旧，也没有东挑西拣，而是对本公司股票情有独钟，选择熟悉、放心的中国平安作为增持对象。这从几大保险公司的基本面分析中不难看出。在他看来，选择保险股，中国平安显然是理想的选择。

不仅如此，孙建一对于看中的股票在买入时机的选择上也是慎之又慎，只有等它**跌透之后**——仅2007年10月24日至2008年10月28日一年时间里中国平安就从最高价147.43元跌到了18.75元，股价缩水了八成多；**整理充分**——横盘整理时间长达3年多；**趋势确立**——涨多跌少、底部不断抬高时才会买入，体现出“精准”的增持原则。

三是“狠”。在增持方式上，孙建一采取的是集中兵力、重仓出击，连续5天一鼓作气，越跌越买，决不手软，充分体现出增持股份时表现出来的“狠”字原则。

以上三点归结起来，孙建一被投资者称为精准的“增持哥”。

散户优势在于进出自由

对于孙建一的精准增持，许多人觉得望尘莫及、高不可攀，因为无论是资金实力还是对公司的熟知程度，都无法与孙建一相提并论，因此觉得孙建一的精准增持不具可比性、不具操作性，普通散户根本不可能复制。

实际上，小散户与“增持哥”相比，有劣势也有优势，虽然在对中国平安的熟知程度以及资金实力等方面处于相对劣势，无法与孙建一相比，但在以下三方面却有着明显的优势。

首先，选择空间更大。孙建一利用对本公司的充分了解和未来发展空间的充分自信，仅选本公司股票作为增持对象，相比之下选择范围有一定的局限性；但普通投资者可以在全部挂牌交易的2300多只股票里选择投资对象。从这个意义上讲，实际上“小散户”的选择空间更大。

其次，进出更加便捷。资金量大从某种意义上看既是好事也是坏事。虽然相关品种会因大资金的介入而使股价走稳甚至上涨，但对增持主体来讲会增加一次性完成建仓的难度。而且，由于单向大量买入，操作的一举一动极易被公众察觉，进而影响建仓计划的顺利实施。反之，资金量小既是坏事也是好事，尤其是一次性完成建仓相对比较容易，且不易被人关注，想进就进、想出就出，进出自由，操作起来十分方便。

> **一般情况下，小散户可采取折中法增持，即第一时间买入应增股份的1/2，下跌过程中再买入另外一半筹码——先将相关品种加入自选股观察一段时间，等“冷”下来后再逢低买入。**

再次，交易更加自由。按照规定，公司高管增持的股份，半年之内不得买卖。交易规则的这一限制，使得孙建一增持后只能选择长线持股，将承受市场不确定性带来的持股风险。相比之下，散户就比较自由，既可以“T+0”（当天买卖），也可以“T+N”；不仅买卖自由，而且调头方便，一看行情转向，随时可以重仓出击或溜之大吉。

所以，散户在看到孙建一客观上有利一面的同时，更应看到他主观上成功的一面；在看到自身劣势的同时，也应看到自身的优势。唯有如此，才能正确仿效、及时复制甚至成功超越，进而成为新的“增持哥”。

至于增持方式，小散户一般有三种选择：一是像“增持哥”那样自己去寻找目标、发现机会，捕捉潜力较大、值得增持的股票；二是通过洞察盘面动向，及时发现“增持哥”建仓的蛛丝马迹，第一时间跟进；三是等增持信息公布后，在控制仓位、做好搭配的基础上，择机跟进、逢低买入。一般情况下，小散户可采取折中法增持，即第一时间买入应增股份的1/2，下跌过程中再买入另外一半筹码——先将相关品种加入自选股观察一段时间，等“冷”下来后再逢低买入。

取胜关键在于“三大秘籍”

在整个资本市场，虽然孙建一的精准增持只是个例，但其中的增持奥秘对于小散户参与股票的投资操作仍具普遍指导意义，特别是增持取胜的“三大秘籍”。

第一，挡住诱惑不追涨。孙建一增持时，中国平安的市场表现并不出众，和当时的牛股相比更是不能相提并论。但增持完毕后，中国平安逆市大涨，昔日牛股却风光不再，股市投资“风水轮流转”的特点再次显现。所以，只有在当时挡住诱惑不追涨，才能回避“大牛股”的下跌风险，分享“大熊股”的上涨喜悦。反之，若在当时追涨买入“大牛股”，杀跌卖出“大熊股”，不仅得不到廉价的优质筹码，而且最终将被“大牛股”所害。

第二，有自信、敢增持。一方面，要敢于增持。如果已经大涨的股票不敢追，不温不火的股票又不买，总是犹豫不决、该狠不狠，就会错失增持机会，不可能取得投资成功。另一方面，要善于增持。除了有自信敢增持外，还要有技法、会增持。“敢增”不等于“乱增”。除品种、时机选择要正确外，在具体操作中分成几只股票、分为几批增持，都要从自身实际出发，采取适合自己的增持方法，以此完成增持操作。

第三，有底气、巧操作。孙建一此次增持与普通投资者买入股票没什么本质上的区别，既未买在最低点，也不是一买就涨，而是买后持续震荡而且期间还出现了一定程度的下跌。但孙建一与普通投资者不同的是，买入的股票出现下跌时不仅没有恐慌，反而在下跌中持续增持，越跌越买。之所以能在下跌过程中做到越跌越买，正是缘于他对于待买股票的充分自信和操作中表现出来的足够底气。在此基础上，还要敢于承担风险。不仅孙建一，几乎所有投资者在股市里所进行的所有操作都存在一定的投资风险，包括大盘的系统性风险和个股的局部性风险。只有敢于承担各种风险，并做好周密、详尽的应对准备，才有可能分享股票增持带来的成功喜悦。

只有做到以上几点，小散户才有机会和可能像孙建一那样成为股市里精准的“增持哥”。

满仓操作有何技巧

作为一种相对激进、难度较大的操作方法，满仓操作法对投资者要求较高。只有那些拥有一定“技术含量”、能够承受相应风险者，才可适当进行满仓操作并同时穿插波段交易，而其中的“技术含量”不会一蹴而就，需要在实践中不断磨炼，才会逐步形成——

控制仓位，是多数投资者在多数情况下采取的投资策略，也是一些老股民历经熊市考验而不倒的法宝之一。但在特定情况下，一些投资者也会采取满仓法操作。比如，在大盘和个股运行至阶段性底部时，不少投资者就会选择满仓操作。

满仓操作的关键是品种选择

所谓满仓操作，指的是在一定时间里，账户里只有股票、没有资金的操作方法。

与控制仓位、既有股票又有资金的操作方法相比，满仓操作法是把“双刃剑”。当大盘和个股大幅上涨甚至出现井喷式上涨时，满仓操作能使投资收益达到最大化的程度；反之，当大盘和个股出现下跌甚至暴跌时，满仓操作会导致巨大损失。因此，从稳健角度出发，对于多数投资者来说，不宜采取满仓操作这种极端式的交易方式。

但在特定情况下，对于部分投资者而言，一旦机会来临也可尝试满仓操作。主要有：投入的是自有资金，没有时间限制，没有使用压力，满仓后一旦市场出现下跌就会有后续资金可以跟上的投资者；当大盘和个股经过连续、大幅下跌，多数品种严重超跌后估值重心明显偏离正常范围，出现了难得的满仓操作机会时；经过多年的市场磨炼，具备娴熟的操作技法、良好的投资心态、较强的风控能力的投资者。

只有具备以上条件的投资者才可进行满仓操作，但最终能否取得预期收益，还取决于品种选择。如果品种选择正确，满仓后即使市场出现下跌，往往也会有良好收益；要是品种选择不当，就极有可能大幅跑输指数甚至在市场持续走牛的情况下陷入不涨反跌、逆市亏钱的尴尬境地。

以笔者操作的A账户和某投资者操作的G账户为例。2012年以来，笔者操作的A账户在多数时间里采取的都是满仓操作。年初以来至10月31日，A账户即使不操作，也依然能在两大指数平均跌5.49%的情况下取得逆市涨14.02%、跑赢指数19.51个百分点的良好收益。投资者G同样采取几乎满仓的操作法，至10月31日，虽然浮亏0.69%，但依然跑赢指数4.80个百分点。上述两个账户之所以能全部跑赢指数，与年初持仓品种的正确选择密不可分。假如当时品种选择不当，就极有可能出现重大亏损。

满仓操作时，正确的品种选择一般应同时具备三个条件。

一是熟悉性。所谓熟悉性，指的是投资者对于相关品种非常熟悉。满仓品种属于长期跟踪、经常关注甚至是反复操作的对象。不仅对相关品种的基本面非常熟悉，而且对技术面也是了如指掌，如二级市场的走势特点、波动区间、主力控盘手法、机构实力强弱等。简言之，**由于对相关品种非常了解，满仓后无论股价涨还是跌，都能做到平和淡定，非常放心。**

二是超跌性。股价高低是直接关系到相关品种日后表现的重要因素，也是在选择满仓操作品种时必须考虑的因素之一。衡量相关品种超跌与否的标准一般是通过比较获得，即在同期可比的全部品种里属于涨幅较小、跌幅较大，比价优势明显的品种。

三是低估性。在考虑股价跌幅的同时还应考虑估值高低。有些估值偏高的品种虽然纵向比短期内已有较大跌幅，但横向比依旧属于高估者，所以日后还会出现较大幅度的下跌，这样的品种自然不能作为满仓操作的对象；有些估值偏低的品种虽然纵向比跌幅不大，但横向比依旧属于低估者，日后不仅下跌空间不大，而且继续大涨的可能性很大，这种股票理应作为满仓操作的首先品种。

只有当相关品种同时满足上述“三性”条件时，才可作为满仓操作的待买品种。当然，在具体买入品种和数量的确定中，还须做好不同品种之间的相互搭配和单一品种自身的上限控制等工作（详见表1、表2）。

表1　　原持仓（2011年12月30日收盘时）账户市值　　单位：元

账　户	名　称	数量（股）	最　新	市　值	总　计
A账户	中铁二局	2500	4.93	12325	
	新疆城建	21500	5.37	115455	
	中国铁建	69900	3.79	264921	
	中国北车	1300	4.25	5525	
	中海集运	56500	2.43	137295	
	大唐发电	2000	5.16	10320	
	市值合计			545841	
	资金余额			4660	550501
G账户	中科英华	4900	3.83	18767	
	东方航空	1500	3.80	5700	
	南钢股份	6900	2.78	19182	
	中铁二局	3900	4.93	19227	
	中国北车	2200	4.25	9350	
	市值合计			72226	
	资金余额			11727	83953

注：2011年12月30日收盘：上证指数2199.42，深证成指8918.82。A账户550501元，G账户83953元。

表2　　如不动（2012年10月31日收盘时）账户市值　　单位：元

账　户	名　称	数量（股）	最　新	市　值	总　计
A账户	中铁二局	2500	6.42	16050	
	新疆城建	21500	5.35	115025	
	中国铁建	69900	5.02	350898	
	中国北车	1300	3.99	5187	
	中海集运	56500	2.26	127690	
	大唐发电	2000	4.08	8160	
	市值合计			623010	
	资金余额			4660	627670

续表

账户	名称	数量（股）	最新	市值	总计
G 账户	中科英华	4900	3.49	17101	
	东方航空	1500	3.47	5205	
	南钢股份	6900	2.25	15525	
	中铁二局	3900	6.42	25038	
	中国北车	2200	3.99	8778	
	市值合计			71647	
	资金余额			11727	83374

注：2012 年 10 月 31 日收盘：上证指数 2068.88，跌 5.94%；深证成指 8469.80，跌 5.03%；平均跌 5.49%。A 账户 627670 元，涨 14.02%；G 账户 83374 元，跌 0.69%。与指数比：A 账户 +19.51 个百分点，G 账户 +4.80 个百分点。

波段进出的关键是节奏掌控

一般意义上的满仓操作，指的是长线投资，即买入股票后持有不动。但由于 A 股市场的自身特点，单纯利用此法进行满仓操作往往效果不佳。若能在满仓操作的同时适当穿插短线交易，则能提高满仓操作的收益率，其中的关键是节奏掌控。从操作实践看，节奏掌控准确与否将直接关系到波段进出乃至满仓操作的最终结果。

仍以 A、G 两个账户的操作为例。A 账户在满仓操作的同时，通过短线操作，至 10 月 31 日涨 16.39%，不仅大幅跑赢指数 21.88 个百分点，而且比不操作多涨了 2.37 个百分点，最终达到了“动比静好”的预期目的；但 G 账户短线操作后，至 10 月 31 日跌 13.97%，不仅跑输指数 8.48 个百分点，而且与不操作比反而多跌了 13.28 个百分点，结果是“动不如静”。

A 账户之所以“动比静好”，关键是踏准了操作节奏。而 G 账户之所以“动不如静”，问题的症结在于未能把握进出节奏。具体成因表现在四个方面：一是在大盘和个股持续下跌的情况下盲目追加投入（年内新投入金额 40000 元），由于下跌基数增加，导致亏损总额加大；二是单一品种高抛后未能及时低吸，或低买后未能及时高卖，错失高抛低吸机会；三是数个品种换股后，当出现正差回转交易机会时，未能抓住机会、及时回转，导致前功尽弃；四是委托下单时数量确定不当，交易数量太少（低于10000元），导致交易费用上升、操作成本增加。

要想在满仓操作的同时通过波段进出获得额外收益，关键是要正确把握和掌控波段操作的进出节奏：一是当大盘运行在下降通道，尚未盘出底部，或上行趋势不明时，可利用存量资金越跌越买直至满仓，但不宜追加资金，即“只可满仓、不可增资”。二是多进行高抛低吸，少进行换股操作。一方面，单一品种自身高抛后要利用股价下跌之机及时低吸，买入后要利用股价上涨之机及时卖出，有正差收益即可，无须追求利润最大化；另一方面，不同品种交叉操作后，当有正差机会、能回转交易时要及时进行回转交易，防止错失机会。三是控制好交易数量，既要防止大进大出、增加交易风险，又要避免数量太少、增加交易成本。若能做到以上三点，就能在满仓操作的同时通过波段操作取得额外收益。若做不到，建议长线持股、不做波段，这样虽然无法达到“动比静好”的效果，但也不至于出现“动不如静”的窘境（见表3）。

表3　　操作后（2012年10月31日收盘时）账户市值　　单位：元

账　户	名　称	数量（股）	最　新	市　值	总　计
A账户	南方航空	20000	3.64	72800	
	新疆城建	25700	5.35	137495	
	中国北车	42500	3.99	169575	
	中海集运	69900	2.26	157974	
	大唐发电	6000	4.08	24480	
	泰山石油	13500	5.11	68985	
	市值合计			631309	
	资金余额			9399	640708
G账户	南方航空	20900	3.64	76076	
	葛洲坝	4200	5.07	21294	
	中国一重	5200	2.79	14508	
	市值合计			111878	
	资金余额			345	72223（已扣除年内新注入的40000）

注：2012年10月31日收盘：上证指数2068.88，跌5.94%；深证成指8469.80，跌5.03%；平均跌5.49%。A账户640708元，涨16.39%，G账户72223元（已扣除年内新注入的40000元），跌13.97%。与指数比：A账户+21.88个百分点，G账户-8.48个百分点。与不动比：A账户+2.37个百分点，G账户-13.28个百分点。

持续获利的关键是“技术含量”

在充分享受市场上涨带来市值上升的同时，通过连续的波段操作获得持续性的超额盈利，无疑是满仓操作的最佳状态。但要达到这种程度，离不开必要的操作技法以及与之相配套的“技术含量”。具体包括三个方面。

一是要根据资金性质确定操作策略。满仓操作涉及的资金大体可分为三类：对于高抛某一股票后腾出来的资金，原则上要原数接回原卖出的股票，只要以比卖出价低的价格买入，且做到品种不换、数量不变，一般来讲这样的操作都是正确的操作；对于一直想买某一股票但因多种原因始终未买而暂留的存量资金，原则上要利用此资金买入此股票，且要预先设好目标价，并力争以比目标价低的价格及时买入；对于新筹集的增量资金，则应在原买入股票的基础上对原买品种进行“补操作”（越跌越买），千万不要喜新厌旧、盲目换股。

二是要根据交易习惯确定委托方式。满仓操作中的波段交易对委托下单的技法要求相对较高，尤其是要熟练运用其中的“三个价格”：首先是“目标价”——满仓操作时对波段操作的对象事先设立的买卖价格。“目标价”设立后一般不马上委托，而是视大盘和个股的运行情况伺机而动。其次是“调整价”——当“目标价”确定后，待买股票经过一段时间的下跌，再对波段操作的对象及买卖价格做一定的调整后确定的价格。“调整价”一般比“目标价”要低，因此买入后获利的概率也更大。最后是“委托价”——当相关股票的市场价低于“调整价”时投资者正式委托下单时确定的价格。上述委托方式的具体运用需根据投资者的交易习惯和当时的市场状况综合而定，既要保持足够耐心，又要做好两手准备，二者兼顾，缺一不可。

三是要根据区间变化确定交易基线。随着市场涨跌和参与主体交易意愿的不断变化，一段时间内大盘和个股的重心也会随之变化，或上移（表现为卖出的股票接不回）、或下降（表现为买入的股票卖不出）。在此情况下，及时调整满仓操作中的波段操作重心和委托基线显得十分重要。方法如下：先是留足资金，通过高抛获得所需交易资金；接着查看底仓，打开账户，观察有无可供卖出的筹码及可用数量；再是寻找区间，通过比较或估算判断出近期大盘和个股的重心和委托基线，并以此重心和基线为准确定上下几个价位为高抛低吸的价格区间；最后进行交易，在确定的重心和基线边界处进行交易。一般当相关股票运行至基线“上边界”时进行卖出操作，运行至“下边界”时进行买入操作。

作为一种相对激进、难度较大的操作方法，满仓操作法并不适合多数投资者尤其是新股民采用。由于满仓操作法中的波段交易法对投资者的要求更高，因此，**只有那些拥有一定的股市交易“技术含量”、能够承受相应的投资风险者，才可适当进行满仓操作并同时穿插波段交易，而其中的“技术含量”不会一蹴而就，需要在长期的股市投资实践中不断磨炼，才会逐步形成。**

存量资金如何双赢

存量资金在熊市里的“双赢”路径主要有两条：一是保本，包括存量资金的确定要适度，保护要得法；二是“发酵”，包括品种和时机的正确选择，数量和节奏的有效控制，以及预期和心态的适时调整——

老股民炒股一般都有控制仓位的习惯，尤其是在熊市——账户里除了持有一定数量的股票外，还保留着一定比例的存量资金。保留存量资金的目的一般有两个：一是控制风险、保存实力；二是寻找机会、防守反击。若在大盘和个股持续下跌的熊市里，既能保住本金，又能逆市获利，让存量资金在熊市实现“双赢”，无疑将有助于投资者在充满变数的股市里牢牢把握熊市操作的主动权。

存量资金的“双赢”实例

随着股市持续两个多月的大幅调整以及操作难度的不断加大，不少投资者随之调整了操作思路和交易节奏。一方面，通过控制仓位，保留一定比例的存量资金来缓解股市下跌的压力；另一方面，通过减少交易数量、降低交易频率，尽力避免由于操作失误带来的投资风险，这也是多数投资者应对熊市经常采用的方法之一。

本着这一原则，笔者近期也在控制好仓位的基础上减少了操作。在2012年7月9日至13日交易周里，只有两个交易日动用部分存量资金，操作了三只股票。交易清单如下。

7月10日：买入中国北车1300股（3.68元），买入新疆城建4200股（5.40

元)，买入中铁二局5000股（6.16元）。操作前，账户里的存量资金余额为175310元。

7月11日：卖出中国北车1300股（3.76元），卖出新疆城建4200股（5.42元)，卖出中铁二局5000股（6.48元）。操作后，账户里的存量资金余额为176947元。

从表面上看，上述交易似乎并无特别之处，既未追上涨停板，也未获得暴利，交易数量不多，价差收益也不大。但实际上，要是将操作结果与大盘和个股的一周走势联系起来即可发现，在上证指数周跌1.69%、超过7成股票下跌、近6成股票跑输指数的情况下，账户里的存量资金不仅分文未少，而且逆市获利1637元（对应涨幅0.93%，跑赢指数2.62个百分点)，达到了存量资金在熊市实现双赢的目的。

存量资金的“双赢”路径

要让存量资金在熊市既保住本金，又逆市获利，最终达到“双赢”的目的，“路径”主要有以下两条。

一条是“保本路径”。**保本是确保存量资金“双赢”的基础，如果连本金都保不住，存量资金的“双赢”也就无从谈起。**由于存量资金的功能体现在风控与逐利方面具有明显的两重性——在熊市能有效保护本金，但在牛市也会错失获利机会。所以，存量资金的比例一定要适度。在确定存量资金的比例时，既要考虑大盘因素综合而定——一般在指数处于相对高位时要提高存量资金的配置比例，在相对低位可减少配置；也要结合自身实际因人而异——对于投入的是自有资金又有丰富操盘经验的投资者，可适当减少存量资金的配置比例，反之则应加大配置比例。

在确保存量资金比例适度的同时，还要掌握存量资金的保护方法。常用的保护方法有四种：一是“自控式”保护——严格按照事先制定的操作计划和仓位控制原则进行操作，需要有较强的自控意识和自律能力；二是“模拟式”保护——通过模拟操作、以假代真，体验存量资金的保护过程和结果，适用于既想保护存量资金又想体验实际交易的投资者；三是“迷你式”保护——用占比极低的存量资金进行实际交易，无论盈亏对于存量资金的保护都不会产生大的影响的保护方法，一般只动用不超过总额 1/10 的存量资金进行迷你交易；四是“强制式”保护——通过采取强有力的措施，使预留的存量资金即使想用也用不了，从而达到“强制保护”的目的。例如，从证券账户转出存量资金到银行用于定期存款、购买理财产品等，或依然存放在证券账户内但专门用于“打新”等，只要一“打新”，这部分存量资金就会被“锁上”。但“打新”也有风险，因此，须根据新股的定位和一段时间内新股的市场走势综合而定。相比之下，“强制式保护”是最简便也是最有效的存量资金保护方法。

另一条是“发酵”路径。**保本毕竟不是存量资金留用的终极目的，最终目的是通过保本、“发酵”等环节，实现持续盈利，做大账户“蛋糕”。**正确的“发酵”路径大体由以下三方面组成。

其一，品种和时机的选择。存量资金的“发酵”与其他操作方法一样欲速则不达，体现在品种选择方面，无需在 2000 多只股票里到处寻找，只需在之前关注过、操作过最好是获利过，且股性较为熟悉的品种里筛选即可。而在时机选择方面，既包括个股自身进出时机的选择，一般在相关股票调整时间较长、下跌幅度较大时介入；也包括整个大盘在时机上是否有利于仓位增减。一般情况下，在大盘经历较长时间或较大幅度调整后介入胜算较大，否则即使个股时机再好，也会因大盘不配合而导致操作失败。

其二，数量和节奏的控制。在交易数量的确定上，无须追求买得最多，也没有必要非要凑个整数，只需按照传统的交易习惯委托交易即可，如此操作成功的概率反而更大。譬如，笔者交易的中国北车 1300 股、新疆城建 4200 股、中铁二局 5000 股等，这些数量的确定都是根据之前卖出时的数量和平时的交易习惯确定的。在交易节奏的控制方面，一般须急跌时买、上冲时卖，有机会就“做”、无机会就“放”。

其三，预期和心态的调整。在操作预期上，重在做好两手准备。交易前，就应对操作后的股价涨跌有充分的思想准备。譬如，利用存量资金买入股票后，股价若涨了，就按计划卖出；若跌了，则跟之前的卖出比，在筹码不变的同时，账户资金实际上已经多了出来，所以只需安心持股、耐心等待即可。在操作心态上，要有平常之心。交易后，无论股价涨跌，同样要理性面对。譬如，卖出的股票若股价出现上涨，就跟当时没有买入比，实际上已经获利，取得了“额外收益”；若股价下跌，则视为再次买入的良机，以便进行“二次发酵”。

存量资金的“双赢”技巧

如果说，掌握存量资金的“双赢”路径相对来说比较容易的话，那么对于不同投资者来说，能否真正实现“双赢”的关键取决于投资者的操作手法是否正确，技巧是否娴熟，特别是要做到以下三点。

一是要变从众心理为逆向思维。由于股市投资包括存量资金的操作永远只有少数人获利，因而在多数情况下，赢的一方不会是从众者，而是那些善于独立分析、逆向思维的人。在利用存量资金买入股票时，尤其要做到人弃我捡，即当多数人不敢买股时买入股票，只有这样才能增加胜算、赢多亏少。

二是要从人弃我捡到人抢我给。如果说买入股票时采取的是人弃我捡策略，那么卖出股票时正好相反，须采取人抢我给策略。也就是，当某一品种经过一段时间的上涨，出现价涨量增、众人争抢时，要舍得放弃、学会给予，简言之就是“人抢我给”。这一点，主要是由存量资金的使用原则决定的。一般情况下，在操作存量资金时，追求的不是赢利额度的多少，而是能否做到每次赢利、保持不败。所以，快进快出、有赚就走显得尤为重要。

一般情况下，在操作存量资金时，追求的不是赢利额度的多少，而是能否做到每次赢利、保持不败。所以，快进快出、有赚就走显得尤为重要。

三是若要有所为，先要有所不为。也就是，要处理好“为”和“不为”的关系。首先要有所不为。利用存量资金操作时讲究的是胜算，只有胜算、把握较大时才适合短线操作。因此，既不可在股价急涨时追入，也不可在股价起跌时买入，否则就会提高持股成本，增加获利难度。只有在相关股票尚未跌透时做到有所不为，耐心等待股价调整到位后再买入，才是正确的操作。衡量股价是否“跌到位”的标准，一般看股价是否“从哪里来又回到哪里去”，若是如此，再分批低吸，操作成功的概率相对比较高。其次才能“有所为”。一旦股价调整到位，买入机会来临，就应变“心动”为“行动”，千万不可犹豫不决；否则，极有可能错失良机、前功尽弃。

增量资金如何抄底

股市交易的资金，多数投资者在多数情况下用的是存量资金——账户里已有的可支配资金。但在必要情况下，一些投资者也会通过各种渠道筹集资金、追加投入，尤其是在熊市，当大盘和个股持续、大幅下跌后——

股市交易的资金，多数投资者在多数情况下用的是存量资金——账户里已有的可支配资金。但在必要情况下，一些投资者也会通过各种渠道筹集资金追加投入。譬如在熊市，当大盘和个股持续、大幅下跌后，一些长期、理性的投资者时常会用增量资金，有计划、分步骤地参与熊市抄底。

增量资金的性质和适投底线

利用增量资金参与熊市抄底有三条底线必须坚守。

一是资金性质。按资金来源分，参与熊市抄底的增量资金大体可分为两类：一类是借贷资金，包括有偿和无偿两种，前者需支付利息、有使用成本，后者无须支付利息、没有使用成本，但都须归还且有使用时间限制；另一类是自有资金——自身可支配的资金，既不用付息，又无须归还。

单就自有资金来说，若再进行细分，又可分为有明确用途的资金和闲置资金。所谓有明确用途的资金，指的是一段时间后需要用于医疗、保险、购房、经营，以及用于自身养老、子女上学等用途较为明确的资金，既有明确的使用投向，又有一定的使用期限。这里所说的增量资金，指的是自有资金里闲置的部分。即参与熊市抄底的增量资金，必须是多余的闲钱，任何通过借贷获得的资金，以及自有资金中有明确用途的资金都不适合投资股市。

二是适投比例。即使追加的是闲置资金，也不宜倾其所有、全额投入，而应控制比例、适量适度。普通投资者只要用 1/3 的闲钱参与“熊市抄底”即可，最多不宜超过 1/2，切忌拿出全部闲钱参与“熊市抄底”。当然，根据投资者对于股市的偏好程度和操作技巧不同，在追加资金比例的确定中可有所区别，因人而异，合理确定。

> **参与熊市抄底的增量资金，必须是多余的闲钱，任何通过借贷获得的资金，以及自有资金中有明确用途的资金都不适合投资股市。即使追加的是闲置资金，也不宜倾其所有、全额投入，而应控制比例、适量适度。**

三是抄底时机。资金性质和适投比例定下后，还须明确抄底时机。从 A 股 20 余年的历史走势和未来走向看，**参与抄底的最佳时机是熊市——大盘和个股持续、大幅下跌后，而不是牛市——大盘和个股已经大涨的情况下。**问题是，这一看似简单的抄底时机，真正把握起来并不容易。因为在熊市，投资者普遍亏损，入市意愿大多不强，但在牛市，情况正好相反，盈利的投资者明显增加，入市意愿变得非常强烈。所以，应尽可能选择在熊市、多数投资者不敢买股时，逢低、分批、大胆追加资金，参与抄底。只有这样，利用增量资金参与熊市抄底的成功率才会增加。

熊市抄底的品种和策略选择

在明确以上“三大底线”、做好各项准备基础上，能否确保熊市抄底的成功，还取决于品种和策略的选择是否正确。以 4 年前大盘见底 1664 点（2008 年 10 月 28 日）时为例，当时参与抄底的投资者在品种确定上就有两种选择，结果也是大相径庭。

一是“弃弱择强”——买入当时阶段涨幅大、技术形态好、趋势向上、带量上攻的强势股，包括新上市、被哄抢的新股。实际上，不少当时表现突出的强势股在随后的走势中表现并不佳，有的还领跌大盘和个股。

为此，笔者对 2008 年 10 月 29 日至 2012 年 10 月 26 日间的大盘和个股表现进行了专门统计，结果发现：在上证指数涨 16.62%、多数品种跑赢大盘的情况下，同期可比的 2452 家公司中，跌幅超过 70% 的有 25 家（其中跌幅最大的达

79.64%），跌幅超过60%的有102家，跌幅超过50%的有219家。而这些走势不佳的品种，多数都是在当时看来走势十分强劲的大牛股。投资者要是在当时采取“弃弱择强”法进行抄底，不仅在随后的大盘反弹中难以取得好的收益，反而会出现大幅亏钱的尴尬局面。

二是“弃强择弱”——卖出当时阶段涨幅大、技术形态好、趋势向上、带量上攻的强势股，选择弱势股进行反向买入。结果，不仅能有效回避一些股票的大幅下跌，而且极有可能取得超出预期的不俗收益。

中珠控制（原名潜江制药）便是个十分典型的例子。该股2001年5月18日上市当天触及36.88元后便一路下行，自上市后翌日（2001年5月21日）起至大盘见底1664点之日（2008年10月28日）止，在上证指数下跌19.59%的情况下，该股大跌90.70%，收于3.34元，跑输指数71.11个百分点，在同期可比的1544家挂牌交易的股票里排名倒数第二位（见表1），属于典型的弱势股。

表1　2001年5月21日至2008年10月28日中珠控股涨跌幅及与上证指数比对表

区　分	原　收	现　收	区间涨跌幅	与上证指数比
上证指数	2203.37	1771.82	-19.59%	—
中珠控股	35.90元	3.34元	-90.70%	-71.11百分点

注：同期可比的挂牌交易股票共有1544家，中珠控股列第1543名（倒数第二名）。

投资者要是能在当时反向思维、“弃强择弱”，参与弱势股的抄底，买入遭人抛弃的中珠控制并耐心持有至今，将取得惊人回报。自2008年10月29日起至2012年10月26日止，中珠控股在上证指数涨16.62%的情况下大涨423.95%，跑赢指数407.33个百分点，在同期可比的挂牌交易股票中列涨幅榜第89名（详见表2），由昔日的弱势股变成了日后的强势股。

表2　2008年10月29日至2012年10月26日中珠控股涨跌幅及与上证指数比对表

区　分	原　收	现　收	区间涨跌幅	与上证指数比
上证指数	1771.82	2066.21	16.62%	—
中珠控股	3.34元	17.50元	423.95%	407.33百分点

注：同期可比的挂牌交易股票共有2452家，中珠控股列第89名。

对做出不同选择的抄底者进行量化分析还可发现，当时买入表现极弱的中珠控制的投资者无疑将成为日后的大赢家。以追加资金100万元参与熊市抄底的投资者为例，若在当时“弃弱择强”（以极端例子下跌79.64%为例），至10月26日余额只剩下20.36万元，不仅之前买入中珠控制的损失难以挽回，而且将再度出现巨亏。反之，若“弃强择弱”（买入中珠控制），市值则涨至523.95万元，不仅之前买入中珠控制的损失悉数挽回，而且新投入的抄底资金将取得丰厚回报。不同的品种选择结果相差25倍还多。

至于熊市抄底的策略，一般可通过“三比三看”予以选择：一是比涨跌幅度，看谁跌幅深。一般应在具有可比性的熟悉品种里选择阶段跌幅大、涨幅小的品种作为熊市抄底的首选品种；二是比流通盘子，看谁最适宜。待买股票的流通盘一般在1亿~3亿股之间较为合适，盘子太大或太小都不是熊市抄底的最佳品种；三是比区间表现，看谁潜力大。在符合以上条件基础上，若待买品种横盘时间长、主力吸筹足、散户跑得多则更好。通过“三比三看”，一般都能回避看似强势的风险股，及时捕捉看似弱势的潜力股。

“风控逐利”的技巧和注意事项

熊市抄底与其他操作方法一样，既存在较大机会，也蕴含一定风险。只有正确处理风控和逐利的关系，才能在熊市抄底中把握主动、趋利避险，最终取得熊市抄底的成功。处理“风控逐利”关系的具体技巧主要体现在三个方面。

一是在抄底逐利的同时只承担机会大的风险。在股市投资，任何时候在任何情况下都存在风险，只不过在不同阶段、不同情况下这种风险的大小不同罢了。作为普通投资者，在利用“增量资金”参与“熊市抄底”过程中同样须承担一定的风险，但这种风险必须是在机会大、风险小的情况下前去承担。譬如，当大盘和个股持续、大幅下跌后，投资者普遍亏损、入市意愿不强的情况下存在的抄底风险看似很强，实则不大，这种风险便属于机会大的风险，值得理性的投资者适当承担。

二是在抄底逐利的同时只承担有价值的风险。即便是机会大的风险，也须视具体情况而定，主要看这种风险有没有承担的价值。譬如，一些阶段性涨幅巨大的品种，虽然在当时仍存在继续大涨的可能，但同时也存在获利回吐、短线暴跌的可能。追涨买入这样的“暴涨股”所要承担的风险，对于秉承价值投资理念、本着稳妥操作原则的投资者来说，显然属于无价值的风险。因此，作为普通投资者，在“熊市抄底”过程中所应承担的当然是那些有价值的风险，而不是相反。

三是在抄底逐利的同时只承担可承受的风险。对于有些投资者来说，有些风险虽然机会很大、也有价值，但却难以承受，这部分投资者对于这样的风险在抄底时也须引起注意，尽量予以回避。只有在准备买入股票前，就已做好承受风险的准备且有能力承受的情况下，才可在承受相应风险的同时去博取抄底逐利的机会。

在处理“风控逐利”关系时还有两方面问题须引起注意：一方面，要“增存结合”，以“存”为主。在利用增量资金参与熊市抄底中，不要把全部希望都寄托在增量资金上，而是要增存结合，以“存”为主，以“增量”为辅，在主要利用存量资金抄底的同时适当利用增量资金参与抄底。另一方面，要“长短结合”，以“长”为主。任何品种在任何时候都存在一定的短线机会，但不可能所有的投资者始终都能把握这样的机会。因此，在利用增量资金参与熊市抄底中，还须“长短结合”，以“长”为主，以短线为辅。有能力参与短线操作且处于较为流畅状态的投资者，可在熊市抄底的同时适当多做短线，高抛低吸；对于那些缺乏必要技法，以及操作不够顺畅的投资者来说，还是保持耐心，减少交易为宜。

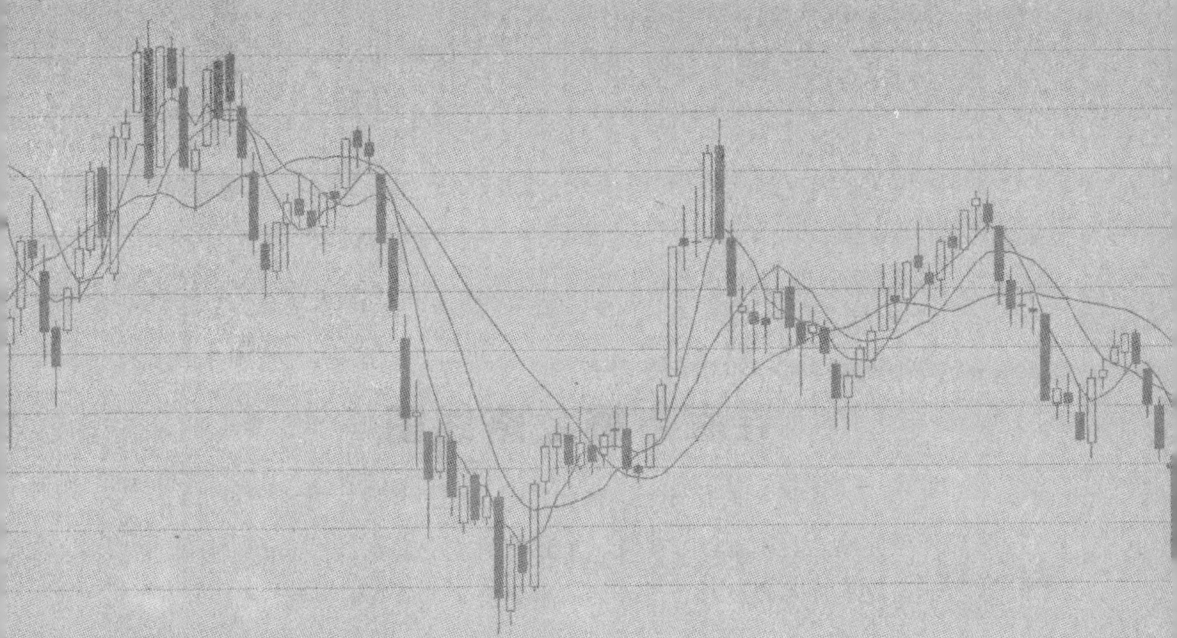

第4章 时 机

行情一旦进入反弹阶段，投资者只要不“挂空挡”不“跟风跑”，而是通过交易对象、时机和价格的正确选择，巧妙运用“俯卧撑”的独特技法，踏准节奏、高抛低吸，就能把握反弹初期的投资机会，取得反弹初期的理想收益。

寻底市掘金路线图

身处“寻底市”的投资者，往往感觉不出“寻底”时机的难得和底部筹码的珍贵，随着行情转暖、市势轮回才会发现，原来的“寻底市”正是建仓的难得良机，原来的底部筹码正是珍贵的筹码——

关注盘面的投资者时常会发现这样的场景：“寻底市”里有时指数跌幅并不大，但个股的杀伤力特别大，经常出现个股大面积暴跌甚至跌停的景象，持股的投资者损失很大。所以，“寻底市”也是投资者感觉最差、最难熬的市场阶段。

借股市反复“寻底”之机，笔者对不同参与主体的投资类型、仓位、品种和策略等做了一番必要的梳理。通过梳理，进一步认识“寻底市”的特点和规律，逐渐找到“寻底市”里的掘金线路。

梳理好自己的投资类型

【类型梳理】

牛市炒股，由于存在较多的获利机会，投资者大多处于较为亢奋的状态之中。但在熊市特别是“寻底市”里，由于赚钱难度越来越大，结果往往盈少亏多，投资者的情绪多数比较低落，有的看空后市，有的销户离场。在这种情况下，就有必要对自己的投资类型做一番适当的梳理。

依操作周期长短划分，可将投资者分为两类：一是长线投资者，即股市作为长期投资的场所，投资周期较长，大盘和个股的短线波动对自己的操作影响不大的投资者；二是短线投资者，即投资周期较短，主要通过快进快出、短线操作的方法在股市搏一把，既有盈利打算又有亏钱准备的投资者。

依投入资金来源划分，也可将投资者分为两类：一是余钱投资者，即投入的是自由资金，无须支付成本，没有时间限制，压力相对较小；二是借钱炒股者，即投入股市的资金通过借贷等方式取得，既要支付成本，又有时间限制，操作的压力相对较大。

掘金线路

坚守余钱投资和长线操作

无论在“牛市”、“震荡市”还是“寻底市”里炒股，都要坚守余钱投资、长线操作的投资理念，切不可孤注一掷、借钱炒股、急于求成、追涨杀跌。若能如此，不仅在“牛市”、“震荡市”里大多能取得较好收益，即使是在“寻底市”里操作，多数投资者也能经受暴跌考验、承受亏损风险。反之，不仅在“寻底市”里难以经受大盘和个股持续下跌的考验，即使在“牛市”、“震荡市”这样的赚钱市里，同样会出现只赚指数不赚钱的尴尬局面。

梳理好自己的投资仓位

【仓位梳理】

在坚守余钱投资、长线操作理念的同时，还须对自己在“寻底市”的投资仓位做一番必要的梳理。按照极端的方式划分，“寻底市”里投资者的持仓大致可分为三种情况：一是重仓者。这种投资者在过去的持续下跌中损失较大，但在日后的反弹中也会有可观的收益。二是半仓者。无论下跌还是上涨，亏损还是盈利，这种投资者的风险、机会各占一半，是一种折中的仓位控制方式。三是轻仓者。这种投资者在市场下跌中损失较小，能有效回避风险，但在市场反弹中盈利不大，也有可能失去机会。

掘金线路

确保足够的持仓比例

在市场处于反复“寻底阶段”，坚定股市投资的信心，确保足够的持仓比例显得更加重要。具体而言，对于重仓特别是满仓者，在大盘和个股大幅下跌的情况下，正确的应对方式是：原有的仓位保持不动，在有较大把握的前提下适度换股，在有余资可供支配的情况下追加投资，通过低位补仓降低成本，为日后获利备足廉价筹码；对于半仓者，继续保持良好的仓位控制和操作心态，做到既有股票又有资金，涨卖跌买、高抛低吸；对于轻仓者特别是空仓者，要充分发挥仓位轻、损失小的优势，在大盘大幅下跌、个股面目全非的情况下，分批、大胆、果断地按计划捡拾优质、廉价筹码。

梳理好自己的投资品种

【品种梳理】

在控制好投资仓位的基础上，还须梳理好具体的投资品种。股市在反复“寻底”过程中，不同品种往往会有不同的表现（指涨跌幅度），有的随大盘下跌甚至领跌，有的逆市上涨甚至大涨。对于不同的股票，在随后的反弹中也会有不同的表现：随大盘下跌的股票，有可能继续下跌，也有可能大幅补涨；逆市上涨的股票，有可能继续上涨，也有可能大幅补跌。一切都充满着变数。所以，在市场反复“寻底”后，投资者首先要对所持有的股票和准备买入的品种在基本面和技术面特别是涨跌幅等方面做一番及时、正确的梳理。

掘金线路

持股不动与换股操作

反复“寻底”后，在持仓品种的选择上有两条主线可供把握。

一是持股不动。无论是在“寻底”阶段随大盘下跌的股票，还是逆市上涨的股票。但须做好两手准备，特别是反向运行、两极分化的思想准备。

二是换股操作。主要方法有四种，包括：“弃强择弱法”——卖出在“寻底”过程中逆市上涨甚至大涨的股票，换入随大盘下跌甚至领跌的品种；“弃弱择强法”——与“弃强择弱法”正好相反，卖出在“寻底”过程中随大盘下跌甚至领跌的品种，换入逆市上涨甚至大涨的股票；“以强换强法”——在“寻底”过程中逆市上涨甚至大涨的股票之间进行换股操作；“以弱换弱法”——在“寻底”过程中随大盘下跌甚至领跌的品种之间进行换股操作。投资者可根据各自操作风格和备选品种从实际出发，确定适合自己的换股方法。

梳理好自己的投资策略

【策略梳理】

在梳理好投资类型、仓位、品种的基础上，还须对后续操作策略进行必要的梳理和谋划。反复“寻底”后的操作相对追涨操作而言风险要小得多，但不意味着能买在最低点甚至买入后立即大涨，所以操作后的两手准备必不可少，即上涨的思想准备和下跌的应对之策。特别是在品种的分散搭配、批次数量的确定等方面，都要制定出具体、细化、切实可行的投资策略。

掘金线路

制定并坚守操作计划

“寻底市”操作后的投资策略包括三个方面。

一是精心制定操作计划并严格执行。不仅在“寻底”后的操作中要有计划，而且在操作后的操作中也要有具体明确的操作打算。与此同时，要在实际交易中严格按计划执行，不管市场在“寻底”过程中发生什么情况，都要坚信之前的计划不动摇，按计划的品种、数量和事先设定的价格进行交易。

二是坚守操作定律，决不追涨杀跌。普通投资者在“寻底市”的操作中缺少的往往是坚守操作定律的意识和能力，一些价廉物美的优质筹码时常因缺乏操作定律而被主力、机构和庄家“洗出去”。要想在“寻底市”里不被对方“赶下马”，正确的做法就是坚守操作定律，决不追涨杀跌，尽力在操作中买得更低、卖得更高，不高买低卖、不追涨杀跌。

三是善于独立思考，做到不随大流。在“寻底市”各种资讯鱼龙混杂，投资者各种心态相互交织，操作中多空双方相互捕杀中，保持淡定、独立思考、不随大流至关重要。

身处“寻底市”的投资者往往感觉不出“寻底”时机的难得和底部筹码的珍贵。**随着行情转暖、市势轮回，投资者或许会惊奇地发现，原来的“寻底市”正是建仓的难得良机，原来的底部筹码正是珍贵的筹码。**股市永远是少数人获利的场所，而获利的少数人往往是那些在“寻底市”里做足“梳理文章”，找到“掘金线路”的投资者。

深跌后怎样跑赢指数

在大盘充满变数、日后走势不明的情况下，深跌后普通投资者唯一能做的就是通过正确有效的操作，达到跑赢指数的目的：当大盘上涨时能够多涨点，下跌时能够少跌点——

深跌后，不少投资者寄希望在接下来的操作中，当大盘大涨时能够满仓参与强势股的反弹，若大跌希望能空仓回避跌市风险。但在实际投资中，这样的“好事”不可能降临到每个投资者身上。在大盘充满变数、日后走势不明的情况下，普通投资者唯一能做的就是在深跌后通过正确有效的操作，达到跑赢指数的目的——当大盘上涨时能够多涨点，下跌时能够少跌点。

深跌后如何跑赢指数？笔者认为，重在做到以下三点。

跌得越深，仓位越重

深跌后首先面临的问题是仓位如何控制。大盘和个股连续大涨后，一些投资者认为牛市来了，盲目看多、重仓出击，有的甚至追高买入；大跌后，这些投资者又改变初衷以为熊市将至，盲目看空、轻仓观望，有的甚至低位“割肉”。实际上，这种涨后看涨、跌后看跌、左右摇摆、追涨杀跌的做法正是炒股的大忌。

笔者认为，**正确控制仓位的方法是：大涨后减轻仓位，越涨越卖；大跌后增加仓位，越跌越买**。至于当大盘处于多少点位宜保留几成仓位须因人而异、因资金性质而定。一般情况下，可采取以下方法予以控制。

先确定基准点位和基本仓位，再确定加（减）仓点位和加（减）仓比例。

基准点位可以是2200点、2300点、2400点等；基本仓位可以是四成、五成、六成等；加（减）仓点位可以是每涨跌100点、200点、300点加（减）仓一次；加（减）仓比例可以是每次增加（或减少）5%、10%、15%等。

譬如，将基准点位确定为2300点，基本仓位确定为五成，加（减）仓点位为每涨跌100点加（减）仓一次，每次增加（或减少）10%仓位，则可进行这样的操作：当指数从2300点涨至2400点时，仓位由五成降至四成；当指数从2300点跌至2200点时，仓位由五成增至六成等，以此类推。总之，一句话：指数涨得越多、仓位越轻，跌得越深，仓位越重。

“走”得越弱，买得越多

当确定调整仓位、准备买入或卖出股票时，不同投资者品种选择的方法往往大相径庭，一段时间后的结果往往也大不一样。

先来看笔者之前的操作。2012年初，笔者在选择持仓品种时面对两只长线关注的熟悉股票——工商银行和中海集运，最终选择了后者——放弃持有工商银行（0股，年初价4.24元），重仓持有中海集运（99700股，年初价2.43元）。之所以做出这一选择，主要鉴于“弃强择弱”考虑。因为在2011年，工商银行表现抢眼，全年逆市上涨4.54%，中海集运则大跌45.76%，“一涨一跌”相差50.30个百分点。就这一条“弃强择弱”理由，为日后操作把握了主动权。

结果，工商银行和中海集运在一季度出现了完全相反的走势。至3月30日收盘，之前的强势股工商银行不再走强，只涨2.12%，不及上证指数和深证成指涨幅。而之前的弱势股中海集运则由弱转强，大涨16.46%，不仅比工商银行多涨14.34个百分点，而且大幅跑赢上证指数和深证成指。此举说明，当初选择“弃强择弱”方式操作是正确的。

再来看笔者的操作。3月28日、29日、30日连续三天，分别卖出中海集运11100股，价格分别为2.91元、2.84元和2.83元，使持仓总量降至66400股，同时分别买入东方航空8100股，价格3.78元、3.62元和3.56元，使持仓总量增至40500股。虽然这一操作最终对错与否未有定论，但相对之前的建仓价（4.00元和3.62元）和其他投资者的买入价（4.24元），应该说此次操作买得更低、成本更廉，符合“走”得越弱、买得越多的操作原则。

通过操作比对笔者得出的体会是：**之前走势强劲的股票将来未必还会走强，过去走势较弱的股票日后也未必还将走弱，在大盘和个股深跌后选择买、卖品种时，强势股应尽量少碰，弱势股则可适当多买。**

跑赢指数，要有“三招”

首先，制定交易计划，确定心理价位。在操作层面，深跌后要想跑赢指数，首先得有交易计划。3 月 28 日，笔者确定了如下交易计划：卖中海集运 11100 股，价格 2. 91 元，买东方航空 8100 股，价格 3. 81 元。理由是，无论是在一季度还是最近几个交易日，中海集运走势都比较强。与此同时，东方航空跌幅较大。这“一强一弱”无疑为笔者换股提供了难得机会。另据笔者观察，某投资者在 4. 24 元的价位上曾大量买入东方航空，此时买价显然比该投资者便宜许多。因此，笔者确定以 27 日的收盘价作为换股操作的心理价位并准备择机交易。在随后的交易中，则以首次买、卖价为基准越跌越买、越涨越卖。至于交易数量，可从原有底仓和一贯的操作风格出发灵活确定。

第二，进行分批交易，做到“好上加好”。确定的交易计划一般应分批实施，且符合“好上加好”的原则。首批执行的计划原则上应确保顺利实施。3 月 28 日，按计划卖出中海集运 11100 股（2. 91 元）后，笔者发现东方航空正在回调，便买入 8100 股（3. 78 元），比计划价成交节省支出 243 元，符合“好上加好”操作要求；接着执行的计划则应力求做到卖得更高、买得更低，当二者不能“兼得”时也应确保总体上操作得更好。如 29 日卖中海集运 11100 股（2. 84 元）虽然少获得 777 元，但买东方航空 8100 股（3. 62 元）却比计划价成交节省 1539 元，总体上比计划价成交节省支出 762 元，也符合“好上加好”操作要求；第三天（30 日）执行的计划，卖中海集运 11100 股（2. 83 元），买东方航空 8100 股（3. 56 元），总体上比计划价成交节省支出 1137 元，更符合“好上加好”操作要求。

第三，保持适量适度，防止“两个极端”。“好上加好”操作中容易出现的问题主要有两个：一是操作到一定程度会感到害怕，不敢交易；二是随着交易次数的增多容易造成仓位失控，走向极端——或某一品种持股占比急剧上升甚至冲破事先设定的上限，或比重快速下降甚至突破下限等。两大问题，归成一点，就是要使操作做到适量适度。如，当中海集运持仓总量降至66400股时，笔者决定不再减持，以免踏空、丢失筹码。同样，当东方航空持仓总量增至40500股时决定不再买入，以免被套、造成被动。至于上、下限的设定标准和持仓比例，一般以上限不超过30%、下限不低于10%为宜，具体可因人而异，无需千篇一律。

打好“黄金坑”双赢战

每当市场出现“黄金坑”时，对于投资者来说都是难得的投资机会。打赢“黄金坑”里“双赢战”的关键在于，要在众人恐惧的时候敢于买入弱势股票，在操作流畅的时候大胆进行高抛低吸，在患得患失的时候严格按照计划操作——

股市从来不缺机会，尤其是每隔一段时间——长则几年短则数月——呈现在投资者面前的“黄金坑”投资机会。

珍惜“黄金坑”机会

且不说中国股市建立20多年来的跌宕起伏，单是近5年来的行情走势就至少出现过三次较为典型的“黄金坑”机会。

第一次：左侧自2007年10月16日的高点6124.04点起，至2008年10月28日的低点1664.93点止，历时一年构筑而成；坑底为1664.93点；右侧始于10月28日的低点1664.93点，至2009年8月4日的高点3478.01点，历时10个月，涨幅109%。

第二次：左侧从2010年4月15日的高点3181.66点开始，至2010年7月2日创出低点2319.74点止，只用两个半月时间就构筑完成了左侧；坑底为2319.74点；接着开始构筑右侧，至2010年11月11日一举创出右侧高点3186.72点，4个月时间涨幅达到37%。

第三次：左侧始于2011年4月18日的高点3067.46点，至2012年1月6日的低点2132.63点止，经过三波反复下探，才构筑完成了左侧；坑底为2132.63

点；右侧始于1月6日的2132.63点，至今依然处于右侧构筑之中。

从以上三次“黄金坑”机会可以看出，每次出现“黄金坑”，对于投资者来说都是难得的投资机会。前两个“黄金坑”触底后，上证指数在随后的反弹中涨幅分别达到109%和37%。本次筑成的“黄金坑”至2012年3月6日收于2410.45点，阶段涨幅已超过10%，眼下依然运行在右侧上升通道中。笔者认为，珍惜并把握难得的“黄金坑”机会，对于投资取胜至关重要。

做好“黄金坑”操作

稍加观察不难发现，操作“黄金坑”的最佳状态无疑是在坑底买入最强势的品种，再在坑顶卖出，获利了结。但为何几乎所有的投资者都难以取得这样的理想效果？因为在当时，大家都不知道“黄金坑”的坑底在哪里，所以买不到坑底价；也不知道未来一段时间里哪些板块和个股将领涨，所以买不到最强势股票；等发现“黄金坑”的坑底以及最牛股票后往往为时已晚。所以，寄希望在坑底买入最强势的股票并不实际。操作中，一些总是希望买在坑底的投资者实际上一次次地错失“黄金坑”的投资机会。

调查发现，绝大多数投资者面对难得的“黄金坑”机会，实际上都是在“黄金坑”的两侧参与交易，或在左侧提前埋伏，或在右侧及时跟进，而且无论从过程看还是结果看，都不能简单断言孰优孰劣，关键是看投资者是否适用。**就普通投资者来说，最适合的“黄金坑”操作方式是：左侧低吸、右侧高抛。**

以笔者操作为例（见下表）。2010年12月7日——本次“黄金坑”见底前一个月，有一笔资金准备买股。当时，大盘正在左侧运行、未达坑底，笔者便在大盘和个股回调中以4.00元的价格买入东方航空8000股，当天上证指数收于2332.73点；12月16日——坑底前20天，再次筹资买入东方航空4000股，价格3.62元，对应指数2224.84点。显然，这两次建仓点位都不在坑底，也不是右侧进场，而是在事先不知道坑底在哪里的情况下选在了“黄金坑”的左侧进行交易，且后一次买价比前一次更低，符合新增资金“越跌越买”的建仓要求。

随后走势表明，两次左侧交易都取得了较好收益。首次买入的8000股东方航空，买价4.00元，用款32026元（含交易费用，下同），至3月2日收盘（4.38元），市值涨3040元，涨幅9.49%。期间，经多次交易，最终仍持有东

2011年12月7日至2012年3月2日部分股票交易一览表　　单位：元

<table>
<tr><th>交易日期</th><th>交易方向</th><th>交易名称</th><th>交易价格</th><th>交易数量（股）</th><th>多出资金</th></tr>
<tr><td>12.7</td><td>买入</td><td>东方航空</td><td>4.00</td><td>8000</td><td>增资买入</td></tr>
<tr><td>12.16</td><td>买入</td><td>东方航空</td><td>3.62</td><td>4000</td><td>增资买入</td></tr>
<tr><td rowspan="2">1.31</td><td>卖出</td><td>东方航空</td><td>4.04</td><td>8000</td><td rowspan="4">243</td></tr>
<tr><td>买入</td><td>中科英华</td><td>3.80</td><td>8000</td></tr>
<tr><td rowspan="2">2.1</td><td>卖出</td><td>中科英华</td><td>3.82</td><td>8000</td></tr>
<tr><td>买入</td><td>东方航空</td><td>4.01</td><td>8000</td></tr>
<tr><td rowspan="2">2.2</td><td>卖出</td><td>东方航空</td><td>4.06</td><td>8000</td><td rowspan="2">161</td></tr>
<tr><td>买入</td><td>东方航空</td><td>4.03</td><td>8000</td></tr>
<tr><td>2.3</td><td>卖出</td><td>东方航空</td><td>4.13</td><td>8000</td><td rowspan="2">237</td></tr>
<tr><td>2.6</td><td>买入</td><td>东方航空</td><td>4.09</td><td>8000</td></tr>
<tr><td rowspan="2">2.13</td><td>卖出</td><td>东方航空</td><td>4.16</td><td>8000</td><td rowspan="2">237</td></tr>
<tr><td>买入</td><td>东方航空</td><td>4.12</td><td>8000</td></tr>
<tr><td rowspan="2">2.22</td><td>卖出</td><td>东方航空</td><td>4.21</td><td>8000</td><td rowspan="2">236</td></tr>
<tr><td>买入</td><td>东方航空</td><td>4.17</td><td>8000</td></tr>
<tr><td rowspan="2">2.27</td><td>卖出</td><td>东方航空</td><td>4.50</td><td>8000</td><td rowspan="2">390</td></tr>
<tr><td>买入</td><td>东方航空</td><td>4.44</td><td>8000</td></tr>
<tr><td rowspan="2">2.29</td><td>卖出</td><td>东方航空</td><td>4.43</td><td>8000</td><td rowspan="2">390</td></tr>
<tr><td>买入</td><td>东方航空</td><td>4.37</td><td>8000</td></tr>
<tr><td>合计</td><td></td><td></td><td></td><td></td><td>1894</td></tr>
</table>

方航空8000股，资金账户多出1894元，对应涨幅5.91%；合计升值4934元，涨幅15.41%，超过上证指数（同期涨5.49%）9.92个百分点，超过东方航空自身涨幅（9.50%）5.91个百分点（交易清单见附表）。再次买入的4000股东方航空，买价3.62元，用款14492元，也经多次交易后仍持4000股，至3月2日收盘涨幅高达20.99%，超过上证指数（同期涨10.60%）10.39个百分点（交易清单略）。

两次在“黄金坑”的左侧交易结果说明，普通投资者即使不是买在“黄金坑”的坑底，买入的也不是强势热门股票，也同样能取得理想收益，达到市值上升、资金增加的“双赢”目的。

当然，左侧交易的问题是买入后大多要吃套，且买得越早往往套得越深。但好处也显而易见，因为是越跌越买，不仅存量资金可以高抛低吸，而且增量资金可以源源不断地进场，成本价也是越买越低，数量则可以越买越多。这种交易方法看起来吓人，实际上安全，大量的投资机会正是在这种情况下产生的。

如果错失了左侧交易机会，也可适当选择右侧买入，但要注意在大盘回调和个股下跌中尤其是急跌时买入，尽量不要在急冲时追涨。

打好“双赢战”硬仗

单就仓位而言，“黄金坑”操作的极端情况有两种：一是空仓，这显然是“黄金坑”操作的大忌，所以要尽力避免；二是满仓，以笔者首次买入东方航空（区间涨幅9.50%）8000股为例，操作结果同样存在三种可能：由于自身操作不当、追涨杀跌导致的收益不如个股自身涨幅的结果（<9.50%）；由于保持良好心态、持股不动带来的收益等于个股自身涨幅的结果（=9.50%）；由于拥有独特技法、长短结合获得的收益大于个股自身涨幅的结果（>9.50%）。

敢于在众人恐惧——指数加速赶底、个股纷纷跌停的时候买入股票是取得“黄金坑”操作成功的一大关键。

显然，除了踏空者外，上述三种满仓者结果最糟糕的是第一种，效果最好的是第三种，首次买入8000股东方航空及之后的操作便属于第三种情况。若将最终取得的15.41%收益分成两部分，分别是个股自身上涨带来的收益9.50%，以及中间穿插的短线交易收益5.91%，将上述操作合二为一，相当于在“黄金坑”里打了个“双赢仗”。

“黄金坑”里的“双赢仗”怎么打？笔者认为，关键有三点。

首先，在众人恐惧的时候要敢于买入弱势股票。每当大盘正在构筑“黄金坑”尤其是处于坑底前的左侧末端时，往往是市场内外最恐慌的时候，同时也是捡廉价筹码的最好时期。因此，敢于在众人恐惧——指数加速赶底、个股纷纷跌停的时候买入股票是取得“黄金坑”操作成功的一大关键。在品种选择中，善于弃强择弱，不替他人买单，也是取得“黄金坑”操作成功的一大关键。另外，当首次买入之后出现了更好买点时敢不敢再次低吸，也是考验投资者胆略的关键。因此，养成低位补仓、摊低成本的交易习惯，对于取得“黄金坑”操作的成功非常重要。

其次，在操作流畅的时候要大胆进行高抛低吸。要打好“黄金坑”里的“双赢仗”，不仅取决于能否在众人恐惧的时候敢于买入弱势股票，而且有赖于能否在“黄金坑”里大胆进行高抛低吸。操作要诀主要有：在交易对象方面，既可在不同股票之间交叉操作，也可用同一股票自身高抛低吸；在买卖价格方面，既可进行正差操作（高卖低买），也可实施反差交易（高买低卖）。但须注意：相对之前的操作可以是反差（高买低卖），但对之后来说，必须确保正差（高卖低买）；在交易数量方面，原则上要求保持一致，尽量不要频繁变动，显得过于随意。

再次，在患得患失的时候要严格按照计划操作。在“黄金坑”里操作，最大的问题是容易患得患失，股价急拉时不敢卖，急跌时不敢买，一次次错失高抛低吸机会，周而复始就很难打好“黄金坑”里的“双赢仗”。为此，在频率控制方面重在做到灵活，有机会就多动，无机会就休息；在交易形式方面重在做到多样，既可用“T+N”方式交易——隔日或间隔一段时间进行回转交易，也可用“T+0”方式交易——当天买卖、当天回转。其中先买后卖时按照现行交易规则，账户里需要有底仓；在交易纪律方面重在强调计划性和执行力。盘前制定好严密的操作计划，盘中严格按计划交易，尤其是当股价急拉时要敢于出手，急跌时要及时抢进。

深套筹码坑底自救

高位买入的筹码深套后，通过采取一定的方法，进行适度的操作，当大盘和个股依然处于“坑底”位置时便能顺利解套甚至获利，这就是“坑底自救”法的奇妙之处——

无论是初入股市的新股民，还是久经考验的老投资者，买入的筹码难免会有被套甚至深套之时，尤其是在漫长的熊市里。

筹码深套后，多数投资者首先想到的是等待大牛市的到来，通过个股的大幅上涨实现解套。然而，行情是否启动、个股能否走牛的主动权并不在投资者手里。实现深套筹码的顺利解套，除了被动等待外还有一法，这就是主动出击，“坑底自救”。而且，与被动等待相比，主动出击受行情涨跌、个股牛熊的影响较小，筹码解套的主动权正好在投资者自己的手里。

“坑底自救”实例

所谓“坑底自救”，是指高位买入的筹码深套后，通过采取一定的方法，进行适度的操作，当大盘和个股依然处于“坑底”位置时，高位筹码就已顺利解套甚至获利的操作方法。

投资者可能会有这样的疑问：高位深套的筹码真的能“坑底自救”吗？答案是肯定的。先来看以下操作。

2012 年 7 月 31 日，笔者卖出中铁二局 4400 股（实际卖出 5000 股，为方便与后面的操作对接，暂以 4400 股计），成交价格 6.59 元；同时买入新疆城建 4200 股（5.08 元）。

8月1日至9月4日间，买入的新疆城建进行了12次“进出”，6次回转交易全部取得正向收益，共计获利1874元。

9月5日，卖出新疆城建4200股（5.54元），买入中铁二局4400股（5.74元）。

再来看结果：9月5日交易后，持仓中铁二局的筹码数量与7月31日交易前相同，都是4400股，唯一不同的是账户资金。截止9月7日收盘，先卖后买中铁二局后多出资金3668元，区间短炒新疆城建后多出资金1874元，先买后卖新疆城建后多出资金2514元，上述收益合计为8056元，比操作前的市值多出28.61%。加上在此期间股价上涨5.78%，持有的中铁二局筹码实际增值比例为34.39%，跑赢指数33.54个百分点（同期上证指数涨0.85%）。

换个角度看结果更为神奇。若将多出来的8056元资金分摊到4400股筹码上，相当于降低了持股成本1.83元（也可视为中铁二局股价隐性上涨了1.83元）。以9月7日中铁二局收盘价6.77元计，若考虑隐性上涨的1.83元，相当于中铁二局此时的收盘价已“涨”至8.60元。不仅前期绝大多数时间买入的筹码都已获利，而且，即使以中铁二局创出前期高点（8.88元）的当天收盘价（8.52元）追涨买入，深套筹码也已成功自救，实现解套。值得一提的是，此时大盘点位和中铁二局股价依然处于相对的低位——接近“坑底”位置。

解套技法揭秘

大盘和个股依然在低位徘徊，但高位深套的筹码却已顺利解套。这一结果表明，在一轮大的熊市之后、牛市行情尚未正式确立的情况下，及时有效地进行“坑底自救”不仅是必要的，也是可行的，但前提是要掌握正确的解套技法。为此，笔者就适合普通投资者“坑底自救”的操作技法做了专门总结，主要由“三步”组成。

第一步：“弃强择弱”。

这是成功进行“坑底自救”的关键一步。做好了“弃强择弱”，既可回避强势股的调整风险（中铁二局从6.59元的卖出价跌至5.74元的买入价），把握弱势股的补涨机会（新疆城建从5.08元的买入价涨至5.54元的卖出价），达到“双赢”目的，又可腾出资金在其他品种上争取更多收益。但若做不好，也会适得其反。如何“弃强”？简言之，就是要在价升量增、趋势向上、众人争抢、一致看好时反向操作——逢高卖出当时的强势股；如何“择弱”？则是要在价跌量缩、趋势向下、众人抛弃、一致看空时逆市交易——逢低买入当时的弱势股。

做好了“弃强择弱”，既可回避强势股的调整风险，把握弱势股的补涨机会，达到“双赢”目的，又可腾出资金在其他品种上争取更多收益。

第二步：“连环交易”。

“弃强择弱”后，还可进行必要的“连环交易”。一方面，卖出的强势股要耐心等待股价的下跌，直至调整到位后再逢低买回，买入的弱势股要耐心等待股价的补涨，直至涨至目标价位后再逢高卖出，切忌操之过急；另一方面，利用买入的弱势股作为“底仓”，在大盘和个股震荡、补涨期间进行“连环交易”，通过高抛低吸获得额外收益。“连环交易”的具体技法有：一是在保持品种、数量不变的情况下进行高抛低吸；二是通过隔日交易，或在有“底仓”的情况下进行当日“T+0”交易；三是在下单时机上，做到急涨时卖、急跌时买；四是务必确保“正差交易”，即每次卖出筹码的价格要比买入高，买入筹码的价格则比卖出低；五是做到频率适中、恰到好处，有机会不犹豫。只要是正向收益“连环交易”的频率就越高越好，无机会不急躁，只需与主力比耐心即可。

第三步：“回转交易”。

在期初交易（“弃强择弱”）、其中交易（“连环交易”）基础上，即可择机进行期末交易（“回转交易”）。在具体时机的把握上，当“弃强择弱”后相关股票的走势与预期一致（强势股下跌、弱势股上涨），且走势出现了“过头”、趋势出现了“逆转”迹象时，就要及时进行“回转交易”，通过反向操作，让筹码恢复到初始状态。但有两个问题须引起注意。

一是怎么辨别趋势是否“逆转”？**判断趋势“逆转”的标准一般有：凭预期——是否达到预期目标位；凭经验——连涨（跌）天数，一般三天以上；凭感觉——多数投资者的参与热情是极度高涨还是极度低迷。**若属于前者，趋势“逆转”的可能性较大，反之可能性就较小。在以上三条标准出现其一的情况下即可认为趋势有可能“逆转”，便可进行“回转交易”。若是以上三条标准同时具备则更好。

二是相关股票的走势与预期相反（强势股上涨、弱势股下跌）怎么办？首先要沉住气，确保“不回转”。与此同时，在有筹码（底仓）和余资的情况下，还可进行适量的“补操作”——在原卖出强势股的基础上以更高的价格再卖等量的强势股，在原买入弱势股的基础上以更低的价格再买等量的弱势股，从而让“补操作”达到“好上加好”的效果。为此，投资者在进行期初“弃强择弱”操作前，就应做好走势与预期相反（“强后更强”、“弱后更弱”）的思想准备，这一点对于日后正确把握“坑底自救”的操作节奏显得尤为重要。

“自救”注意事项

深套筹码最终能否实现“坑底自救”，一般取决于两点：一是筹码深套的程度；二是“坑底自救”的技法。如果筹码套得很深，就会大大增加“自救”的难度。因此，在摸索“自救”技法的同时，还得注意源头防控，尽可能不让买入的筹码套得过深。另外，如果技法不当，即使筹码套得不深，同样不利于“坑底自救”，所以，掌握正确的“自救”技法同样显得十分重要。而就后者（“自救”）而言，操作中须引起注意的问题就有三个。

第一，合理分配资金，设法摊低成本。一方面，当大盘和个股处于相对低位尤其是“坑底”时，一定要确保持有的仓位达到一定的比例，否则就会“捡了芝麻，丢了西瓜”；另一方面，要用高抛筹码获得的资金及时地进行低位补仓，降低被套筹码的持仓成本。如果不善于低位补仓，就会增加“坑底自救”的难度。当然，在补仓时还须合理分配可用资金，在确保被套筹码当初买入“正确性”的同时，确保补仓后单一品种的持仓总量不突破规定的上限。在合理分配资金前提下补入的筹码，不但极具灵活性和可操作性——买入后一旦上涨即可卖出、获利了结，而且有利于盘活资金、摊低成本，将为“深套筹码”的“坑底自救”起到决定性的作用。

第二，既要高抛低吸，又要“抓小放大”。在“弃强择弱”、高抛低吸过程中，有时会出现可供补仓的品种有两只以上的情况。在这种情况下，投资者在“坑底选股”中原则上要选择盘子小、股性活，涨起来弹性足、力度大的品种。但有个前提，一定要在同类板块中，在个股基本面和技术面包括涨跌幅度等具有可比性的情况下，才可按上述原则“抓小放大”。

第三，把握“自救”节奏，防止追涨杀跌。事后看K线，不难看出正确的“坑底自救”应该怎样选择买卖品种、如何把握操作节奏。但在盘中，受心态、情绪等影响，时常会做出与计划以及正确的操作完全相反的交易。譬如，本来计划进行的是“弃强择弱”操作，结果变成了“弃弱择强”，操作结果也由高抛低吸变成了追涨杀跌。所以，坚守“坑底自救”定律，把持“坑底自救”底线特别重要，尤其是要按计划交易，确保实际操作比计划更好（卖得更高、买得更低），而不是相反。

底部换股切勿跟风

只要遵循必要的换股原则，做到事先有计划、事中有记性、事后有总结，并将即时换股、延时换股、错时换股等传统换股法与特殊的双融换股法有机结合，就能使换股操作尽可能达到最优化的程度，取得较理想的效果——

就单次交易涉及的品种个数而言，炒股的方法无非有二：一是单一法——始终围绕单一品种自身，对象不换、数量不变，反复进出、滚动操作；二是换股法——在两个或两个以上品种之间来回进出、交换筹码。

较之单一法，换股法虽然操作起来难度较大，但操作结果却具有明显的两重性，既蕴含机会也充满风险：操作得好，不仅能降低股市投资的风险，而且能让固定筹码“流金淌银”，取得超额收益；若操作不当，也会两头受损、适得其反，尤其是在大盘和个股处于相对低位的“底部区域”。下面具体介绍利用“三有”法进行“底部”换股的操作技法和注意事项。

“三有”法换股显奇效

所谓“三有”法，简言之就是在换股时须遵循必要的操作原则，整个交易过程充分体现事先“有计划”、事中“有记性”、事后“有总结”的换股方法。换股操作为何要体现“三有”原则？“三有”法究竟有哪些好处？还是先来看一下实际操作。

——事先“有计划”。

炒股，不可妄动，须有计划，“底部”换股更是如此。2012 年 8 月 6 日，笔者有一操作：利用余资分别买入泰山石油 10000 股（价 5. 16 元）和南方航空 10000 股（价 4. 09 元）。几天后，这两只股票一涨一跌，出现了相反走势。至 8 月 14 日，泰山石油收盘时涨到了 5. 38 元，南方航空当天盘中却跌到了 4. 00 元。

与初始交易相比，此时若以时价卖出泰山石油、买入南方航空各 10000 股，将“两头”获益，分别为 2200 元和 900 元（为方便计算，暂不考虑交易费用，下同）。按照“越涨越卖、越跌越买”的操作原则，笔者当即制定了后续交易计划：卖泰山石油、买南方航空。不难看出，按照此时的计划交易与初始交易相比，将会多出资金 3100 元（见表 1），这就是换股操作在计划环节产生的“额外收益”。

表 1　　计划交易与初始交易情况比对表　　单位：元

初始交易		计划交易		资金变动	
日期	交易情况	日期	交易情况	变动	合计
8. 6	买入泰山石油 5. 16 × 10000	待定	卖出泰山石油 5. 38 × 10000	2200	3100
8. 6	买入南方航空 4. 09 × 10000	待定	买入南方航空 4. 00 × 10000	900	

——事中“有记性”。

计划制定好后需要执行，但执行又是把“双刃剑”。有时等不得，需要果断执行；有时急不得，需要耐心等待，这就全看投资者的心态和眼力了。以后者为例，耐心等待不等于迟迟不执行，而是要有记性、能够见机行事。

8 月 20 日，笔者见拟买的南方航空经过连续调整，在“限售股解禁”利空打压下已跌至 3. 74 元的低位，便以时价买入 10000 股，比计划价买入又节省了 2600 元；翌日，泰山石油则快速冲高至 5. 39 元，于是毫不犹豫将拟卖的 10000 股筹码顺利卖出，又比计划价多卖了 100 元。两项收益合计，实际交易与计划交易相比，又多出资金 2700 元（见表 2），这就是换股操作由于有良好的“记性”而产生的“额外收益”。

表 2　　实际交易与计划交易情况比对表　　单位：元

计划交易		实际交易		资金变动	
日期	交易情况	日期	交易情况	变动	合计
待定	卖出泰山石油 5. 38 × 10000	8. 21	卖出泰山石油 5. 39 × 10000	100	2700
待定	买入南方航空 4. 00 × 10000	8. 20	买入南方航空 3. 74 × 10000	2600	

——**事后“有总结”**。

“计划 + 记性”在换股操作中能否得到体现、效果究竟如何，需要在事后加以总结。本次换股，与初始交易相比，通过制定计划，保持良好记性，再加灵活执行，使得账户资金最终多出了5800元。此举说明，这样的换股操作无疑是正确的。

正确的换股操作不仅体现在交易之后与初始交易相比上，而且体现在交易后的走势与实际交易相比中。至8月24日，因执行计划卖出的泰山石油快速下跌至5.31元，买入的南方航空则稳步上行至3.78元。见机会难得，笔者又及时做了回转交易，使得回转交易后的结果与计划执行前相比，又多出资金1200元（见表3）。

表3　　回转交易与实际交易情况比对表　　单位：元

实际交易		回转交易		资金变动	
日期	交易情况	日期	交易情况	变动	合计
8.21	卖出泰山石油5.39×10000	8.24	买入泰山石油5.31×10000	800	1200
8.20	买入南方航空3.74×10000	8.24	卖出南方航空3.78×10000	400	

不少投资者在“底部”交易中都有过换股的经历，且多数情况下采取的是“弃弱择强”换股法，其初衷是想通过这一方法达到快速获利的目的，但实际上如愿的不多，最终结果多数不尽如人意，有的甚至损失重大。以上换股实例表明，普通投资者在没有可靠消息来源、缺乏特别交易技法的情况下，采用“三有”法操作，才是“底部”换股的杀手锏。

换股“三有”法操作技巧

在操作层面，“三有”法换股的重点在于进出时机的正确把握，传统的换股方法有三种。

一是即时换股——计划制定以后立即交易的换股方法。它适宜在机会难得、胜算较大时采用。此法有利于计划的及时执行，不至于在日后由于情况的变化而使计划落空。存在的潜在风险是，可能失去更好的换股机会。即时换股法比较适合大多数普通投资者采用，一旦出现较好的换股机会且已制定出具体换股计划时，原则上可适用此法及时换股。

二是延时换股——计划制定以后暂不交易，等到日后适当时机再进行交易的换股方法。它适宜在待卖品种仍处强势、待买品种仍处弱势，且双方趋势尚未出现逆转时采用。此法有利于把握更好的交易机会，但也可能失去换股机会，导致计划落空。延时换股法适用的群体主要是心态良好、技法娴熟的投资者。须注意的问题是，一旦交易对象出现转势迹象，就应及时换股，千万不可犹豫不决、错失良机，导致整个换股计划前功尽弃。

三是错时换股——换股的对象即买、卖双方不同时交易，而是分先后、依次交易的换股方法，包括先买后卖式和先卖后买式两种。**当待买股票出现了急跌情形而待卖股票表现得相对温和时，采取先买后卖式进行换股；当待卖股票出现了急涨情形而待买股票走势相对平稳时采取先卖后买式进行换股。**错时换股是三种传统的换股方法中难度最大、要求最高的换股法，需在实践中反复琢磨，在不断提高操作技法基础上逐步采用。如上例在进行“实际交易”（计划执行）时8月20日急跌时买入南方航空、8月21日急涨时卖出泰山石油所进行的换股操作，便属于典型的错时换股法。

除了上述三种传统换股法外，还有一种特殊的换股法——双融换股法，即通过自己账户内进行融资、融券操作，解决换股交易中出现的资金或筹码不足而影响换股的问题。一种情况是，当计划待买的品种出现了较好的买点，但账户里因待卖的股票尚未卖出而缺乏足够的资金，此时可先高抛其他品种，腾出资金用于买股，待日后卖出股票后再还回资金（相当于融资换股）；另一种情况是，当计划待卖的品种出现了较好的卖点，但账户里原有的筹码已被借用卖出出现无股可卖的情况，此时若有可能可先借用自己管理的其他账户内的筹码卖出，待日后该股回调时再买回股票并将其还回去（相当于融券换股）。显然，这种双融换股法比以上三种传统的换股方法都要灵活，收益也更可观。

操作不能跟风跑

“底部”换股尤其是采取“三有”法换股操作的大忌是缺乏计划性，随大流、跟风跑。正确的“三有”换股需要做到“三个确保”。

一是确保计划的正确性。这是“三有”法换股的重要前提。一方面，要确保初始交易的正确性，如果初始交易本身就有问题，那么随后制定的交易计划就很难做到正确；另一方面，要确保交易计划的正确性。在确保初始交易正确的基础上，再确保随后制定的交易计划的正确同样十分重要，包括换股对象和交易时机的正确选择。如果换股对象选择不当——拟卖的是基本面、技术面都良好的品种，拟买的是基本面、技术面都趋坏的品种；抑或交易时机存在问题——在个股跌幅已大、调整到位的情况下准备卖出，在涨幅已大、上冲乏力的情况下准备买入，都属非正确的换股计划，应尽力避免。正确的换股计划是在正确的初始交易基础上出现了更好的买、卖点时制定出来的计划。

好记性是这样养成的——在平时的操作中，第一时间把正确的计划或想法，包括什么时间、拟卖（买）什么股票、多少价格、数量多少，以及当时的大盘指数点位等数据，用最简便的方式简明扼要地记录在一张小纸片上，并将纸片“永久”地存放在日常交易用的本子内直至换股交易完毕。

二是确保记性的持久性。多数投资者在实盘交易中都曾制定过良好的换股计划或类似的交易想法，但随着时间的推移和行情的变化，“好计划”往往在日后渐渐地被淡忘。等到某一天，原计划拟买的品种突然大涨或拟卖的品种突然大跌时才想起原来的“好计划”没有执行并懊悔不已。这一情况的出现缘于投资者缺乏“记性”尤其是具有持久力的好记性。由此可见，正确的换股操作，不仅需要有良好的计划，而且离不开良好的记性尤其是具有持久力的好记性。

三是确保总结的客观性。养成“三有”法换股后及时总结的习惯同样十分重要。对于正确的计划、良好的记性以及由此带来的正向收益，要及时总结经验，以便在今后的操作中得以保持；对于不当的计划、不好的记性以及由此带来的操作损失，要全面总结教训，以便在今后的操作中尽力避免。尤其是在计划的实际执行、时机的具体把握、操作的成败得失等方面，更应加以总结，尽可能做到客观、符合实际，以便在后续操作中，对于“错误的执行”及时进行“补操作”，对于“正确的执行”及时进行“回转交易”，使换股操作的过程和结果都尽可能达到最优化的程度。

反弹初期如何操作

行情一旦进入反弹阶段尤其是反弹初期，只要不“挂空挡”——确保持有足够数量的筹码，不“跟风跑”——低吸并耐心持有精选的潜力股，在选好对象、时机和价格基础上做好“俯卧撑”，就能跑赢指数、成为赢家——

大涨之后必有下跌，大跌之后势必反弹，这是没有规律的股市唯一不变的规律。在前期连续、大幅下跌基础上，随着 2012 年 9 月 7 日这根全年第二大“带量阳线”的出现，不少投资者再次看到了股市的希望，思忖起未来的牛市行情。在此，笔者暂且不论后市大盘如何运行、个股走向是涨还是跌，单就反弹初期的交易机会和操作技法做一讨论。

要有“主心骨”，切勿“挂空挡”

行情一旦进入反弹阶段，投资者首先要确保反弹初期的账户持有足够数量的筹码，切不可因“挂空挡”而踏空，造成操作上的彻底被动。

那么，在反弹初期，普通投资者持有多少仓位才是正确的仓位？简言之，就是要因“点”而定、因人而异。

所谓因“点”而定，指的是根据反弹初期大盘的点位来确定相应的仓位比例。譬如，某投资者以上证指数 2200 点作为反弹初期的“中间点位”，确定此时的仓位为 50%，那么该投资者只要以此“中间点位”作为参照，采取每涨（跌）若干点就减（增）若干成仓位的方式来确定不同点位的持仓比例即可。

例如，某投资者以 2200 点作为“中间点位”，对应的持仓比例确定为 50%，并采取每涨（跌）100点就减（增）一成仓位的方式确定不同时期的持仓比例，那么该投资者的具体持仓比例为：随着股市的不断下跌逐渐增加仓位，即2100点时持仓60%、2000点时持仓70%、1900点时持仓80%、1800点时持仓90%、1700点时持仓100%（满仓）；随着股市的不断上涨逐渐减少仓位，即2300点时持仓40%、2400点时持仓30%、2500点时持仓20%、2600点时持仓10%、2700点时持仓0%（空仓）。不难发现，该投资者满仓和空仓的点位落差为1000点，即1700点时满仓、2700点时空仓。当然，点位区间和增减比例可从各自实际出发，灵活确定。

所谓因人而异，则是指从不同投资者的操作风格和风险承受能力出发，调整反弹初期的具体仓位。大致可分为三种情况：一是仓位轻的投资者要及时补仓、防止踏空；二是仓位居中的投资者要跌时补仓、涨时减仓，确保做到适量适度；三是仓位重的投资者要利用反弹机会及时减仓，防止被套。

须注意的是，在按上述方法确定反弹初期的持仓比例时，一定要有自己的“主心骨”，确定合理的仓位比例和增减方式，不要被行情涨跌和多数人的判断、趋向所干扰，影响自己的实际操作，尤其是不走极端、不“挂空挡”。这一点，在反弹初期的仓位控制中显得非常重要。

挖掘潜力股，莫要“跟风跑”

在反弹初期的操作中，选股与控仓一样，都非常重要。如果只有好的仓位控制，没有好的品种选择，同样难以达到理想的操作收益。

那么，在反弹初期的操作中，在仓位已经确定的情况下，该如何选择合适的品种？在品种选择中，不少投资者都有“弃弱择强”的习惯，认为只有这样选股，才能在反弹初期的操作中跑赢指数，成为赢家。

实际上，结果并非如此。对此，笔者特意对2008年10月大盘见底1664点前后，当时表现最抢眼的强势股进行了跟踪分析，具体如下：2008年10月28日，上证指数见底1664点前一日，沪深股市率先涨停的股票共有7只。然而，这些率先涨停的股票在10月28日至2009年8月4日这波反弹行情中的表现并不出众。据笔者统计，在此期间，两市可比股票共有1556只，上述7股平均排名只有1096名，处于后1/3梯队。

若以7股涨幅的平均值115.76%计，对应的排名更靠后，只位居1189名，远远落后于可比股票的居中位置。统计结果充分说明，率先涨停的股票在接下来的反弹初期里，不一定是最强势的品种。因此，投资者在反弹初期的选股中，没有必要去冒风险、追击涨停，参与所谓强势股的跟风操作。

既然“弃弱择强”、跟风操作并非上策，那么，反弹初期正确的选股原则是什么？笔者的体会是，只需在长线关注的熟悉品种里精心选择，仔细挖掘其中的潜力股即可，具体包括两个方面。

反弹初期正确的选股原则是，在长线关注的熟悉品种里精心选择，仔细挖掘其中的潜力股即可。

一是逢低买入熟悉品种。方法很简单，先检查账户，清点股票，看看持有哪些品种。再计算这些股票的阶段涨跌幅，一般将阶段涨幅最大者（或阶段跌幅最小者）作为拟卖对象，将阶段涨幅最小者（或阶段跌幅最大者）作为待买对象。在此基础上，一旦发现委托卖出的股票已经成交，账户里已有足够的资金时，即可利用腾出的资金进行逢低买入。当然，在实际交易中，可采取一些行之有效的操作方法，譬如，将确定的待买品种“放入”用户板块事先设置的“自选股”里，进行动态跟踪，一旦出现调整到位或急跌情形时，即可迅速买入，达到低吸目的。

二是及时做好组合搭配。投资者在反弹初期的操作中也要坚持组合搭配的操作原则，包括：不同市场股票的搭配——深圳市场和上海市场的股票，主板和中小板、创业板市场的股票等，投资者可根据各自实际、操作风格等分别适量买入并持有；不同行业股票的搭配——金融、钢铁、航空、电力、基建等，投资者在品种选择时也要注意分散配置，适量买入；不同价位股票的搭配——除了要充分考虑不同品种内在估值外，还要有意识地分别买入不同价位的股票，做到不同价位股票之间的有机配置。

学会“俯卧撑”，做好“三精选”

仓位、品种确定后，接下来的操作策略主要有两种：一种是耐心持股、长线投资。对于绝大多数投资者来说，选择此法操作显得较为稳妥，不失为上策。还有一种是利用大盘和个股的波动，通过及时有效的“俯卧撑”操作——踏准节奏，高抛低吸，去争取反弹初期正常收益之外的“超额收益”，尽力让利润达到较大化的程度。

“俯卧撑”的操作技法主要体现在“三精选”上。

一是精选对象。

在选择卖出的品种时，原则上要选择突然大涨的股票，曾经低吸、在反弹中已经获利的股票，以及时价高于之前卖出价（即越涨越卖）的股票；在选择买入品种时，原则上要选择突然大跌的股票，曾经高抛、在下跌中已有正差的股票，以及时价低于之前买入价（即越跌越买）的股票。

二是精选时机。

简言之，就是要在急涨时卖、急跌时买。但在反弹初期也会出现这样的情况：当个股普涨后，时常会出现卖易买难的情形，即每次卖出非常容易，但很难以正差的价格买回来。一旦出现这种情况，一定要注意卖前谨慎抉择、卖后及时接回，只要确保按计划、有正差、能接回即可。尤其需要注意的是，既不要指望买得最低、卖得最高，又要严格按计划的价格做到该买则买、该卖则卖，防止错失机会、铸成大错。

三是精选价格。

反弹初期进行的“俯卧撑”操作目的只有一个——通过正差操作扩大投资收益。因此，确保每次卖出都比之前的买入价要高，每次买入都比之前的卖出价要低，也是进行“俯卧撑”操作的一大关键。只有当股价严重偏高、卖出机会难得、持有风险较大时，才可以比原买入价更低的价格反差卖出；当股价严重超跌、买入的风险较小、机会较大时，才可以比原卖出价更高的价格反差买入。当然，应尽量控制这样的“反向”操作，否则就会导致追涨杀跌次数的增加，最终出现不赚反亏的窘境。

总之，行情一旦进入反弹阶段尤其是反弹初期，投资者只要不“挂空挡”——确保持有足够数量的筹码，不“跟风跑”——低吸并耐心持有精心选择的潜力股，通过交易对象、时机和价格的正确选择，巧妙运用“俯卧撑”的独特技法，踏准节奏、高抛低吸，就能把握反弹初期的投资机会，取得反弹初期的理想收益。

如何搭自救“顺风车”

炒股，谁都想搭主力自救“顺风车”，但前提是要有“车”可搭。实际上，在股市2000多只投资品种里，无时不有这样的主力自救“顺风车”，就看投资者能否及时发现、趁机搭乘——

在日常交易中，没有投资者不希望抄到大底、买得最低；同样，没有投资者不希望买入的股票立即大涨，跑赢指数。之前，笔者还真碰到过这样的巧事。2011年10月12日、24日，笔者两次买入中国铁建，价格分别为4.43元、4.32元（综合持股成本4.40元），不仅抄到了中国铁建上市三年半以来的历史大底（最低价4.26元），而且取得了较好收益。自10月24日低点起，至11月11日收盘，在15个交易日里，买入的中国铁建大涨11.89%，跑赢指数4.35个百分点（同期上证指数涨7.54%）。

与以往抄到大底、跑赢指数不同的是，这一次，搭的是主力自救“顺风车”。

“顺风车”就在身边

炒股，谁都想搭“顺风车”，但前提是要有“车”可搭。实际上，在股市2000多只股票里，无时不有这样的主力自救“顺风车”，就看投资者能否及时发现、趁机搭乘。发现“顺风车”的方法，笔者的体会是“四看”。

一是通过报表看有无主力。这是股票成为主力自救“顺风车”的前提。发现股票有无主力入驻最靠谱的方法是看报表：每年的中报、年报和两次季报，重点关注报表上记载的“十大流通股东”持股数、占流通股比例等情况，特别是增减情况和股东性质。如果披露的“十大流通股东”出现了新增大量筹码的大股东，性质又是证券公司、社保基金、投资基金、保险理财、券商理财等实力机构，说明主力在增持，机构进场了。

以中国铁建为例。笔者在研读报表时发现，该股出现了大股东大量增持股份的情况，不仅在一季报前10大流通股东中有8家进行了增持，而且在三季报中又有7家机构进行了不同程度的增持。一般情况下，这种前“十大流通股东”大量增持的股票，日后成为主力自救“顺风车”的可能性较大，且增持股数越多、占流通股比例越高，说明主力入驻的程度越深，越有可能率先启动。

此外，在察看“十大流通股东”增持情况的同时，还要观察退出情况。若新增大于退出，说明主力在进驻，反之则说明主力在退出，所以二者要结合起来观察，防止顾此失彼。

二是通过图形看被套与否。在确定主力入驻的同时，还要关注其持仓成本，进而判断其是否被套。方法是查看K线图，将主力建仓期的最高价、最低价换算成平均价（可估算），再与最新价进行比较，如果最新价低于平均价，说明主力被套；反之，说明已经获利。对于主力获利的股票，投资者宜远离。只有当主力被套时，该股才有可能成为主力自救的“顺风车”，投资者才有必要加以重点关注。如，笔者两次买入中国铁建时不仅其最新价远低于平均价，而且连续创出上市三年半以来的新低，说明主力严重被套，此股成为主力自救“顺风车”的可能性大大增加。

三是通过数据看是否错杀。除了观察主力有无入驻、是否被套外，还要看被套的原因——是错杀（非正常下跌）还是估值回归（基本面变坏而导致的正常下跌）。若属于前者，可重点关注，否则应予以放弃。譬如，中国铁建三季报显示，基本每股收益为0.40元，加权平均净资产收益率达8.37%，归属于上市公司股东的每股净资产更是高达5.01元。基本数据如此优异的股票出现如此大幅下跌，显然存在因错杀而成为主力自救“顺风车”的可能性。

四是通过资讯看是否会自救。一般情况下，只要凭以上“三看”即可判断出相关股票是否成为“顺风车”的可能，但如果再加上大量最新的资讯，如利空不断时投资者一片恐慌、纷纷“割肉”，利多频发时投资者视而不见、极度麻木等，确定性就会更大。譬如，通过分析全部上市公司三季报不难发现，中国铁建已成为“券商三季度增持数量最多的10只个股”之一，而且利好资讯接踵而至：合作开发湛江东海岛、“涉水”组建港航局、接连收到中标通知书等。所以笔者感到，这种利好不断却备受冷落的股票极有可能率先成为主力自救的“顺风车”。

总之，通过以上“四看”，若发现关注的股票同时具有主力入驻、筹码被套、属于错杀、资讯密集等特点，则极有可能成为主力自救“顺风车”，一旦行情启动，往往会因主力自救而率先启动，投资者可密切关注、择机搭乘。

> **若发现关注的股票同时具有主力入驻、筹码被套、属于错杀、资讯密集等特点，则极有可能成为主力自救“顺风车”，一旦行情启动，往往会因主力自救而率先启动，投资者可密切关注、择机搭乘。**

“顺风车”并不难搭

有了“顺风车”，还得会搭乘。一方面，要敢于搭。否则，即使“顺风车”再多、再好，也毫无意义。另一方面，要善于搭。只有方法正确、科学搭乘，才会搭出效益、达到目的。笔者12日买入中国铁建（4.43元，4500股）这一操作，正是在判断该股极有可能成为主力自救“顺风车”的基础上采取的搭乘行动，具体方法如下。

一是要有搭的理由——为什么买此股，不买彼股？笔者搭乘中国铁建“顺风车”的理由主要是鉴于低成本的考虑：3年前该股最高价13.03元，搭“顺风车”时只有4.43元，股价只有当时最高价的1/3，此时买入意味着在过去三年多时间里建仓者中持股成本是最低的，也就是搭乘的“起点”最早、“票价”最低，故毫不犹豫地选择了买入。

二是寻找搭的时机——为什么此时买，彼时不买？笔者买入中国铁建时，该股不仅正好筑了个漂亮的双底图形，两次触及4.28元的底价，而且在12日上午股市大涨后，在笔者关注的中国北车、中海集运和中国铁建这三个待买品种中，涨幅也是最小的——中国北车涨5.15%、中海集运涨4.08%，而中国铁建涨幅只有2.78%，按照“弃高择低”原则，此时买入中国铁建较为合适。

三是分析搭的优势——为什么选择买入，不是卖出？记得在笔者之前，投资者B曾于3月8日以7.08元的价格买入中国铁建3600股。时间过去了半年多，股票的基本面没变但股价却发生了大变样——花不到20000元钱就能买

4500元。换言之，同样是4500股中国铁建，若在当时买需花费31860元，如今买只需19935元，节省支出11925元，这些省下来的钱相当于如今持股成本的59.82%，“隐性收益”十分丰厚。

四是讲究搭的方法——为什么能及时搭乘，没有踏空？买中国铁建时笔者有个心理价位——4.40元，但上午收盘后盘口显示的卖一价是4.43元，量3013手；买一价是4.42元，量1158手，看似卖盘大于买盘，前景不容乐观，但实际上卖压并不重，要确保成交必须临时调整计划，故以4.43元做了买入委托。尽管买入价比计划价要高，但与市场平均持股成本以及日后可能带来的盈利相比，这0.03元的“超支”实际上是值得的。

另外，在12日以4.43元买入中国铁建4500股的基础上，当该股继续下跌，出现了更好买点、手头又有余资（回转交易多出来的资金）时，于24日再次买入中国铁建1600股，价格4.32元。

“顺风车”重在巧搭

同样的“顺风车”出现在投资者面前，有人搭得好，总是事半功倍、收获多多；有人却搭不好，要么犹豫不决、错失机会，要么不得要领、适得其反。实际上，巧搭“顺风车”，无需高招，拥有“三招”即可。

该买则买且做好付出代价的准备也是搭“顺风车”时的一大要诀。此举说明，没有好记性不行，但仅有好记性而不打算付出代价，同样难有魄力，难以搭上主力自救的“顺风车”。

——有记性，才有魄力。

搭“顺风车”需要有记性，有记性才会有魄力、敢搭乘。从两次买入中国铁建可以看出，之所以能在成交低迷、众人恐慌时敢搭这班“顺风车”，正是记性帮了大忙。但有时记性又是把双刃剑，笔者买入中国铁建始于3月2日，买后不久就被套，之后又多次补仓、多次被套。从买入到被套，回过头来看过去，似乎买得早了、高了，且这一切也都是记性惹的祸。但晚点买，既可能买得更低，也可能错失机会。所以，该买则买且做好付出代价的准备也是搭“顺风车”时的一大要诀。此举说明，没有好记性不行，但仅有好记性而不打算付出代价，同样难有魄力，难以搭上主力自救的“顺风车”。

——有未来，才有底气。

上述操作之所以能取得预期收益的另一关键在于：买入中国铁建后能够拿得住，既包括买入后被套的股票，也包括抄到“大底”后获利的筹码。事实上，从首次买入起到最后一次抄到“大底”，期间出现了一定程度的下跌，如果拿不住，不仅前期买入的股票难以解套，而且日后也抄不到“大底”。之所以有拿得住的底气，关键是对买入的股票充满自信。表面看，大家都认为该股运行在下降通道，利空不断，该股不会有什么起色。实际上，该股基本面并没有发生变化，国家的产业政策及对该股影响也没有实质性改变，笔者甚至亲眼目睹所在城市该公司的施工现场一切正常，种种迹象表明没有理由不对该股未来充满信心。

——有目标，才有方向。

不少投资者也有过搭“顺风车”的经历，买入的是好股票，买入价也够低，但总是来来回回坐电梯，因而收获不大。一大原因是没有目标、没有方向，涨了还看涨，所以没有及时“下车”；跌了还看跌，所以没有及时“搭上”，浪费了不少机会。如果有明确的目标，并按计划执行，起点上“车”、到“站”就下，就能有效避免上述问题的出现。

简言之，巧搭主力自救“顺风车”，需要有记性、有未来、有目标，这既是笔者操作中国铁建的实际感受，同时也是充满变数的资本市场给予投资者的重要提醒。

“下半场”难题怎么破解

在短期内股市难有大的起色、单边大牛市迹象不明显的情况下，通过正确的仓位控制达到“退一进二”的操作效果，应是普通投资者在接下来的“下半场”操作中成功打破“赚钱难”僵局的有效途径——

截止6月29日收盘，2012年股市的“上半场”交易已经结束。单从指数看，似乎坐了趟“过山车”——经过几番起落，最终又回到了原点。但就个股而言，“命运”却大不相同，不仅分化严重，而且操作节奏很难把握。即使是入市多年的老股民，也纷纷就“上半场”股市走势发出这样的感叹：炒股赚钱越来越难了。

时值股市“下半场”交易开始之际，普通投资者思考最多的问题是，指数还会像“上半场”那样不停地折腾吗？面对充满变数的股市，“赚钱难”僵局能打破吗？

个股出现分化，赚钱难度加大

如果用一句话概括2012年“上半场”股市的走势特点，那就是走出了典型的“过山车”行情。两市主要股指虽有上涨但涨幅不大，上证指数涨1.18%，深证成指涨6.52%，平均涨3.85%。与此同时，个股出现了明显分化。在可比的2383只股票中，跑赢指数（涨幅大于3.85%）的有1124只，占总数的47.17%。其中，涨幅超过100%的有13只，超过50%的有86只，超过20%的有482只，这些涨幅大的牛股让耐心持有的投资者获得了理想回报。

但位居跌幅榜前列的熊股却让死守的投资者亏损累累。在上述可比的股票中，跑输指数（逆市下跌或涨幅小于3.85%）的有1259只，占总数的52.83%。其中，逆市下跌的股票多达1006只，占42.22%，更有147只股票跌幅超过20%，大立科技更是大跌50.03%，位居“上半场”跌幅榜首位。

在操作层面，除了持股不动者因涨跌互现而胜负难分外，短线操作的结果极端的情况有两种：一是踏准节奏、高抛低吸的投资者，无论操作的是牛股还是熊股，都能取得一定的收益；二是心态不稳、追涨杀跌的投资者，最终结果无疑将盈少亏多。

参与“上半场”交易的投资者普遍感到，指数涨的时候，持有的股票小涨甚至不涨，指数跌的时候，持有的股票却总是大跌甚至暴跌，股市投资出现了前所少有的“赚钱难”僵局。以至于一个有着多年投资经历的老股民发出了这样的感叹：“这是一个最坏的时代，也是一个全新的时代。从个体角度而言，未来将只有精英散户，才能在A股生存。”这也从一个侧面道出了如今股市赚钱之难。

多措并举打破“赚钱难”僵局

6月29日收市后，笔者照例对前6个月的投资做了个“半年盘点”。结果发现，年初几乎满仓持有的8只股票涨跌互现、起伏不大，对应的市值应该变化不大。但查看账户后笔者发现，在上证指数半年微涨1.18%的情况下，账户总值大涨13.16%，取得了跑赢指数11.98个百分点的良好收益。

> **“波动市”对于长线持股的投资者来说，恐怕难以取得好的收益，但对于擅长短线交易的投资者来说，恰恰提供了难得的高抛低吸机会。只有控制好了仓位，确保做到涨时多涨点，跌时少跌点，才能在“波动市”里达到账户总值“退一进二”的操作效果。**

通过分析“上半场”的操作笔者还发现，之所以能在个股起色不大的情况下取得良好收益，获得意外惊喜，主要得益于“退一进二”操作法的正确运用。由此笔者感到，投资者要想在接下来的“下半场”交易中打破“赚钱难”僵局，牢牢把握操作中的主动权，必须学会适应，积极应对、多措并举、综合发力，特别是“退一进二”操作法的灵活运用。

第一，通过正确的仓位控制达到“退一进二”效果。作为投资者，如果能够赶上一轮大牛市，进而采取仓位不变、持股不动的策略，当然是最简便也是最有效的操作方法。但在当前市场持续波动、操作难度不断加大的特殊时期，如果一味死守，就很难取得理想收益。

面对“波动市”，一方面，要看到这种波动既是坏事也是好事。“波动市”对于长线持股的投资者来说，恐怕难以取得好的收益，但对于擅长短线交易的投资者来说，恰恰提供了难得的高抛低吸机会，从这一点看，“波动市”实际上又由坏事变成了好事；另一方面，要在实际操作中设法让“潜在好事”变成实际收益，通过养成良好的控仓习惯，进行灵活适度的进出，积极应对股市的大幅波动，适应市场的这一特点。只有控制好了仓位，确保做到涨时多涨点，跌时少跌点，才能在“波动市”里达到账户总值“退一进二”的操作效果。

第二，通过正确的心理调适解决贪婪恐惧问题。“退一进二”操作法的核心是控制仓位，但控制仓位说起来容易做起来难。要想控制好仓位，关键是要通过正确的心理调适，及时有效地解决贪婪恐惧问题。一方面，要通过必要的心理调适，给控制仓位一个相对正确的理由。只有用正确的理由做支撑，才能确保控制仓位的正确、适度。当然，这种理由必须是个性化的理由而不是大众化的理由；另一方面，必要的心理调适能有效解决控制仓位之后面临的一系列问题。譬如，减仓后一旦踏空面临的最大问题便是该继续持币观望还是追涨买入；再如，当加仓后一旦被套面临的最大问题又成了究竟该就地趴下还是“割肉”离场。控制仓位中常见的这些贪婪恐惧问题只有通过正确的心理调适，才能得到妥善的解决。

第三，通过正确的操作技法缓解“逃顶抄底”难题。控制仓位的极端两头实际上就是逃顶和抄底。逃顶怎么“逃”？重在解决四大问题：一是何时逃。一般情况下，当大盘和个股运行在一定低位时只要一路持有即可，但当上涨时间较长或涨幅较大时，就应事先设立一个点位或价位，并以此开始进行逃顶。二是逃多少。即分段分批逃顶还是一次性逃顶。三是逃什么。当确定逃顶时，还要精选卖出品种，一般选择阶段涨幅较大者作为首先逃顶的品种。四是逃后怎么办。一方面，要有良好心态，无论卖出的股票涨还是跌，都能正确面对；另一方面，当准备再次买回时，应多正差低吸、少换股追涨。抄底也一样，同样需解决时机、数量、品种和后续操作计划这四个问题。

打破“赚钱难”僵局须综合发力

在短期内股市难有大的起色、单边大牛市迹象不明显的情况下，通过正确的仓位控制，有进有退、进退结合、踏准节奏、高抛低吸，最终达到“退一进二”的操作效果，应是普通投资者打破“赚钱难”僵局的有效途径。但“退一进二”操作法的实际运用，也有一些需要注意的问题，主要包括三个方面。

第一，离不开反向思维。熟练运用“退一进二”操作法的关键是要做到有进有退、进退结合。在仓位控制方面，就是要随着大盘和个股的不断上涨，当多数投资者只想着追涨加仓的时候把仓位逐渐地降下来，尤其是要将一些在低位买入的获利筹码逢高分批卖出去；随着大盘和个股的不断下跌，当多数投资者出现恐慌、纷纷“割肉”离场时再把仓位逐渐地加上去，尤其是要将那些在高位卖出的筹码以正差的价格低吸回来。一段时间后即可发现，每当大盘和个股涨的时候，账户市值总能“多涨”，大盘和个股跌的时候账户市值总能“少跌”，经过多次这样的“加减仓位”操作，虽然最终持仓品种和数量没有任何变化，但账户资金却像滚雪球一样持续地增加，这便是“退一进二”操作法的神奇之处。但在确定“加减仓位”的时机和数量时，离不开投资者的反向思维。

第二，离不开周密计划。“退一进二”操作法的最大敌人是盲动：盘前无计划、盘中不执行、盘后再后悔。之所以会出现一些投资者事先的“美好想法”得不到正确实施，抑或交易结束后时常产生后悔情绪，大多与缺乏计划、盲目交易有关。因此，投资者在进行“退一进二”操作的时候，一定要养成按计划交易的习惯，利用周末或晚间空闲时间，在综合分析宏观面、技术面以及操作的流畅程度基础上，冷静、理性、客观地制定好日后交易计划。如此操作，能最大限度地避免交易期间行情波动和收市之后各种点评对操作情绪的影响和实际交易的干扰，进而确保“退一进二”操作法的有效实施。

第三，离不开两手准备。任何炒股方法，即使算计得再好，也难有100%的胜算和把握，包括“退一进二”操作法。因此，做好充分的两手准备显得尤为重要。一方面，要做好上涨、大涨乃至暴涨的思想准备，始终保持一定的仓位，尽量不用空仓法操作；另一方面，也要有下跌、大跌乃至暴跌的心理预期，始终留有一定比例的资金，尽量不用满仓法操作。这是因为，多数交易时间里投资者所看到的表面上的多空平衡会因情况的突然变化而随时发生变化。譬如，在低位，一些不愿割肉的筹码随着暴跌的发生，当心理承受能力挑战极限时也会自动交出“割肉盘”。此时，需要做的不是跟着割肉，而是逢低吸纳。高位也一样，一些不愿买股的资金随着暴涨的出现，当心理承受能力挑战极限时也会参与追涨。此时，需要做的同样不是跟着追涨，而是逢高卖出。“退一进二”操作法的灵活运用很大程度上正是得益于操作中的两手准备，这也是投资者在“下半场”的交易中有效打破“赚钱难”僵局必不可少的前提之一。

第5章 长 短

长线投资不等于一味死守，高水平的投资者往往会在长线投资的同时适度穿插一些灵活、有效的短线操作，做到长中有短、长短结合。

长线持股须有分寸

长线投资，远非一些投资者所想象的那么简单，同样需要讲究策略、方法和艺术。长线投资既要持股不动（或持币观望），也要静中有动、动中有静，有长有短、长短结合，不同方法相互渗透、多种策略融为一体——

炒股，是一种技术细活，更是一门遗憾艺术。几乎所有的投资者都不可能在操作中做到十分满意、不留遗憾。譬如，短线操作所带来的收获赶不上长线投资，频繁进出所取得的业绩远不及持股不动，就曾给不少投资者留下许多遗憾。

的确，在许多时候，投资收益大小与操作节奏快慢没有必然的联系。相反，“勤快不如懒惰”、“短线不如长线”这种看似不可思议实则客观存在的炒股现象却随处可见。于是，不少投资者在经历太多的挫折、教训之后渐渐悟出真谛，并调整操作策略，选择长线投资，持股不动或持币观望。

那么，长线投资是否等于一味死守，在牛市只要买入股票后一路持有，在熊市只要卖出股票后持币观望即可？实际上，长线投资远不是一些投资者所想象的那么简单，长线投资同样要讲究策略、方法和艺术。现介绍几种常见的长线投资方法，供投资者参考。

持股不动

这是最基本、最常用的长线投资方法，在大盘趋势保持向上、所持股票走势强于大盘时被许多投资者普遍采用。用好这一方法，重在把握三个环节。

一是买入环节。包括品种选择要“强”，时机选择要“早”，仓位选择要“重”等。简言之，就是要以最快的速度，尽最大的可能，买入最强势的股票。

> **长线投资不等于一味死守，高水平的投资者往往会在长线投资的同时适度穿插一些灵活、有效的短线操作，做到长中有短、长短结合。这也是区别于“纯长线”或“纯短线”操作的一种更为合理、奏效的长线投资方法。**

二是持有环节。买入股票后要能拿得住，做到这一点看似简单实则不易，需要经受住三个考验：大盘和个股“跳水”时市值缩水的考验，大盘和个股井喷时想获利了结的考验，以及出现高抛低吸机会时想博取差价的考验。只有经受住了这三个考验的投资者才拿得住股票。

三是卖出环节。持股不动不等于“永久持股”，它是一种根据投资者的预期，持有期相对较长的投资方法。长线投资的最终目的同样是为了卖出，而且想卖个更高的价格，取得更好的收益。把握好卖出环节的关键：①要有目标位。从买入股票之日起，投资者就要明确所买股票的预期目标价；②到价即卖出。一旦股价达到或冲破目标位，就应毫不犹豫地卖出所持股票，至此一个完整的长线投资周期才算结束；③卖后不后悔。卖出后，无论股价下跌还是上涨，投资者都能坦然面对，尤其是当股价上涨时也能做到卖后不悔。

持币观望

说起长线投资，许多人想到的仅仅是买入股票后持有不动，殊不知还有另一种长线投资方式——持币观望。**相对于持股不动来说，持币观望同样是一种简单实用的长线投资方法。**事实表明，投资者如果仅会用持股不动方法而不善于持币观望，结果常常“坐电梯”，投资收益也会受到严重影响。

持币观望一般在熊市或“挣扎市”里采用。操作方法主要有二：一是让资金“闲着”。卖出股票后的资金直接留在资金账户里备用；二是派其他用场——用腾出来的资金去申购新股或转入银行存定期。这样做，虽然会失去一些短线机会，但由于较好地保存了资金实力，一旦行情转暖，发现理想的建仓品种时，即可为精确出击提供资金保障。

长中有短

长线投资不等于一味死守，高水平的投资者往往会在长线投资的同时适度穿插一些灵活、有效的短线操作，做到长中有短、长短结合。这也是区别于“纯长线”或“纯短线”操作的一种更为合理、奏效的长线投资方法。

在实际操作中，不同的长线投资者（持股或持币）需有不同的操作方法：持股的长线投资者须先卖后买，即先高抛所持股票，再择机逢低买回；持币的长线投资者须先买后卖，即先逢低买入所选股票，再择机找高点卖出。操作数量视确定性大小而定，当确定性较大时，可动用大部甚至全部股票或资金进行长中有短操作。当确定性不大时，应少用或不用长中有短方法。无论是持股或持币的投资者，进行长中有短操作的目的都是为了赚取正差收益，在确保长线投资性质不变的同时进一步提高股票或资金的利用率，增加投资收益。能否达到这一目的，也是衡量“长中有短”投资方法正确与否的唯一标准。

滚动操作

除了“长中有短”这种在单一品种内部进行的高抛低吸操作外，投资者还可在两个不同品种之间进行来回操作，进行交易，这种方法通常称之为“滚动操作”。

譬如，某投资者长线持有A股票，当预期A将横盘或下跌，而另一非长线投资品种B却存在短线上涨可能，此时就可用A股票去换B股票，即先将A股票卖出再买入B股票。当B股票到达目标位后便将其卖出并逢低买回A股票。操作结果为：既不改变长线投资初衷，又能达到筹码不变、资金增加的目的。可能出现的结果大致有四：一是A涨B跌，二是A跌B涨，三是A、B都涨，四是A、B都跌。但无论哪种情形，都要力求做到“筹码不变、资金增加”，或“资金不变、筹码增加”。

声东击西

在确保“底仓”筹码不丢的前提下，将“短炒”对象拓展到A、B之外的其他股票上，这种操作方法便称之为“声东击西”投资法。此法的特点是：选择的范围更广、获利的几率更高，但可能遭受的投资风险也更大。所以，这也是所有长线投资方法中难度更大、要求更高的操作方法，把握不大的投资者不建议频繁采用。采用此法取胜的关键在于品种要熟悉、心态要摆正，且在操作中能对相关股票做到进出自如、得心应手，“你来玩转股票”而不是“被股票牵着走”。否则，极有可能偷鸡不成蚀把米，要么筹码丢失，要么资金缩水。

长线投资方法除了上述几种外还有很多，投资者不仅可以在同一板块、同一市场内进行操作，还可在不同板块、不同市场之间采取灵活多样的方法进行长线投资，使长线投资品种或资金的作用得到最大限度的发挥。

长线投资实际上是一种静中有动、动中有静，有长有短、长短结合，不同方法相互渗透、多种策略融为一体的投资方法。用好这一方法需注意三个问题。

一要明确操作对象。既要确保待买品种未来走势强于大盘和待卖品种，又要确保待卖品种日后走势弱于大盘或处于下降通道中，没有把握或胜算不大的股票不宜轻易出击，以免做反。

二要明确操作方法。无论采取哪种方法，都是鉴于长线投资基础上进行的操作，特别是要防止随着操作频率的加快和总量的增加，逐渐迷失了方向甚至出现“长线变短线”、“逐利变被套”窘境。要做到这一点，买卖时机的把握十分关键，原则上要在冲高过程中卖出，股价回调时介入。

三要明确操作目的。始终牢记长线操作的目的：筹码不变、资金增加，或资金不变、筹码增加。一段时间后，为了检验操作效果，投资者还可拿资产总值与大盘指数做些比较。**通过采取不同形式的长线操作方法，若在指数不变的情况下能使账户总值多起来，或在账户总值不变的情况下指数出现下跌，都是正确的长线投资**；反之则是错误的操作，投资者须格外小心、尽力避免。

巧打“闪电战”与“擦边球”

作为一种机会与风险并存的交易方式，“T+0”操作法既具有诱人的机会，又存在一定的风险。普通投资者只要掌握了“T+0”交易的特点和技法，打赢“闪电战”也就有了坚实的基础——

按照股市交易的周期长短区分，极端的交易方式有两种：一是“持久战”，二是“闪电战”。前者一般指买入股票后长线持有，或卖出股票后长期空仓；后者则是指以快进快出的方式交易——或买入股票后快速卖出，或卖出股票后快速买入。

相对“持久战”，“闪电战”交易方式比较激进，操作难度较大。因此，对投资者的操作技法要求较高，尤其是当天就完成逆转交易的“T+0”操作方式。

实例：神奇的“T+0”

所谓“T+0”，指的是一种证券交易制度，即当天买入的股票在当天就可以卖出的交易制度。现阶段，沪深交易所对股票和基金均实行“T+1”的交易方式，即当天买进的股票要到下一个交易日才能卖出；但对资金仍实行“T+0”交易方式，即当日卖出股票后回笼的资金马上就可以使用。

在现行股票和基金均实行“T+1”交易制度的背景下，投资者只要合理利用现行规则，采取适当的操作方式，也能做类似“T+0”这样的交易，不必等新的交易制度出台后再来“T+0”。

先看实例。

2012 年 11 月 1 日，笔者共做了 4 笔操作：先卖出中国北车 6000 股（4.10 元），接着买入新疆城建 4200 股（5.35 元），再卖出新疆城建 4200 股（5.55 元），最后买回中国北车 6000 股（4.01 元）（见下表）。

2012 年 11 月 1 日“T+0”交易实盘操作清单

交易序号	交易方向	交易品种	成交价格（元）	成交数量（股）
1	卖出	中国北车	4.10	6000
2	买入	新疆城建	5.35	4200
3	卖出	新疆城建	5.55	4200
4	买入	中国北车	4.01	6000

注：交易前账户余资 9399 元，交易后账户余资 10662 元。交易后与交易前相比，筹码不变，账户资金多出 1263 元。

不难看出，上述 4 笔操作实际上是由两组“T+0”组成，分别是：先卖后买中国北车的“T+0”，以及先买后卖新疆城建的“T+0”。前者一般称逆向“T+0”（先卖后买），后者一般称顺向“T+0”（先买后卖）。

再看结果：中国北车的逆向“T+0”交易后，账户内筹码不变（不多也不少），但多出资金 480 元；新疆城建的顺向“T+0”交易后，筹码依然不变，但又多出资金 783 元。二者合计，多出资金 1263 元，即在股票账户保持不变的情况下，资金账户却比交易前多出了 1263 元。

再将上述结果与指数做一比较：11 月 1 日，上证指数涨 1.72%，中国北车涨 0.50%，“T+0”操作后多出来的资金相当于又使中国北车上涨了 5.28%（1263 元/23940 元），二者相加，合计涨幅达 5.78%。这一涨幅使得本来跑输指数 1.22 个百分点的中国北车，变成了跑赢指数 4.06 个百分点，这就是“T+0”交易带来的神奇结果。

操作表明，在现行交易制度下，投资者不仅可以利用规则，稍做准备便能进行“T+0”操作，而且只要方法正确、操作得法，取得正向收益的概率很大。其中的好处，一方面体现在眼下股市持续震荡的背景下，在主体仓位保持不变的同时，通过适量的“T+0”操作，能让账户资金持续增加，投资收益稳步提高；另一方面告诉投资者，正确的“T+0”操作还有利于提高交易技法，增加操作灵感，保持股市交易的激情与活力。

技法：微妙的“T+0”

利用现行交易规则实施正确的“T+0”交易，可谓好处多多，但“T+0”交易毕竟不同于普通操作方式，其中的操作技法有许多微妙之处，投资者若操作不当、节奏失调，也会不赢反亏，适得其反。因此，要想取得“T+0”交易的理想效果，达到“T+0”交易的预期目的，还须拥有一定的交易技法，采取相应的操作策略。

一是精选品种，制订计划。

参与“T+0”交易的对象，不仅要在投资者长期关注、非常熟悉的品种里选择，而且要在这些品种里寻找之前曾经卖出、如今股价下跌、已经调整到位的品种，作为“T+0”操作的“先买”品种；之前曾经买入、如今股价上涨、出现滞涨症状的品种，作为“先卖”对象。即使这两个“双赢”条件不能同时具备，也须确保“一盈一亏”且总体结果仍然为“盈利”。

对于顺向“T+0”（先买后卖）交易计划，账户里还须确保有足够数量的底仓，即拟“先买”多少股票、准备随后卖出多少股票，账户里的原有品种就不能少于这一数量，否则将无法在当天卖出（现有交易制度限制）。

如上例中拟买新疆城建（4200股，5.35元），针对的正是之前5.90元卖出这一操作，拟卖中国北车（6000股，4.01元），针对的则是之前4.11元买入这一操作。虽然前者将盈利2248元（已扣除交易费用，下同），后者将亏损660元，但总体仍盈利1588元，所以可作为“T+0”操作中“先买”及“先卖”品种。此法选“T+0”交易品种的好处在于，一旦交易后相关品种走势与预期相反，也能确保此时的交易是“正确”的——相对之前的操作，而不至于因品种选择错误导致投资损失。

在选好品种基础上，即可制定出具体的“T+0”交易计划，包括拟“先卖”和拟“先买”股票的名称、价格、数量及预期收益等，并将计划写在预先准备的活页纸上备用。值得一提的是，对于顺向“T+0”（先买后卖）交易计划，账户里还须确保有足够数量的底仓，即拟“先买”多少股票、准备随后卖出多少股票，账户里的原有品种就不能少于这一数量，否则将无法在当天卖出（现有交易制度限制）。

二是动态跟踪，及时微调。

计划制定后，一般无须立即进行“T+0”操作，随后或日后往往还有更好的“T+0”交易机会，只要对原计划不离不弃即可。在此期间，应做的主要工作是动态跟踪、耐心等待，并仔细观察是否出现了比交易计划更好的交易机会——拟卖股票的时价是否比计划卖出价更高，拟买股票的时价是否比计划买入价更低。一旦出现“更好”的买卖点，可随即调整“T+0”交易计划。如上例中，笔者根据实时价格变化，及时调整计划：拟买新疆城建价仍为5.35元，但拟卖中国北车价则由原来的4.01元提高至4.10元。随着交易计划的调整，此时的预期收益也与原来比出现了一定的变化——多出了540元，这实际上也使“T+0”操作进一步朝着“好上加好”的方向发展。

三是“急”时委托，下单要快。

一方面，无论是顺向“T+0”还是逆向“T+0”，无论是买入还是卖出，都要力求做到急涨时卖、急跌时买，且一旦看准时机，下单一定要快，否则极有可能失去机会。因为在行情持续震荡的情况下，股票最终封于涨停或打至跌停的概率毕竟比较低，只有做到急涨时卖、急跌时买，且快速下单，才能为“T+0”交易争取机会。另一方面，一旦“先买”、“先卖”操作顺利成交，就要密切关注行情变化，及时抓住回转机会，并在确保有利可图的情况下及时完成“后卖”、“后买”交易。只有这样，才能确保当日“T+0”操作的顺利完成。

在尝试“T+0”交易时，还须处理好以下三个关系。

首先是单向与双向的关系。理想的“T+0”是双向甚至多向的“T+0”，即卖出某一股票后，不立即买回该股票，而是利用回笼资金在别的股票上，通过先买后卖做一次甚至多次“T+0”操作，取得一次甚至多次正向收益后再正差买回原卖出的股票，达到双向甚至多向“T+0”的目的。但有时也会出现只能做单向“T+0”的情况。譬如，“先买”的股票已顺利卖出，但“先卖”的股票却无法正差买入，或“先卖”的股票已成功买入，但“先买”的股票又无法获利卖出等。一旦出现这种无法进行双向“T+0”情况时，就只做单向“T+0”即可，无须总是追求双向“T+0”交易。

其次是单股与双股的关系。只有“先卖后买”A股票，或“先买后卖”A股票，而没有别的操作的“T+0”称为单股“T+0”；既有A股票又有B股票的“T+0”称为双股“T+0”。相对而言，双股“T+0”操作起来比单股“T

+0”难度更大。因此，有能力进行双股“T+0”的投资者可适当采用这一方式操作。对于多数投资者来说，在进行双股“T+0”有难度的情况下，只做单股“T+0”也是正确的选择。

最后是单盈与双盈的关系。就双向“T+0”和双股“T+0”操作来说，结果有可能单盈（一盈一亏）、双盈或双亏。无论出现什么样的结果，应该都属“T+0”操作的正常现象。问题是，作为成功的“T+0”操作，要么就是双盈，要么就是单盈（但正负相抵后结果仍然要求是盈利的），就是不能双亏或单亏（正负相抵后结果仍然为亏损），这一点非常关键，这也是衡量“T+0”操作最终成功与否的唯一标准。

提醒：任性的“T+0”

“T+0”看似诱人，实则任性。操作得好，收益不菲，但若操作不当，也会适得其反。因此，**投资者在进行“T+0”操作时不可大意，甚或采取情绪化操作。一方面，不可全仓参与“T+0”操作，只能动用账户里少量筹码和资金适量参与；另一方面，不要奢望在进行“T+0”操作时总能卖得最高、买得最低，只要有利可图，结果“动比静好”即可。**另外，还要做好两手准备。由于股市风险的不可测性，无论是谁，不管在什么情况下进行“T+0”操作，都不可能有100%的胜算。只有在做好两手准备，拥有各种应对措施下进行的“T+0”，才是正确的“T+0”。

作为一种机会与风险并存的交易方式，“T+0”操作法既具有诱人的机会，又存在一定的风险。普通投资者只要掌握了“T+0”交易的特点和技法，打赢“闪电战”也就有了坚实的基础。

散户也能快速“秒杀”

若能在按照既定策略进行交易的同时，及时、精准地发现并抓住短线出击机会，通过稳、准、狠的“秒杀”动作达到意外获利的目的，无疑是许多投资者所追求的投资结果。“秒杀”并非只是高手们的专利，普通投资者也能成为“秒杀”的高手——

无论是长线投资还是短线操作，若能在按照既定策略进行交易的同时，及时、精准地发现并抓住短线出击机会，通过稳、准、狠的“秒杀”动作达到意外获利的目的，无疑是许多投资者所追求的投资结果。

作为一种快进快出的交易方法，“秒杀”并非只是高手们的专利，普通投资者只要精心谋划，认真准备，保持淡定，从容操作，也能成为玩“秒杀”的高手并取得预期效果。

“秒杀”带来意外收获

先来看实盘操作。2011 年 4 月 7 日，大盘指数始终围绕 3000 点一线进行上下震荡，震幅狭窄，只有 20 多点。不少个股也呈现出僵持特征，涨跌不多，上下两难。通过观察盘面走势，投资者不难得出这样的结论，此时操作缺乏交易性机会。

实际上并非如此。笔者感到，当行情处于上下两难之时，正是玩“秒杀”的绝好时机。思路既已确立，便付诸实施。

先制定计划。前市收盘后，笔者决定：卖出中国铁建（以下简称铁建）10000 股，计划卖出价 6.98 元；成交后再用腾出来的资金买入南方航空（以下简称南航）8100股，计划买入价7.75元。

再委托下单。下午开盘后，按照中午拟定的计划，以6.98元的价格卖出铁建10000股，并当即买入南航8100股，成交价7.74元。

最后，完成“绝杀”。下午收市前，当南航进行二次冲高时便以7.96元的价格迅速卖出当天买入的8100股筹码（借用底仓），获利后又以保本价（扣除交易费用后不亏的价格）将下午卖出的10000股铁建低吸回来，买入价6.96元。

从先卖铁建再买南航，到卖出南航接回铁建，前后不到2小时，一轮完整的“秒杀”动作宣告完成。“秒杀”结果，卖出的铁建当天买回（筹码不丢），买入的南航当天卖出（筹码不加），账户筹码不变但资金却比原来多出了1652元（已扣除包括手续费、印花税和过户费在内的全部交易成本），这就是“秒杀”带来的额外收益。

重在做好“四个选择”

只是“借”用了一下铁建的筹码，就在不到2小时里“秒杀”出了1652元现金收益，秘籍何在？笔者的体会是，一次精彩绝伦的“秒杀”关键在于做好“四个选择”。

其一，时机选择。

“秒杀”能否成功，前提在于时机选择。投资者一定要清楚什么时候适宜“秒杀”，什么时候不适宜。一般情况下，当大盘震荡横盘、指数涨跌不多，个股上蹿下跳、表现较为活跃时比较有利于“秒杀”操作。反之，当大盘处于单边市——只涨不跌或只跌不涨时，则不适合“秒杀”。因为在单边市下，“秒杀”对象极有可能出现买入的股票因不涨而“卖不出”，或卖出的股票因不跌而“买不进”这种“反预期”走法，因而不利于“秒杀”操作。

其二，方式选择。

常见的“秒杀”方式主要有两种：一种是单向式“秒杀”，包括向上“秒杀”和向下“秒杀”。向上“秒杀”是指在有资金余额和股票底仓的情况下通过先低吸后高抛来完成“秒杀”，向下“秒杀”是指在只有股票没有资金的情况下通过先高抛后低吸来实施的“秒杀”操作；另一种是双向式“秒杀”——

在卖出操作的同时往往伴随着买入动作，在买入的同时结合卖出操作。这种“秒杀”方式的本质是利用滞涨品种筹码（先卖后买）去“秒杀”潜在的大涨品种（先买后卖）。衡量“秒杀”操作正确与否的标准，不仅要求买入的股票上涨，而且要求卖出的股票下跌，至少要求在正差和反差相抵后结果仍为正差，即收益为正。因此，后一“秒杀”方式与前者相比操作起来难度更大、要求也更高。

其三，品种选择。

无论是时机选择还是方式选择，最终都离不开“秒杀”的对象——品种选择。以双向式“秒杀”为例，投资者在确定卖出品种时最好选择已经获利的股票，并在该股急冲过程中卖出。卖出后，该股一旦下跌可再补回，如果涨了则继续高抛账户里其余部分的同品种仓位。在确定买入品种时，重在把握三条原则：一是股价要“超跌”——绝对跌幅要尽可能大，尤以有利空“配合”的品种为佳，这类股票往往有“跌过头”之嫌疑，存在着强烈的反弹要求。如笔者买入的南航不仅严重超跌，股价已从前期高点 13 元大幅跌至当天最低价 7.68 元，跌幅超过 40%，而且当天正值《国家发改委关于提高成品油价格的通知》发出首日，即所谓的“利空出尽日”；二是股性要活跃，有足够的人气和市场影响力，从历史走势看，与其他股票相比股性相对比较活跃；三是底仓要充足，一旦在买入之后需要卖出时有足够的仓位可供“T+0”卖出。

其四，策略选择。

“台上一分钟，台下十年功”。“秒杀”也一样，真正操作起来时间很短，但操作前的谋划和准备却十分繁杂，不仅在什么时机采取什么方式选择什么品种等都要事先想清楚、计划好，而且在买卖操作后如果走势与预期一致该怎么办，万一“走反”又该怎么操作等也要在“秒杀”之前谋划妥当。与此同时，还要处理好计划与执行的关系，不仅在“秒杀”前要有严密的计划，而且在计划制定后要严格执行。“秒杀”操作的最大“敌人”是贪婪和恐惧，而战胜“敌人”的有力武器便是计划加执行。能否达到这种程度，又与执行的理由是否充分密不可分。无论买入还是卖出，只要有理由且坚决执行，就能战胜贪婪和恐惧。而且，这种理由无须有多么的高深莫测，只要能说服自己，做到买入的成本“够低”、卖出的价位“够高”即可。

牢记三条“注意事项”

“秒杀”，其实是把“双刃剑”——“杀”得好往往畅快淋漓，“杀”得不当常常适得其反。其注意事项主要有以下三点。

如果不是“卖出多少接回多少”或“能卖多少就买多少”，就会在“秒杀”机会降临时要么难以确定下单数量，造成“底仓”筹码不足，给盘中操作和盘后做账带来麻烦。

一是数量的确定要合理。“秒杀”与其他性质的操作不同，追求的是快速、干净、利落。因此，参与“秒杀”交易的筹码数量原则上应做到“卖出多少就接回多少”或“能卖多少就买多少”。以南航为例，当时卖出铁建所获得的资金足以买入8900股南航，但由于账户里的底仓（原有筹码数量）只有8100股，即使买入南航数量再多当天也只能卖出8100股，因此确定买入的数量为8100股，这实际上等于为随后卖出做好了筹码准备。否则，如果不是“卖出多少接回多少”或“能卖多少就买多少”，就会在“秒杀”机会降临时要么难以确定下单数量，造成“底仓”筹码不足，给盘中操作和盘后做账带来麻烦。所以，在确定买卖数量时要尽可能做到进出一致、科学合理，这一点也是“秒杀”有别于其他操作方式的显著特点。

二是时间的确定要适宜。重点是要防止“两头”（开盘不久和临近收市）交易。实际操作表明，过早（开盘不久）交易往往难有好价，过晚（即将收盘）交易太过仓促。投资者只要避开“两头”，中间任一时间操作都是较为理想的选择，关键要看指数和股价走势，尽量做到冲高时卖、杀跌时买。

三是方法的确定要科学。“秒杀”机会不是人人可求、时时可遇的，没有机会时不要刻意寻求“秒杀”机会，机会降临时也不要举棋不定、错失良机。有时望眼欲穿，但机会就是迟迟不降临，此时尤其要保持耐心，观望等待，切不可操之过急；有时不经意间机会却突然降临——买入的股票突然被拉起或卖出股票突然遇打压，每当这种“秒杀”机会出现时投资者就应及时抓住、果断出手。当出现特殊情况——下单成交后，股价走势与预期方向相反，即买入的股票下跌、卖出的股票上涨时，应先稳住阵脚，暂缓交易，待日后股价“拉回”、机会出现时再行“秒杀”。

高频交易的获利模式

适度的高频交易好处多多，不仅能避免追涨杀跌导致的市值损失，改变一味死守、“靠天吃饭”的被动局面，而且能在“磨底市”里取得超越大盘和个股的良好收益，使整个账户的市值始终保持曲线螺旋式上升的趋势，牢牢把握股市投资的主动权——

不操作往往就是最好的操作，这是许多老股民在股市摸爬滚打多年后得出的结论。如在牛市，满仓持股不操作取得的收益往往大于频繁交易；在熊市，持币观望不操作同样要胜于追涨杀跌。

相对不操作交易方式，高频交易只要心态稳定、方法正确，更能取得胜于不操作的投资收益，尤其是在大盘和个股处于涨少跌多、反复调整，投资者操作越发艰难的“磨底阶段”。

“磨底阶段”的秘密武器——高频交易法

每当股市进入熊市末期的“磨底阶段”，投资者就会感到操作难度加大。就操作方法而言，极端的情况大致有三种：一是盲目操作、追涨杀跌。不仅持有的筹码随大盘展开调整，而且由于操作不当，使得账户总值的缩水程度远超大盘和个股跌幅；二是持股不动、“靠天吃饭”。这种方法虽比盲目操作、追涨杀跌要好，但在大盘和个股调整中免不了出现市值同步缩水的情况，同样难以取得好的收益；三是在保持主仓位及总市值与大盘和个股涨跌同步起落的同时，通过连续的正差交易，反复的高抛低吸，让资金持续地增加，这就是“磨底阶段”炒股的秘密武器——高频交易法。

“磨底阶段”的高频交易法不仅在理论上行之有效，而且在实践中切实可行。

先来看操作。以操作东方航空为例，2012年6月20日收盘时，笔者持有东方航空4200股，收盘价4.07元，市值17094元，当天上证指数收于2292.88点。至8月17日收盘，近两个月时间（主要交易集中在后两周），利用东方航空与中科英华之间的高频交易，买、卖操作了12次，最终在东航股价下跌、所持筹码不变的情况下，取得了932元的额外收益，对应期初市值涨5.45%，大幅跑赢指数13.22个百分点（同期指数跌7.76%），不仅回避了大盘的系统性风险，而且抵消了个股本身下跌造成的市值损失（见表1）。

表1　　部分股票高频交易及资金增减情况

交易日期	交易清单	股票数量	资金增减（元）
交易前	上证指数（6月20日）2292.88点	东航4200股	0
6月21日	4.11元卖东方航空4200股	东航4200股	336
	4.04元买中科英华4200股		
8月7日	3.93元卖中科英华4200股		
	3.90元买东方航空4200股		
8月9日	3.92元卖东方航空4200股	东航4200股	213
	3.86元买中科英华4200股		
8月15日	3.83元卖中科英华4200股		
	3.82元买东方航空4200股		
8月16日	3.83元卖东方航空4200股	东航4200股	383
	3.76元买中科英华4200股		
8月17日	3.74元卖中科英华4200股		
	3.70元买东方航空4200股		
交易后	上证指数（8月17日）2114.89点	东航4200股	932

注：上证指数区间-7.76%；东航股价区间-9.09%；账户资金区间5.45%，较好地抵消了个股下跌带来的投资风险。

再来看结果。乍一看，两个月时间里的多次操作只取得932元收益似乎有些微不足道，但由于这是在大盘和个股大幅调整时取得的逆市收益，加之整个账户里有许多这样的小操作，汇聚之后就成了大收益。为说明问题，笔者专门对最近两周的高频交易情况和年初以来的市值涨跌做了比对，结果发现：当大盘小涨时，高频交易后的账户总值时常多涨。如 8 月 6 ~ 10 日，上证指数周涨幅只有 1.69%，但高频交易后的账户总值大涨 5.30%，跑赢指数 3.61 个百分点。

大盘大跌时，高频交易后的账户总值又能少跌。如 8 月 13 ~ 17 日，上证指数周跌幅 2.49%，高频交易后的市值下跌 3.21%，跑输指数 0.72 个百分点，远少于大盘上涨时市值跑赢指数的百分点。两周（8 月 6 ~ 17 日）综合之后，上证指数共跌 0.84%，市值却逆市上涨 1.93%，跑赢指数 2.77 个百分点。

高频交易最大的好处在于，交易后整个账户的市值始终保持着曲线螺旋式上升的趋势。仍以笔者为例，年初以来（1 月 1 日至 8 月 17 日），上证指数下跌 3.84%，高频交易后账户总值逆市上涨 7.14%，跑赢指数 10.98 个百分点（见表 2）。这一结果表明，正确的高频交易好处多多，不仅能避免追涨杀跌导致的市值损失，改变一味死守、“靠天吃饭”的被动局面，而且能在“磨底市”里取得超越大盘和个股的良好收益，牢牢把握股市投资的主动权。

高频交易最大的好处在于，交易后整个账户的市值始终保持着曲线螺旋式上升的趋势。

表 2　　最近两周及年初以来上证指数和账户市值变动表

区　分		上证指数涨跌（%）	账户市值变化	
			涨跌（%）	与指数比（百分点）
最近两周	8 月 6 ~ 10 日	1.69	5.30	3.61
	8 月 13 ~ 17 日	-2.49	-3.21	-0.72
	8 月 6 ~ 17 日	-0.84	1.93	2.77
年初以来	1 月 1 日至 8 月 17 日	-3.84	7.14	10.98

“流金淌银”需要合理搭配

在“磨底阶段”，通过正确的高频交易达到稳定获利的目的无疑已成为近期操作的秘诀之一。**要取得预期结果，既让固定筹码“流金淌银”，又让交易操作流畅有序，需要有良好的心态和扎实的功底，同时也离不开高频交易的重要前**

提——搭配工作的精致、到位。

首先，仓位和余资的搭配要科学，即账户里股票和资金的各自占比要适中。一般情况下，衡量股票和资金的各自占比是否适中只要用“三档法”检测一下即可：第一档：5∶5，即股票和资金各占50%，在大盘和个股处于相对居中位置时采用；第二档：4∶6或6∶4，即股票和资金分别占40%和60%或60%和40%，在大盘和个股处于略偏中位时采用，位置稍高时用前者比例搭配，稍低时用后者比例搭配；第三档：3∶7或7∶3，即股票和资金分别占30%和70%或70%和30%，在大盘和个股鉴于中位和极端位之间时采用，位置较高时用前者比例搭配，较低时用后者比例搭配。极端式的搭配方法如2∶8或8∶2、1∶9或9∶1、空仓或满仓等，应慎用。“磨底阶段”一般用7∶3或6∶4搭配法较为适宜，仓位一般不低于5成。这样，既可防止踏空，又可为“高频交易”提供充足的筹码供应和资金保障。

其次，不同股票的搭配要合理。仓位比例确定后，还要做好仓位内部不同品种之间的搭配工作。这是因为，若品种过于集中（只有1、2只股票），虽然可通过同一品种内部不同批次间的搭配降低风险，但当个股走势趋于极端时，操作起来就会十分被动——或深套或踏空；若品种过于分散（拥有十几甚至几十只股票），虽然能最大限度地分散风险，但却不利于集中有限资金实现投资收益最大化，且操作起来会比较费劲甚至感到手忙脚乱、不知所措。正确的品种搭配方法在于把握好其中的“度”：资金量中等（50万元左右）的投资者一般以持有5只股票为宜，每只股票占仓位量的20%；资金量较大（100万元以上）的投资者可适当增加股票只数，但不多于10只；资金量较小（10万元以下）的投资者则应减少股票只数，但不少于3只。如某投资者投入股市的资金总量为100万元，确定“磨底阶段”的持仓比例为70%（70万元），品种的数量就可确定在5只左右，每只持仓约14万元。

再次，不同批次的搭配要适度。即使确定好了单一品种的持仓量，也不宜采取一次性建仓法，而是要有若干个批次共同组成。单一品种持仓量中等（15万元左右）的投资者一般可分为5个批次建仓，每批次市值在3万元左右。这样，在进行高频交易时既增加了品种选择机会，又增加了批次选择可能；单一品种持仓量较大（30万元以上）的投资者可适当增加批次数量，但不宜超过10批；单一品种持仓量较小（10万元以下）的投资者则应减少批次数量，但不宜少于3批。

只有从以上三方面入手，做好了仓位和余资、不同股票间以及不同批次间的搭配工作，“磨底阶段”的高频交易才会有正确的前提和良好的基础。

高频交易的获利模式

搭配是进行高频交易的重要前提，但它不能代替高频交易本身，通常情况下，高频交易的获利模式靠的是指数和个股的上涨，以及操作时的高抛低吸，所以品种、时机和数量的确定显得非常关键。但在“磨底阶段”，在指数和个股跌易涨难的情况下，除了需要熟练掌握并运用常规的获利模式外，还要善于利用特殊的获利模式去争取高频交易收益的最大化。高频交易的特殊获利模式主要有三种。

一是指数下跌时的获利模式。

就高频交易结果而言，一般情况下只要搭配合理，指数上涨时市值也能随之上涨，买入的股票就能获利。但在“磨底阶段”，要是操作得法，在指数下跌时市值也能逆市上涨，买入的股票依然能够获利，这就是指数下跌时的获利模式。具体方法是：通过高频交易，当指数上涨时，让市值多涨点儿（除了股价的同步上涨外，再多出资金）。如上例“第一周”，上证指数只涨1.69%，但高频交易后的市值大涨5.30%，跑赢指数3.61个百分点；当指数下跌时，让市值少跌点儿（除了股价的同步下跌，让多出来的资金充抵损失）。如上例“第二周”，上证指数周跌幅2.49%，高频交易后的市值下跌3.21%，跑输指数0.72个百分点，远少于大盘上涨时市值跑赢指数的百分点。最终结果是，两周时间指数下跌但市值上涨。

二是个股下跌时的获利模式。

通常而言，当个股出现下跌，在持仓不变的情况下，市值也会随之缩水。但同样在个股下跌、持仓不变的情况下，通过正确的高频交易就能让资金多出来，达到抵消损失、由亏转盈的目的。如上例东方航空操作前持有4200股，高频交易后依然持有4200股，虽然东航股价由原来的4.07元跌至后来的3.70元，跌幅达9.09%，但却多出资金932元。这说明，通过高频交易，即使股价下跌也照样能够获利。

三是“追涨杀跌”时的获利模式。

“追涨杀跌”无疑是操作的大忌，但在高频交易中，“追涨杀跌”却成了独特的获利模式。如上例操作中，东方航空的6次交易全部都是高抛低吸，但中科英华的6次交易一半是“追涨杀跌”，即高买低卖。但即使是这样的“追涨杀跌”，与东方航空结合起来操作结果仍获得了正向收益，因此仍是正确的操作。值得一提的是，高频交易中的“追涨杀跌”是局部的，其损失程度明显小于另一品种高抛低吸带来的收益，正负相抵后结果仍然盈利。所以，在整体上确保获利的同时，适当进行一些局部层面的“追涨杀跌”也是正确的选择。

三大巧门应对踏空

踏空后的操作在多数情况下欲速则不达，越想让股票上涨它越是不涨，越是没有指望股票会涨越是会出现意外大涨，所以，操作前要制定好计划，操作时保持良好心态，有机会时按计划交易，没有机会时暂停操作——

炒股最纠结的问题无非两个：一是买入的股票被套，二是卖出股票后踏空。与被套后善于寻找对策、有效化解危局的技能一样，踏空后迅速采取措施、改变被动局面，同样是股市投资必备的基本功之一。

买不买，买多少

踏空后，投资者最担心的莫过于没买时一路踏空，越是不买大盘和个股越是猛涨；一旦买入又担心掉头下跌，因此总是买也不是，不买也不是。下面，以投入本金10万元、全部处于踏空的投资者为例，介绍踏空后的操作方法。具体分三种情况。

——投入的是自有资金、没有使用时间限制、又有后续资金可以补仓的投资者：踏空后，原则上应立即采取“纠偏”行动，第一时间全仓（10万元）买入股票，以免大盘和个股再涨时再踏空，造成更加被动局面；如果买入后出现下跌，则可追加资金，再等额（10万元）买入股票。

——投入的是自有资金、没有使用时间限制、但无后续资金“跟上”的投资者：踏空后，可采取“折中”办法，于第一时间先买半仓（5万元）股票。买后若上涨，此时有一半仓位参与上涨，不至于全部踏空，造成更大被动；若下跌，也还有一半资金可再度补仓。

——投入的不是自有资金，或虽是自有资金但有使用时间限制的投资者：相比前两种情形，这部分投资者炒股的风险最大，因此，原则上宁可踏空也应避免因盲目买入而导致被套。对于其中风险承受能力较低的投资者来说，应第一时间退出；对于具有一定风险承受能力的投资者而言，买股时应把握三个原则：一是设好止损位；二是在目标股票长期下跌、调整到位时买入，或急跌时抢进；三是控制好仓位（譬如买半仓），以争取操作主动。

上述三类踏空者都有个首批筹码买入后再度补仓的问题。余下资金补仓的方法主要有两个：一是看指数——跌时补仓。可因人而异，如下跌 100 点、200 点或 300 点时进行补仓，一旦到“点”即可买入；二是看股价——跌时补仓。买入时机不受指数涨跌影响，只取决于个股价位，如待买股票下跌 10%、20% 或 30% 时进行补仓，一旦到“价”即可买入。无论是“看指数”还是“看股价”，余下资金补仓时尤其要抓住大盘和个股遭打压洗盘带来的低吸良机。

买什么，怎么买

当踏空后确定买入股票，或首批买入后又到了补仓的点位（指数）或价位（股票）时，又有个品种选择问题，而且品种选择正确与否又直接关系到操作的优劣乃至成败。下面介绍几种常见的踏空后建仓品种的选择方法。

一是选择比价优势明显的股票买入。重点选“两头”，一头是起涨前阶段跌幅大的股票；另一头是起涨以来区间涨幅较小甚至逆市下跌、惨遭错杀的股票。这种股票的优势在于机会很大但风险较小：虽然从指数看，起涨以来踏空的投资者似乎是踏空了，但从个股涨幅看，相比这些股票起涨以来不涨反跌来说实际上并没有踏空，甚至此时建仓踏空的投资者比之前高位买入看似没有踏空的投资者操作起来优势还要明显得多。其适合对象是：稳妥、长线且踏空的投资者。

二是选择短线机会较大的股票买入。虽然与之前介入的投资者相比，此时买入此类股票似乎有些踏空，但由于这类股票强势特征明显，短线继续上行概率较大，值得踏空后一搏。但操作中有两个前提需加以把握：一方面，待买股票累计涨幅不能太大，一般宜控制在 20% 以内，机会特别大的股票涨幅原则上也不宜超过50%，否则获利回吐的风险太大；另一方面，短线消耗的能量不能过大，连续涨停的股票原则上不要碰。相比之下，一波上涨后回调到位的品种，在下杀时抢进胜算较大。另外，还要注意快进快出。其适合对象是：激进、短线且踏空的投资者。

操作风格如果鉴于稳妥和激进、长线和短线之间的投资者，可在上述两种方法之间加以折中，灵活操作，但在品种选择时都须做到熟悉和放心：要么是平时关注、非常熟悉的自选股，要么虽属陌生股但事先已做了仔细研究，买入后同样能放心持有的股票。至于买股方法，一般采取组合搭配（数个品种同时买入）和分批买入的方法进行操作即可。

卖不卖，何时卖

就多数投资者而言，踏空后买入股票的目的是获利，只有少数投资者以长线持有为目的，因此买入后的操作策略同样十分重要。

对于长线投资者来说，买入后的操作策略非常简单，不管涨还是跌，一路持有即可。只有当持有的股票完成了长线投资使命，或区间涨幅过大需要暂时退出时，才考虑部分卖出、清仓离场或换股操作。

踏空后的操作在多数情况下欲速则不达，越想让股票上涨它越是不涨，越是没有指望股票会涨越是会出现意外大涨。所以，操作前也要事先制定好计划，操作时保持良好心态，有机会时按计划交易，没有机会时暂停操作。

对于短线投资者来说，买入后的操作策略一般按短线方式对待——当买入的股票到达目标位或短线大涨后及时卖出，再换买别的潜力股票。其中，当操作显得较为流畅时，可加快节奏、提高频率，使得在资金不变的同时让股票多起来，或在股票不变的同时让资金多起来，总之让总值不断增加；当操作显得不够流畅甚至做反时，应停止操作，待出现转机——或买入的股票解套，或卖出的股票出现了正差回补机会，此时再寻找机会、伺机出击。

需要提醒的是，踏空后的操作在多数情况下欲速则不达，越想让股票上涨它越是不涨，越是没有指望股票会涨越是会出现意外大涨。所以，操作前也要事先制定好计划，操作时保持良好心态，有机会时按计划交易，没有机会时暂停操作。

纠结时，怎么办

与其他时机炒股一样，踏空后的操作也免不了会有为难和纠结之时，对此，首先应明白，踏空后的操作是一种“不定”的操作。由于买入股票分为两个批次入场，因此，首批买入一般没有问题，只要下定决心、不要太贪，大多能顺利买入。由于第二批买入有明确的计划（点位或价位），当计划的点位或价位出现时，只要不是犹豫不决，一般也不会错过这样的买入机会；但当计划的点位或价位未能出现时，既然定了计划，未到“点”（或“价”）时就只能选择放弃。“不定”的这一特性决定了踏空后操作的不确定性，对此要有充分的思想准备。

同时，还应明白，踏空后的操作是一种相对的操作。相比抄到大底的投资者来说，大涨、踏空后再进场的投资者无疑失去了最好的买点，但相比以后大盘和个股涨到更高位置后再买入的投资者，此时又是难得的低吸良机。由此可见，踏空后的操作无所谓对错、好坏之分，只要觉得某一时段买点（或买价）够低，心理上产生了踏空的恐惧感——害怕踏空，就应及时分批买入；反之，如果感到点位（价位）不低，补仓后又担心被套，同样会产生恐惧感——担心被套，在这种情况下就只能选择放弃。只有当“不买怕踏空”、“买后不怕套”时才适合进行踏空后的补仓操作。

最后，还须明白，踏空后的操作是一种绝对的操作。无论出于什么考虑，买入股票的投资者都有个卖出的问题。**股票卖出后，“对”是相对的，但“错”是绝对的——既包括卖出后股票大涨导致再踏空，也包括下跌回补后继续大跌被套而做反**。实际上，这种情况在股市出现的概率非常大，踏空后的操作也一样，不可奢望总会出现买后不被套、卖后不踏空这样的好事。所以，树立正确的投资理念，做好必要的应对准备显得十分重要。只有这样，才不会在踏空后的操作中因为踏空或被套而感到纠结。

如何参与超跌反弹

股市涨跌、轮回的简单规律表明，与市场连涨后往往是短线高抛的有利时机一样，市场连跌后多半情况下都是捡廉价筹码、搏超跌反弹的绝佳机会——

熊市炒股，虽有很大风险，但也不缺机会，尤其是市场连跌后的超跌反弹机会——既包括大盘超跌反弹所带来的系统性机会，也包括个股超跌反弹时出现的局部性机会。

搏超跌反弹的准备工作

股市涨跌本是资本市场的正常现象，但受投资者心理和情绪影响，也时常会出现极端式、非理性的反常走势，连续上涨和连续下跌便是这种极端化心理和反常式走势在盘面上的充分体现。

股市涨跌、轮回的简单规律表明，与市场连涨后往往是短线高抛的有利时机一样，市场连跌后多半情况下都是捡廉价筹码、搏超跌反弹的绝佳机会。但在所有搏超跌反弹的投资者中，其中的胜者往往是未雨绸缪、有备而来的投资者。成功搏击市场连跌后的超跌反弹机会，须做的准备工作主要有三项。

首先是备足资金。

这是搏超跌反弹的首要前提。资金来源主要来自两个方面。

一方面，在控制仓位过程中事先预留的存量资金。这部分资金多数是通过平时预留、高位减仓等方式获得，不宜在大盘和个股处于相对低位时通过“割肉”方式取得；否则，若利用低位“割肉”资金去搏超跌反弹，极有可能出现买入的股票下跌、卖出的股票上涨这种尴尬局面。至于存量资金占账户总值的比例，须因人而异，一般控制在1/2为宜，但须根据大盘点位和个股价位进行调整，点位（价位）越低，仓位就越重，资金就越少；点位（价位）越高，仓位就越轻，资金就越多。

另一方面，用多余闲钱追加进去的增量资金。一般来说，凡从场外调入股市的资金都属增量资金，包括两种情况：一种是在仓位较重、余资不多，手头又有多余闲钱可以支配的情况下往账户注入资金、追加投资；另一种是在仓位较轻、余资较多，但手头又有大量闲钱等待投资的情况下补入的资金。后者一般都把投资作为自己的事业追求且对股市未来始终充满信心，每当行情处于低迷、多数人都极度悲观时，这部分投资者总能抓住难得的低吸良机，利用补入的增量资金去搏超跌反弹。

其次是捕捉机会。

备足资金后不可急于求成、立即全仓买入，而是要寻找机会、伺机出击。衡量市场连跌后是否有反弹可能，是否适合搏超跌反弹，须综合分析政治、经济等基本面因素，以及大盘、个股等技术面因素。一般情况下，连跌时间较长、幅度较大，投资者普遍感到赚钱很难、纷纷看空后市甚至对上涨不抱希望时，市场出现超跌反弹的概率就会大大增加。如2012年7月24日，笔者在综合分析各方面资讯时发现，大盘和绝大多数个股存在“跌过头”的可能，距离见底的时间应该不远了，在这种情况下应随时做好搏超跌反弹的准备。

最后是精选品种。

这是搏超跌反弹的一大关键。精选品种的核心在于买熟悉股还是陌生股、强势股还是弱势股。笔者的体会是，尽量买熟悉的超跌股，并以自己认为市场已“跌过头”之日作为基准日，选择“跌过头”的待买品种。选股原则是，基本面没有问题，技术面涨幅小、跌幅大；选股范围是，以长期跟踪、经常关注的自选股为主，适当兼顾自选股之外的品种。

品种选股的方法一般有两种：一是比较法，即通过对区间涨跌幅的比较寻找“跌过头”的品种；二是联想法，即通过对某一时段出现在涨幅榜前列的股票进行分析，寻找同类品种中当时尚未上涨但有补涨潜力的股票。如7月24日，笔者按上述方法选择了6只股票作为搏超跌反弹时的重点对象，分别是中国北车、泰山石油、景兴纸业、南钢股份、华东数控和河北钢铁，其中前5只品种采用比较法选出，最后一只就是在华菱钢铁早盘涨停的情况下通过联想法选出来的待买股票。

搏超跌反弹的操作步骤

在做好以上准备工作基础上，即可择机搏市场连跌后的超跌反弹了，操作步骤一般分三个阶段。

一是耐心等待。搏超跌反弹的最佳时机一般是在市场连跌后再度出现急跌、跳水、恐慌等特征，投资者不计成本、纷纷出逃时。事实上，大盘虽然在7月24日之前已出现连跌走势，但在7月24日之后至31日期间，又连收5阴，事先选择的6只超跌股也跟随大盘出现再跌走势，平均跌幅达4.25%。显然，在跌上加跌后低吸比第一时间买入要好许多。所以，**在准备工作就绪后保持耐心，等待更好买点的到来就显得尤为重要**。否则，如果急于买入，不仅搏超跌反弹的成功率不高，而且极易可能使新买入的股票再次成为被套股，造成操作上的被动。

二是果断出击。在精选品种、跌上加跌后买入虽然仍然存在再跌可能，但从机会、风险两方面综合衡量，此时买入胜算更大、时机更好，应是果断出击的绝佳机会。

在精选品种、跌上加跌后买入虽然仍然存在再跌可能，但从机会、风险两方面综合衡量，此时买入胜算更大、时机更好，应是果断出击的绝佳机会。

在对象选择上，应选区间（此区间非彼区间，指的是品种选定后至实际操作时）跌幅大者买入。笔者发现，在备选的6只待买股中，此区间跌幅最大的3只股票依次是泰山石油、华东数控和景兴纸业，此时买这3只股票显得较为稳妥，尤其是跌幅最大的泰山石油，跌后再跌的幅度高达9.16%（收盘价4.56元），这样的品种自然应作为搏超跌反弹的首选品种。

在数量选择上，普通投资者可分三批、各1/3的比例搏超跌反弹：先以首选价买1/3（笔者的实际买入价为4.98元，10000股），买后若上涨则不再买入并择机高抛；买后若跌，以超跌价再买1/3（以31日的收盘价4.56元买入，数量仍为10000股），买后若上涨则不再买入并择机高抛；买后若再跌，则再买1/3同等数量的股票。以此类推，直至建仓完毕。

随后走势表明，这种分批逢低吸纳方法对于普通投资者搏超跌反弹较为有效。分批买入的泰山石油在随后的大盘反弹中表现抢眼，8月3日更是出现了快速放量、强势涨停的罕见走势。截止3日收盘，不仅第二批买入的筹码大涨10.53%，大幅跑赢指数，而且首批买入的筹码也迅速解套并略有获利，同样取得了跑赢大盘和多数个股的良好收益，通过搏超跌反弹最终达到了“双赢”目的。

三是见好就收。当买入的股票在超跌反弹中取得预期收益时，即可卖出获利了结。不管卖后相关股票是涨还是跌，最要紧的是把盈利收于囊中，这是搏超跌反弹与其他操作方法的重大区别。

搏超跌反弹的注意事项

作为股市投资的一项基本功，搏市场连跌后的超跌反弹对投资者的心态和技法要求较高，其中的“三不原则”更应时刻牢记。

一是不满进满出。炒股，包括搏超跌反弹，谁都不可能做到买在最低点、卖在最高点，买后再跌、卖后再涨都是再平常不过的事，对此一定要有足够的心理预期和充分的思想准备。因此，始终保持良好心态，确保做到弹性交易——涨可卖、跌可买显得尤为重要，特别是要在买入数量的确定上尽可能做到用少量资金去搏超跌反弹，宁可少赚些也不可盲目冒风险。

二是不追涨杀跌。急涨时卖、急跌时买不仅是日常操作的重要纪律，也是在市场连跌后搏超跌反弹的一大关键。只有确保做到不追涨杀跌，才能在搏超跌反弹时争取主动，成为赢家。如泰山石油31日跌至4.56元时，若不是低吸而是杀跌，不仅原买入（4.98元）的筹码将亏着出局，而且会再次错过低吸良机，与大盘反弹时率先涨停的强势股失之交臂，最终免不了出现“双亏”结局。

三是不犹豫不决。搏市场连跌后的超跌反弹，对于投资者来说，看似在比操作技法，实则在比投资心态。所以，既做到该等则等，又做到该狠则狠非常要紧。如果在操作中总是犹豫不决，就很难在市场连跌后的超跌反弹中取得成功。

三妙招抄底“错杀股”

阶段跌幅较大的股票，一般可分为两类：“该跌股”和“错杀股”。二者虽然在“之前”都出现了大跌，但由于下跌成因和内在质地截然不同，在“之后”的走势中往往会呈现出两极分化之势——

大盘和个股出现的连续、大幅调整，为一些有备而来的投资者提供了难得的抄底良机。但抄底的成功，不仅取决于操作时机的恰到好处，而且有赖于交易品种的正确选择，“错杀股”便是适合普通投资者熊市抄底且既能逐利、又可风控的“两不误品种”之一。

“错杀股”的制胜实例

每隔一段时间，市场总会出现一批阶段涨、跌幅较大的股票。大涨股尽管存在继续大涨的机会，但也存在大幅补跌的风险，因此，不大适合普通投资者参与。大跌股虽然不排除继续大跌的可能，但却存在较大的补涨可能，从风控、逐利角度衡量，在同等条件下普通投资者参与大跌股的胜算远大于大涨股。

对于阶段跌幅较大的股票，一般可按下跌成因和内在质地分为两类：一是“该跌股”——基本面和技术面都不支持维持“时价”从而导致股价大幅下跌的股票，即应该下跌而下跌的股票；二是“错杀股”——无论是基本面还是技术面，“时价”都没有高估，没有任何理由下跌而大幅下跌的股票，即不该下跌而下跌的股票。

“该跌股”和“错杀股”虽然在“之前”的走势中都出现了大跌，但由于下跌成因和内在质地截然不同，所以在“之后”的走势中往往会呈现出两极分化之势。现以笔者关注的两只自选股——华东数控和中国铁建为例，对“该跌股”和“错杀股”大跌前后的走势做一简要剖析。

华东数控和中国铁建两只股票在2011年都出现了大跌，跌幅分别为56.43%和43.26%，分别收于11.56元和3.79元，属于典型的大跌股。从表象上看，这两只股票的大跌似乎都与大盘（同期上证指数-21.68%）的“不配合”和温州动车事故的“配合”有关，但实际上，除了以上表面原因外，两股下跌还存在明显的质的区别，这从“之后”（2012年前7个月）的走势中可以明显看出。

2012年1~7月（截止7月27日），上证指数下跌3.21%，华东数控在上一年大跌56.43%基础上，再次大跌31.97%，大幅跑输指数28.76个百分点，说明“之前”的大跌属价值回归，该股属“该跌股”；中国铁建在上一年大跌43.26%基础上，则逆市大涨26.39%，大幅跑赢指数29.60个百分点，说明“之前”的大跌属不该下跌的下跌，该股属“错杀股”。同在2011年大跌的股票，“该跌股”和“错杀股”在“之后”7个月的时间里不仅出现了分道扬镳的走势，而且“一跌一涨”的幅度竟相差58.36个百分点，不同的大跌股其“质地优劣”由此可见一斑。

“错杀股”的选择方法

上例说明，投资者要想淘金大跌股，首先要弄清楚大跌股的下跌原因，以及阶段跌幅大的股票究竟是“该跌股”还是“错杀股”，在此基础上再尽量回避“该跌股”的风险，努力把握“错杀股”的机会。在众多的大跌股里，区分“该跌股”和“错杀股”的方法主要有两个。

一是看基本面，究竟有没有下跌的理由。通常情况下，一家上市公司如果生产经营正常，产品供不应求，合同订单不断，所从事的行业又属国计民生，对群众的生产、生活关系密切，这种公司的股价一般没有理由下跌甚至大跌。再从财报分析，如果每股收益、净资产、净利润等主要指标保持良好状态，优于同类公司，这种股票如果出现大跌，极有可能是“错杀性”下跌，相关股票极有可能是“错杀股”。反之，则是“回归性”下跌，相关股票成为“该跌股”的可能性较大。

二是看技术面，究竟有没有下跌的依据。基本面没有理由下跌的股票不等于只能涨不能跌，适度的下跌包括大涨后的技术性快跌，实际上都是资本市场的正常现象。属于“错杀股”的公司，一般是指前期涨幅不大的优质股票出现了无理由、非理性大跌的情形：从纵向来看，在前期大跌基础上出现了连续大跌走势；从横向看，则是指个股的区间跌幅大幅跑输指数和其他个股尤其是可比的同类股票。用这两条标准来衡量大跌的股票是“该跌股”还是“错杀股”，一般情况下不会跑偏。

在此基础上，若能再结合“之后”的走势一并分析，研判的准确率将更高。“错杀股”一般在见底后保持向上趋势：涨多跌少、高点上移、低点抬高，尤其是在大盘和多数个股跳水时表现得较为抗跌，企稳时则时常扮演领涨者的角色，从单个交易日看似乎涨幅不大，但阶段涨幅往往十分惊人；“该跌股”则正好相反，在见底后不是震荡就是续跌，且同时伴随跌多涨少、屡创新低等走势。还有，在大盘和个股上涨时“该跌股”不涨，下跌时却扮演领跌角色，不仅单日表现不佳，而且阶段表现也差强人意。

“错杀股”一般在见底后保持向上趋势：涨多跌少、高点上移、低点抬高，尤其是在大盘和多数个股跳水时表现得较为抗跌，企稳时则时常扮演领涨者的角色，从单个交易日看似乎涨幅不大，但阶段涨幅往往十分惊人。

投资者应在综合分析基础上，再来区别大跌股到底是“该跌股”还是“错杀股”，并在操作中高抛并避开“该跌股”，低吸并持有“错杀股”。

“错杀股”的操作技巧

在认定某一股票为“错杀股”后，接下来就要通过巧妙的操作，设法让“错杀股”的潜在机会变成实际盈利。“错杀股”总的操作原则是：已有的筹码要坚决拿住，未持有的要寻找机会低吸并持有。若能在持有基础上适当穿插波段操作，扩大盈利比例则更好，但需防止筹码丢失甚至追涨杀跌这种极端情况的出现。具体操作中，需根据“错杀股”三个阶段的不同特点采取相应的操作策略。

在“恐慌期”，重在耐心等待。在前期大跌基础上，“错杀股”在恐慌期的跌幅往往最为惨烈。参与杀跌的投资者主要是一些不明真相、莫名恐慌、缺乏耐心，风控意识和操盘能力较低的群体，操作时常常伴随着情绪化、扩大化、极端化的倾向。这些因素的综合，促使“错杀股”在短时间里出现恐慌性下跌。

操作技巧

试探性建仓

原有的仓位继续持有，保留的资金继续等待，仓位轻的投资者可试探性地分批、逢低、少量买入，体现“试探性建仓”原则。

在“修复期”，重在逢低吸纳。在“错杀股”的修复期，恐慌盘基本杀完，追涨盘尚未形成，多空双方处于心理调整、暂时平衡状态中。股价在低位缩量震荡、窄幅盘整，各项技术指标由坏变好、逐步修复。

操作技巧

分批建仓

按照事先制定的计划，分批完成建仓，等待股价拉升。

在“上行期”，重在避免折腾。踏空者开始进场，被套者开始补仓，短线客开始追涨。与此同时，股价涨多跌少，稳步上行，特别是当大盘和个股急跌甚至跳水时表现得极为抗跌，有时虽有短暂急跌出现，但低位停留时间极短，股价很快会被买盘托起。短线操作时，卖出的筹码时常踏空，很难正差接回。

操作技巧

耐心持有

完成建仓的筹码，耐心持有，不做或少做短差；即使要做短差，也要少量操作，且要及时接回。尚未完成建仓或买入数量不足的投资者，“错杀股”每次下跌都是难得的买入机会，应及时果断买入；在事先制定好计划的基础上，按照最终确定的目标价到价卖出，一轮完整的“错杀股”操作才告结束。否则，继续持有。

“错杀股”的注意事项

操作“错杀股”时，须注意的问题主要有三个。

一是要与大盘走势结合起来。“错杀股”走势既有其独立的一面——受自身的运行规律作用，也有横向制约的一面——受大盘和同类板块、相似个股的影响。因此，在操作“错杀股”时，既要从自身三个阶段的走势特点出发，把握规律、逢低建仓；又要与大盘走势结合起来，着眼“全局”，把握机会。在大盘不稳、趋势向下甚至大幅跳水时，应放慢建仓节奏，减少建仓数量，充分体现“稳字当头”原则；在大盘趋稳、趋势向上甚至单边暴涨时，应加快建仓节奏，增加建仓数量，果断参与“稳准狠”的操作。

普通投资者买入单一“错杀股”的总值，一般以不超过账户总值的1/5为宜；资金量大的投资者比例可适当调低些，一般不超过1/10这一“下限”；资金量小的投资者比例可适当调高些，一般不超过1/3这一“上限”。

二是要与仓位控制结合起来。操作“错杀股”与参与其他股票交易一样，最终的赢利大小不完全取决于股价涨跌及幅度大小，而是与仓位控制及操作心态密不可分。只有做到仓位控制得法，始终保持良好心态，才能有效提高成功概率。否则，如果仓位控制不当，就会直接影响操作心态——仓位太轻极易导致高位追涨，仓位太重又容易导致低位杀跌，最终影响操作效果。普通投资者买入单一“错杀股”的总值，一般以不超过账户总值的 1/5 为宜；资金量大的投资者比例可适当调低些，一般不超过 1/10 这一“下限”；资金量小的投资者比例可适当调高些，一般不超过 1/3 这一“上限”。

三是要与进出节奏结合起来。几乎所有的“错杀股”，无论运行在哪个阶段，都会出现一定程度的波动，为投资者提供了难得的短线交易机会。对于擅长短线交易的投资者，可利用“错杀股”盘中波动机会进行适度的高抛低吸和“补操作”，但须在急涨时卖、越涨越卖，急跌时买、越跌越买，如此操作最终顺利回转、恢复筹码的概率较高。一段时间后投资者即可发现，虽然股票账户保持不变，但资金账户却在积少成多，账户总值也在水涨船高，时间一长“增值”部分还会非常可观。若不擅长短线交易，则只按“错杀股”的基本操作要求进行交易即可，不必去奢求“既抱西瓜、又捡芝麻”的两全结果。

变筹码为盈利工具

炒股，要想成为赢家，不仅取决于良好的仓位控制，而且有赖于独特的盈利模式。让股票为盈利服务——成为下蛋的“鸡”，便是其中适合绝大多数投资者，尤其是中小散户广泛使用的盈利模式——

从实盘交易来看，炒股最难的其实是仓位控制。重仓甚至满仓出击，既可能带来丰厚回报，也可能导致深度被套；轻仓甚至空仓等待，有可能回避大跌风险，但也可能造成涨时踏空。所以，正确的做法应该是，当指数处于相对高位时逐步降低仓位，运行至一定低位时再逐步增加仓位。

仓位控制不当，自然很难盈利。但控制好了仓位也不等于万事大吉、无所事事。炒股，要想成为赢家，不仅取决于良好的仓位控制，而且有赖于独特的盈利模式。让股票成为下蛋的“鸡”，便是其中适合绝大多数投资者，尤其是中小散户广泛使用的盈利模式之一。

独特的盈利模式

炒股，不少投资者喜欢短线交易，今天买入，明天卖出，希望通过快进快出，获得意外收益。实际上，绝大多数投资者不可能达到这种理想化的投资境界，弄不好还会适得其反、弄巧成拙。因此，就多数投资者而言，保持足够耐心，选择长线投资才是正确之道。

所谓长线投资，就是在选好品种、做好搭配的基础上持股不动，到价（或到时）时卖出，不到价（或不到时）不卖。譬如，有的投资者买入股票后有明确的盈利目标——如股价涨 50%、100%、200% 时卖出；有的有明确的持股时间——如持有1年、2年、5年等。由于持股过程比较漫长，所以通常称之为长线投资。

相对于短线交易，长线投资操作起来比较简单，而且不会踏空，因此，受到不少投资者青睐，尤其是在指数和个股处于相对底部区域时。同时它也存在明显的欠缺，如一味采取长线策略，不仅会浪费大量机会，影响投资收益，而且会导致激情消退、活力缺失。因此，对于多数投资者来说，简单而又实用的交易方法是长中有短、短中见长，二者结合、穿插操作。

让股票成为下蛋的“鸡”，便是一种长中有短、短中见长的盈利模式，既不会造成踏空，又可以获得分红，还能够多出资金，可谓一举三得、好处多多。

良好的交易效果

先来看实盘交易情况。按照上述思路，笔者利用4周时间，对这一盈利模式进行了实际试用。2011年10月21日，当时上证指数收于2317.28点。笔者认为，这是个相对较低的点位，应该重仓，所以选择了满仓持股。与此同时，希望穿插适当的短线操作，让持有的股票成为下蛋的“鸡”，在筹码不变的情况下让资金能够多出来，于是制定了“长中有短”交易计划。

计划共分五个部分：一是卖出中国北车（4.91元，2500股），买入中铁二局（6.11元，2200股）；二是卖出中国北车（4.91元，3400股），买入新疆城建（7.15元，2200股）；三是卖出中国北车（4.91元，7400股），买入新疆城建（7.15元，4200股）；四是卖出中国北车（4.91元，6800股），买入新疆城建（7.15元，4200股）；五是卖出中国北车（4.91元，15800股），买入东方航空（4.42元，10500股）。

至11月18日收盘，在4个交易周里，笔者共进行了48笔操作，其中按计划“回转交易”7次、涉及28笔操作（每个“回转交易”须操作4笔，先卖A买B，再卖B买A）；计划外“回转交易”3次、涉及12笔操作；尚未“回转”的交易有8笔。结果，10次“回转交易”全部取得正向收益——在筹码不变的情况下分别多出资金566元、443元、1542元、430元、266元、806元、262元、222元、64元和154元，合计4755元。其余计划暂未交易。与此同时，利用账户余资和多出来的资金买入中国铁建1600股（价4.32元）。

再来看操作结果。自10月21日收盘起至11月18日收盘止，在近一个月时间里，上证指数涨4.28%，笔者账户总值涨4.49%，略跑赢指数。其中3.95%属于长线投资、持股不动带来的市值增加，其余0.54%——4755元正是由于让股票成为下蛋的“鸡”这一操作之后所取得的额外收益。

周密的计划准备

区区0.54%——4755元收益，对于高手来说，或许不足挂齿，但就普通投资者而言，可不能小看这一收益。在大盘低位展开反弹过程中能做到不踏空已属不易，能在此基础上再让股票成为下蛋的“鸡”，让资金不断增加，进而取得“好上加好”的收益，更是来之不易。这其中，离不开周密的计划准备。

> 一般情况下，可选择已经获利或短线涨幅较大的股票，作为单一品种自身、先高抛后低吸的对象；也可在不同品种之间选择价差优势明确的股票，作为两个品种之间进行调仓换股、博取意外收益的品种。

与其他交易方法一样，让股票成为下蛋的“鸡”同样需要制定周密的交易计划。如果没有良好的计划，操作起来就会不踏实，甚至动作变形。反之，如果事先制定了周密计划，执行起来就会轻松得多，效果也会更好。制定计划时，首先要在长线仓位里选择部分品种、部分筹码作为短线交易对象，切不可重仓甚至全仓一搏；其次要精挑细选，切不可盲目乱来。一般情况下，可选择已经获利或短线涨幅较大的股票，作为单一品种自身、先高抛后低吸的对象；也可在不同品种之间选择价差优势明确的股票，作为两个品种之间进行调仓换股、博取意外收益的品种。

就计划内容看，既包括确定性计划（上例中的计划1～5），交易方向、品种、价格和数量等都要事先确定；也包括临时性计划（上例中的计划外操作），可视情况择机交易。此外，除了原有筹码的高抛低吸或换股计划外，还包括新增资金的交易计划（如上例中买入中国铁建的操作）。

以上系阶段性计划和执行情况，一般为一周以上一月以内，若能在阶段性计划的基础上，根据行情变化和交易情况再制定出日计划则更佳。

实用的交易方法

要让股票成为下蛋的“鸡”，除了要有良好的计划加执行外，还须有适合投资者实际的交易方法，主要有三个。

一是“定量交易。所谓定量交易，就是交易时股票数量不变（始终限定在原有数量）、资金不变（不增也不减），总是进行成批次、固定式交易。即，原买入多少股数就卖出多少股数，既不拆分，也不捆绑。这样，既便于从容操作、不慌不忙，又利于计算盈亏，一次回转下来，盈亏如何、收益多少，都能做到心中有数、清清楚楚。与此同时，最好能做到整数交易（如5000股、10000股等），尽量避免零数交易（如31400股、43200股等）。

二是要灵活交易。在根据阶段性计划或日交易计划择机交易时，还须做到适度灵活。原则上，既然制定了计划，操作时就要按计划交易——一旦到价、即行交易。实际上，到价后也可视情作适当变通，以便找更好的买、卖点进行交易。但须注意的是，这种灵活式交易法可能操作得更好（买得更低、卖得更高），也可能失去机会。对此，事先要有充分的思想准备。

三是要分类交易。正常情况下，通过让股票成为下蛋的“鸡”，结果多数都能在筹码不变的情况下让资金多出来，但由此也会派生出一个新的问题——老筹码和新资金如何分开交易。一般情况下，应实行分类交易，即老筹码和新资金分开操作。所谓老筹码，也就是按上述计划进行操作的筹码，这部分筹码只要按上述介绍的方法操作即可。所谓新资金，也就是通过让股票成为下蛋的“鸡”这一操作之后多出来的资金，另外，有的投资者还有因交易中一不小心而踏空的资金、账户内原有资金，以及新追加的资金等，统称为新资金。

值得一提的是，新资金一定要与老筹码区别开来、分开交易。老筹码进行交易时，价高价低无所谓，无论是高抛低吸，还是高买低卖，衡量交易正确与否的标准不是看单一品种的盈亏，而是看回转交易之后的总盈亏——只要筹码不变、资金增加即可。新资金则不同，不能把这部分资金混在老筹码里进行交易，而是应该纳入到长线交易计划中进行交易。总的原则是，首次买入股票要一批比一批低，即越跌越买；最后卖出时要一批比一批高，即越涨越卖。

第6章

节　奏

正确把握板块或个股“轮动机会”的关键在于踏准“轮动节奏”，只有踏准了“轮动节奏”，才能抓住板块或个股轮动带来的盈利机会，取得理想收益。

踏准个股轮动节奏

正确把握板块或个股“轮动节奏”的前提在于选准交易对象，核心在于选准交易时机。只有在恰当的时机选择恰当的品种，才能踏准“轮动节奏”，抓住盈利机会。这一点，对于适应现阶段的股市特点，确保取得好的收益至关重要——

短线操作的盈利机会主要有两种：一是“波段机会”，二是“轮动机会”。前者一般指某一板块或个股自身在波段运行中所体现出来的“空间性”盈利机会；后者则是指不同板块或个股之间在相互轮动中体现出来的“时间性”盈利机会。

与善于利用“波段机会”一样，及时、正确地把握板块或个股的“轮动节奏”，对于捕捉盈利机会，牢牢把握股市投资的主动权将起到举足轻重的作用，尤其是在行情处于大幅震荡、操作难度不断加大的特殊时期。

昔日的“重灾区”，后来的“黑马板”

通常而言，“波段操作”难度不大。由于交易对象保持不变，只要周密计划、严守纪律，既不恐惧、也不贪婪，出现失误、导致追涨杀跌的可能性相对较小。但在不同板块或个股之间的相互轮动中，要想踏准“轮动节奏”，把握盈利机会难度就比较大，操作结果既有可能“两头受益”，也有可能“两头受损”。

2012 年 5 月下旬，强势特征最明显的板块无疑是建筑业。5 月 21 ~ 30 日仅 8 个交易日，建筑指数以 13.55% 的涨幅位居全部 485 只指数品种涨幅榜第一名，跑赢同期上证指数（1.71%）11.84个百分点。其中的龙头品种中铁二局更是大涨48.01%，跑赢指数46.30个百分点，在可比的2311只股票中名列第一。在此期间，位居跌幅榜首位的是宏昌电子，区间跌幅多达19.86%。

多数投资者或许不会想到，这些走势极端的品种之前和之后的走势竟会大相径庭，后来的“黑马板”恰恰是之前的“重灾区”。仅在2011年2月18日至2012年1月6日不到一年的时间里，在上证指数下跌26.09%的情况下，建筑指数大跌37.77%，列可比的449只指数品种倒数第89位，大幅跑输指数。特别是中铁二局，区间跌幅达多61.28%，超过指数的两倍，在可比的2292只股票中排名倒数第51位；而位居跌幅榜首位的“最熊股”宏昌电子恰恰是上市不久，被不少人寄予厚望的次新股。

正确把握板块或个股“轮动机会”的关键在于踏准“轮动节奏”，只有踏准了“轮动节奏”，才能抓住板块或个股轮动带来的盈利机会，进而取得理想收益。

对于操作上述两只“极端股”的投资者来说，若能踏准“轮动节奏”——事先卖出宏昌电子、买入中铁二局，无疑将“两头受益”、获利丰厚，不仅能有效规避宏昌电子的下跌风险，而且能及时抓住中铁二局的大涨机会，“双向”合计后的隐性收益高达67.87%。反之，若踏错“轮动节奏”——反向卖出中铁二局、买入宏昌电子，将“两头受损”、损失惨重，不仅与牛股中铁二局的暴利无缘，而且将承受熊股宏昌电子的暴跌损失，“双向”合计后隐性亏损也达67.87%。

由此可见，正确把握板块或个股“轮动机会”的关键在于踏准“轮动节奏”，只有踏准了“轮动节奏”，才能抓住板块或个股轮动带来的盈利机会，进而取得理想收益。

要打“提前量”，切莫“慢一拍”

正确把握板块或个股“轮动节奏”的前提在于选准交易对象，即买、卖品种的确定。通过正确的品种选择，确保“轮动操作”方向的正确（买入中铁二局而不是卖出，卖出宏昌电子而不是买入）。

为确保“轮动操作”方向的正确，可从以下三条原则出发选择“轮动操作”的买入品种：一是“弃生择熟”。只要在熟悉的自选股里选择有可能大涨的潜力股票即可，不要奢望将2000多只交易品种中的所有强势股都能收于囊中，特别是不可参与陌生股票的操作；二是“弃强择弱”。不要心急选择处于强势、已经大涨的股票，尽可能选择处于弱势、尚未启动的股票买入；三是“弃热择冷”。多买冷门的股票，少参与热门股票的操作。选择“轮动操作”卖出品种的原则与上述三原则正好相反。

正确把握板块或个股“轮动节奏”的核心在于选准交易时机，即进、出时点的确定。譬如，同样是买入中铁二局、卖出宏昌电子，如果时机选择正确，就能踏准“轮动节奏”——大涨前买入中铁二局、大跌前卖出宏昌电子，最终取得“两头收益”；反之，如果时机选择不当，就会踏错“轮动节奏”——大涨后才买中铁二局、大跌后才卖宏昌电子，最终导致“两头受损”——5月31日至6月1日仅仅两个交易日，之前的“最牛股”中铁二局大跌7.38%，居跌幅榜第6名；而昔日的“最熊股”宏昌电子反而大涨8.60%，居涨幅榜第15名，31日更是以涨停报收，稳居涨幅榜首位置。

由此可见，投资者只有在恰当的时机选择恰当的品种，才能踏准“轮动节奏”，抓住盈利机会。而选准交易时机的关键是要打“提前量”，千万不可“慢一拍”，具体方法有三个。

一是联想法。通过一段时间某些板块或个股的启动，去联想接下来最有可能上涨的板块或个股。譬如，同属交通运输业，铁路基建、公路水运大涨后，久盘未涨的机场航运板块及相关个股就存在补涨的可能。通过这样的联想，在相关个股上涨之前，逢低分批买入，待联想变成现实、个股上涨之后，再分批卖出，获利了结。

二是观察法。通过观察盘面的一举一动，分析捕捉潜在的“轮动机会”。譬如，当长期跟踪的熟悉股经过长时间的下跌出现止跌迹象时，即可通过先试探、再分批、后大量的方式买入并持有，等待“轮涨机会”的到来；当长期跟踪的熟悉股经过长时间的上涨出现滞涨迹象时，即可分批卖出、减轻仓位直至清仓，以规避个股的“轮跌风险”。

三是比较法。与前两种打“提前量”的方法相比，比较法显得更加精细，最终踏准“轮动节奏”的概率更大。仍以买入为例，投资者可在多只备选品种之间通过比较确定最终待买的股票。譬如，投资者通过联想、观察等方法感到A、B两只股票存在“轮涨机会”，而且买入的理由较为充分，此时即可进行具体比较。一方面，要比较在大盘和个股下跌期间 A、B 两只股票的跌幅，一般选跌幅大的作为备买品种；另一方面，要比较在大盘和个股上涨期间 A、B 两只股票的涨幅，通常选涨幅小的作为待买股票。当然，在比较过程中，不能简单地仅以涨跌幅作为买入的全部依据，还须结合其他因素综合考虑。卖出股票也一样，可在多只待卖股票中通过比较确定最终拟卖的股票。

拥有好心态，才有好收益

在大盘和个股大幅震荡情况下，踏准“轮动节奏”、把握“盈利机会”对于适应现阶段的股市特点，确保取得好的收益至关重要。体现在操作心态上，重点是要通过处理好以下三个关系确保拥有好的心态。唯有此，才有可能踏准“轮动节奏”，抓住盈利机会。

首先是集中和分散的关系。资金和股票的比例、此股和彼股的搭配以及买卖批次的确定是取得“轮动操作”成功的三大关键。只有在“轮动操作”中处理好集中和分散的关系，确保资金和股票比例适度，不同品种有序搭配，买卖批次安排妥当，才有助于保持理性思维、踏准“轮动节奏”。

其次是潜伏和突击的关系。要想踏准“轮动节奏”、取得“两头收益”，还须处理好潜伏和突击的关系，做到多潜伏、少突击。无数操作实例表明，即使对于擅长“轮动操作”的投资者来说，如果习惯于突击操作，在大涨股票主升浪的中后期进场不仅收益十分有限，而且操作风险很大。反之，若能采取潜伏式操作，在股票尚未启动时逢低买入，等大涨后分批了结，不仅风险小，而且收益十分可观。

再次是立竿见影和适得其反的关系。不少投资者希望在“轮动操作”中买在最低点、卖在最高点，而且买后立即上涨、卖后马上下跌。实际上，这种不现实的想法正是踏准“轮动操作”节奏、取得“轮动操作”成功的最大敌人。投资者在进行“轮动操作”中，只要不反差操作、追涨杀跌，即使不是买在最低点、卖在最高点，也没有达到买后立即上涨、卖后马上下跌这样的最佳状态，同样是正确的“轮动操作”。

高卖低买简而不易

高卖低买操作，重在处理好与控制仓位、控制数量、控制总量之间的关系。只有这样，才能在高卖低买操作中，既不会踏空也无须承受因“踩雷”而导致的突发风险——

投资者都知道高卖低买这一炒股法则，即通过低价买入、高价卖出，达到获利目的。然而，这种看似简易的操作不仅新股民常为之纠结，而且入市多年的老股民也时常感到迷茫：高卖低买越来越难了。

神奇的高卖低买

2012 年元旦至 1 月 13 日，股市已进行了 8 天的交易。在此期间，上证指数由 2199.42 点涨至 2244.58 点，涨幅 2.05%；笔者 A 账户总值由 550501 元升至 584379 元，涨幅 6.15%，跑赢指数 4.10 个百分点。这其中，除了由于满仓持股，使得账户市值在指数上涨中水涨船高外，还与高卖低买操作密不可分。

以下是笔者自 1 月 4 ~ 13 日期间的全部交易清单。

2012 年 1 月 4 ~ 13 日交易清单

日 期	方 向	名 称	价格（元）	数量（股）	收益（元）
1.4	卖出	大唐发电	5.32	2000	—
	买入	中铁二局	4.86	3100	
	买入	中科英华	3.85	4200	未卖出
1.6	卖出	东方航空	3.64	4000	未回转
	买入	中科英华	3.63	4000	

续表

日期	方向	名称	价格（元）	数量（股）	收益（元）
1.11	卖出	中铁二局	5.22	3100	1171
	买入	大唐发电	5.26	2000	
	卖出	新疆城建	6.05	4200	860
	买入	新疆城建	5.83	4200	
1.12	卖出	新疆城建	5.85	4200	359
	买入	新疆城建	5.75	4200	
合计					2390

注：表内收益项已扣除买卖双向交易费用（按0.25%计算）。

1月4日：卖出大唐发电2000股（5.32元），买入中铁二局3100股（4.86元），买入中科英华4200股（3.85元）；

1月6日：卖出东方航空4000股（3.64元），买入中科英华4000股（3.63元）；

1月11日：卖出中铁二局3100股（5.22元），买入大唐发电2000股（5.26元），卖出新疆城建4200股（6.05元），买入新疆城建4200股（5.83元）；

1月12日：卖出新疆城建4200股（5.85元），买入新疆城建4200股（5.75元）。

在上述操作中，除1月4日买入的4200股中科英华、1月6日卖出的4000股东方航空，以及买入的4000股中科英华未回转交易外，其余操作都进行了反向交易，结果都符合高卖低买要求，最终在筹码不变情况下多出资金2390元。虽然这一收益与账户总值相比显得微不足道，但也为跑赢指数做出了实际“贡献”。

简单交易背后的秘密

在确保市值水涨船高的同时，让资金账户多出2390元，这一操作对于短线高手来说可能算不了什么，但就普通投资者而言，也是个来之不易的收益。在高卖低买这种看似简单的交易中，起关键作用的操作主要有三个方面。

一是大涨后卖、大跌后买。

当持有的股票阶段涨幅较大，跑赢指数或超越其他个股时就将它卖出；当关注的股票阶段跌幅较大，跑输指数或其他个股时就及时买入。不少投资者在操作中往往“事中眼不开，事后常后悔”，对于涨幅较大的品种以为还会再涨所以不想卖，跌幅较大的股票以为还要跌所以也不想买。但一段时间后，发现错过了卖、买点，才后悔当初该卖不卖、该买不买。笔者1月4日卖出大唐发电、买入中铁二局，以及1月11日进行的反向操作，都属于“大涨后卖、大跌后买”的交易。

做好“大涨后卖、大跌后买”操作的关键在于想清楚以下三个问题：首先是怎样进行高卖低买？在1月4日操作前一个月里——2011年12月5至30日，大唐发电走势强劲，区间涨幅高达17%，但日均成交量只有0.1%左右，明显不支持继续大涨。与此同时，待买的中铁二局大跌9.38%，存在“跌过头”的嫌疑，双方出现了较好的高卖低买机会。于是，笔者于1月4日毫不犹豫地卖出持有的2000股大唐发电，并在中铁二局回调过程中按计划买入3100股。其次是如何进行反向交易？一般来说，当卖出的股票出现下跌、买入的股票出现上涨即可进行反向操作，1月11日的回转交易便较好地体现了这一点。最后是做不到“最好操作”怎么办？所谓的大涨和大跌是个相对概念，并非意味着要卖在最高点、买在最低点，衡量操作对错的标准是“动”与“不动”相比资金账户的增减情况，如果资金增加了即是正确的操作，无须后悔卖后再涨或买后再跌；反之，则是错误的操作。

二是急涨时卖、急跌时买。

“大涨后卖、大跌后买”主要表现在时间上——短线涨跌不大但在跨度较长的时间段里涨跌较多，而“急涨时卖、急跌时买”则主要体现在空间上——时间跨度不长但空间落差较大。所谓急涨，既包括数个交易日连续大涨，也包括单一交易日里以涨停方式急涨。如1月11日卖出的新疆城建，在卖出前三个交易日，该股先后经历了探明底部、温和反弹、放量涨停三个阶段，急涨特征十分明显。对于这种短线急涨尤其是突然涨停的股票，下一交易日开盘价往往是较好的卖点，所以笔者按计划在新疆城建涨停之后的下一交易日——1月11日以开盘价（6.05元）将持有的一部分筹码（4200股）卖出。所谓急跌，则是指数个交易日连续大跌，或单一交易日跌幅较大甚至以跌停方式急跌，笔者当天回补的新疆城建（价5.83元）便属于急跌时买入的品种。

三是上涨时卖、下跌时买。

在初次高卖低买基础上，如果买入的股票出现了上涨，或卖出的股票出现了下跌，都可称之为正向运行，所进行的二次（反向）操作则称之为正差操作。如1月12日针对前一交易日买入新疆城建所进行的等量卖出，虽然差价不大——只有0.02元，扣除交易成本后所剩收益更少，但属于正差操作；5.85元卖出后，当天又以5.75元价格买回，同样属于正差接回。操作中须注意的问题是，在扣除交易成本后仍能获得正向收益的操作才是真正的高卖低买，如果剔除交易成本前是正差但剔除之后却出现了反差，这种操作表面上看是高卖低买实际上却相反。

值得一提的是，在交易品种方面，既可以是单一品种自身，也可以在具有可比性的不同品种之间进行高卖低买，如1月6日卖出东方航空4000股（3.64元），买入中科英华4000股（3.63元）；在交易时机方面，既可在较长的时间段里进行高卖低买，如半年、一年甚至更长，也可在较短的时间里进行，如几个交易日、当天，甚至单日之内在有底仓情况下反复操作；在交易结果方面，要求只有一条——正向操作、正差收益，流畅时多交易，梗阻时宜观望，切不可心态失衡、追涨杀跌。

“吃回头草”也有讲究

作为一种独特的选股方式，“吃回头草”实际上是门技术活，讲究的是精细，考验的是耐心，需要与确定性、执行力、平常心结合起来。只有做到了“三结合”，才算是“吃得好”，才能让“回头草”变草为宝——

要想在变幻莫测的股市里胜人一筹、持续盈利，不仅需要有独特的观察能力、良好的操作心态，而且离不开过人的选股本领、娴熟的操作技法。

单就选股而言，方式也是多种多样，没有千篇一律的模式，只要适合自己即可。及时发现并抓住“回头草”的投资机会，便是一种简单、实用、有效且适合多数投资者的选股方法。

“回头草”不是草

选股，与日常生活一样，不少人都有喜新厌旧的习惯，喜欢陌生的新股，不喜欢熟悉的老股，尤其是曾经操作过的股票（简称“回头草”）。殊不知，“回头草”不是草，不少曾经操作过的股票恰恰具有较大的投资机会，能给投资者带来意想不到的好收益。

2012年4月20日（周五）收市后，笔者有一笔资金想建仓。由于当时大盘自低点2132.63点起涨以来涨幅已大，达12.86%，且面临前高压力，因此，若再按传统方式选股风险较大。怎么办？笔者想到了“回头草”——之前曾经操作过、如今依然在低位徘徊的股票南方航空，决定于下周一开盘后的第一时间买入该股10000股。

4 月 23 日（周一），笔者以比开盘价高 0.01 元的价格买入南方航空 10000 股（4.73 元），用资 47300 元（暂不计交易费）。截止 6 月 8 日收盘，以南方航空最新价 4.68 元计，操作结果浮亏 500 元，对应跌幅 1.06%，比同期上证指数（-5.08%）少跌 4.02 个百分点。

不仅如此，笔者还在 5 月 2 日至 6 月 4 日间，利用这 10000 股南方航空底仓，三进三出、高抛低吸，回转交易后分别获利 677 元、282 元、1080 元，合计 2039 元，对应涨幅 4.31%。

在此期间，笔者还用账户里的少量闲资，通过“自我双融”操作法，进行了 5 次融资操作，分别获利 583 元、583 元、582 元、383 元、483 元，合计 2614 元，对应涨幅 5.53%。

在指数下跌 5.08%、个股本身下跌 1.06% 的情况下，通过多种方式结合操作“回头草”，最终取得了 4153 元的收益，对应涨幅达 8.78%，相当于位居同期可比的 2342 只股票涨幅第 322 名，不仅跑赢南航自身 9.84 个百分点，而且跑赢指数 13.86 个百分点，“回头草”的赚钱效应由此可见一斑。

“怎么吃”有讲究

细察南方航空操作结果不难看出，能在大盘和个股“不配合”的情况下取得超出指数 13.86 个百分点的“回头草”收益并非易事。13.86% 的超额收益实际上由三个部分组成，分别是南航自身强于大盘走势带来的抗跌收益——4.02%，高抛低吸取得的正向收益——4.31%，以及“自我双融”获得的额外收益——5.53%。“回头草”的具体“吃法”离不开品种选择、高抛低吸和“自我双融”这三个部分。

首先是正确的品种选择。几乎所有投资者都出现过曾经操作过的股票被晾在一边的情况，在这些数量庞大、可供选择的“回头草”里，如果品种选择不当，纵然有高超的短线交易能力，也很难踏准操作节奏，取得理想效果；反之，如果品种选择恰当，即使不是特别擅长短线交易，多数情况下也能取得好的收益。譬如，因为选择了南方航空，才使得在近半股票区间跌幅超过 7% 的情况下，“回头草”市值只缩水 1.06%，大幅跑赢指数和绝大多数个股，并为最终取得“回头草”的操作成功奠定了基础。所以，正确的品种选择是成功操作“回头草”的重要前提。

问题是，为什么会在众多的“回头草”里选择南方航空而不是别的股票？其中的奥秘在于“四看”：一看熟悉性——股性越熟越好。无论是基本面、技术面还是投资者对于股性的熟悉程度，都要尽可能做到越熟越好。譬如南方航空，笔者曾于2010年3月30日至5月18日先后16次操作过该股，其中8次买入、8次卖出，最终全部获利。通过多次操作，对该股的股性已较为熟悉。二看超跌性——跌幅越大越好。南方航空自“前期高点”（2010年10月27日创下高点13.00元当天的收盘价）至4月20日（收盘价），期间跌幅达60.69%，同期上证指数只跌19.69%。三看滞涨性——涨幅越小越好。自“前期低点”（2011年12月22日创下的低点4.42元当天的收盘价）至4月20日（收盘价），期间的涨幅只有3.48%，同期上证指数大涨10.09%。四看优势性——利好越多越好。如南方航空具有每10股派2元分红扩股的潜在利好。通过“四看”所做的正确品种选择为最终大幅跑赢指数贡献了4.02个百分点。

其次是正确的高抛低吸。不难看出，即使选择了南方航空这样十分抗跌的“回头草”，如果不穿插必要的高抛低吸，收益同样难以如愿。建仓南方航空后笔者共进行了3次高抛低吸，通过回转操作分别获得数百元至千余元不等的短差收益。操作方法有时先买后卖，有时先卖后买，根据股价高低灵活进行买卖交易，但大多采取急涨时卖、急跌时买的交易方法，虽然差价不多、获利不丰，少的只有282元，多的也仅1080元，但全部取得正向收益。结果，正确的高抛低吸又为最终大幅跑赢指数贡献了4.31个百分点。

再次是正确的“自我双融”。由于买入的“回头草”采取长短结合、滚动操作方式交易，所以对此进行的高抛低吸操作实际上是“融券操作”——先借券卖券、后买券还券。“自我双融”的另一重要方式是“融资操作”——先借资买券、后卖券还资，这也是成功操作“回头草”的必要组成部分。对于留有一定数额余资的投资者来说，即可通过“融资操作”达到“买得更低、卖得更高”的目的，进一步扩大“回头草”的盈利比例。譬如，在高抛低吸操作中，高抛（4.92元）南方航空后低吸的价格为4.84元，当股价跌至4.61元、出现更好买点时，便以4.61元的时价融资买入10000股，翌日便在该股冲高过程中以4.68元的价格逢高卖出，获利583元后翌日便将所借款项“还”了回去。

由于“自我双融”体现的操作原则是“买得更低、卖得更高”，操作收益多数情况下会超过高抛低吸方式。而且，“自我双融”与“普通双融”比优势更为明显，无须支付利息、没有双融期限、没有操作压力，操作起来反而更加轻松，更有助于理性操作、稳定获利。结果表明，正确的“自我双融”为最终大幅跑赢指数贡献了5.53个百分点。

由此看来，“吃回头草”既没有想象中的这么简单——随便找一只“回头草”买入即可，也没有意想中的这么复杂，以为不是普通投资者所能做好的。**只要与正确的品种选择、正确的高抛低吸以及正确的“自我双融”结合起来，就能对“回头草”敢于低吸、敢于高抛，“吃”出收益、“吃”出水平。**

“吃得好”才是宝

作为一种独特的选股方式，“吃回头草”实际上是门技术活，讲究的是精细，考验的是耐心，需要与确定性、执行力、平常心结合起来。只有做到了“三结合”，才算是“吃得好”，才能让“回头草”变草为宝。

作为一种独特的选股方式，“吃回头草”实际上是门技术活，讲究的是精细，考验的是耐心，需要与确定性、执行力、平常心结合起来。只有做到了“三结合”，才算是“吃得好”，才能让“回头草”变草为宝。

一是要与确定性结合起来。能否在“吃回头草”过程中保持镇定、充满底气，与买股时的“比较方法”密切相关。如果比的是买入之后，由于行情充满变数往往会感到不踏实；要是比的是买入之前，由于盈亏已经确定，无论买后股价怎样涨跌，都不会受到任何影响。譬如，“吃回头草”前笔者最后一次卖出南方航空的价格为8.14元，“吃回头草”时首次买入的价格为4.73元，一旦买入，3.41元的正差收入实际上已成为确定性收益。如此操作，“吃回头草”时才会镇定自若、底气十足。

二是要与执行力结合起来。一方面，要有切实可行的交易计划。即使精选了交易品种，同样离不开交易计划，包括买入股票的批次、数量、价格及买后打算等；另一方面，要严格执行交易计划。计划一旦确定，就要严格执行，否则就会前功尽弃、劳而无功。

三是要与平常心结合起来。既要在“吃回头草”时敢于低吸，特别是要抓住早盘恐慌时提供的低吸良机，按计划分批买入股票；又要敢于高抛，及时抓住盘中冲高时提供的高抛机会，按计划分批卖出股票。与此同时，还要有良好的心态，一方面，不在买入股票后当相关品种出现大涨时后悔当初买得不够多，假如真的买多了交易心态就会大不一样，结果常常适得其反；另一方面，不在卖出股票后当相关品种出现大跌时后悔当初卖得不够多，假如真的卖多了内心也会很不踏实，甚至影响“吃回头草”的交易节奏和最终结果。

怎样解决抄底难题

炒股，没有百发百中的操作方式；抄底，也没有绝对的操作好坏之分。只要参与抄底，就既存在机会又蕴含风险，关键是要在抄底时尽力做到放大机会，降低风险——

股市大跌后，投资者想得最多的往往是“割肉逃命”、减少损失，很少有人会想到抄底建仓、争取获利——低迷的成交量足以说明问题；但当股市突然出现一根拔地而起的长阳后，不少投资者的想法也随之剧变，有的后悔未在低位买入、错过建仓良机，有的思忖着要不要在指数上涨后再来参与抄底。

“察”——洞察底部特征

毋庸置疑，不在指数和股价屡创新低而是在长阳拔起之后参与抄底，从成本角度看，显然不是好的抄底时机。从某种程度上讲，抄底能否成功，关键取决于投资者的进出时机，取决于寻找底部的眼力和功夫强不强。所谓“察”，实际上就是要锻炼和培养投资者观察底部的能力和水平——根据以往底部的形成规律，通过洞察底部特征来及时发现底部是否来临。一般情况下，指数和个股运行到底部区域后都会呈现出以下“五大特征”（以2011年9月21日指数长阳前的底部为例）。

——**交易活跃程度持续滑坡**。表现在交易日内总成交量、总成交额和换手率等方面，呈不断缩水趋势。如9月21日指数大幅反弹前，沪市连续三个交易日成交额均低于500亿元，且逐日递减，分别为495亿元、486亿元和479亿元。总成交量和换手率也呈同步缩减趋势。

——**投资主体生存出现危机**。不仅广大中小投资者亏损累累、怨声载道，而且一些机构、私募、券商也普遍感到日子难过，亏损总额和比率接近甚至超过以往股市最低迷时期，如2008年熊市。特别是一些券商的亏损程度更是与股市上涨时期——2010年全行业无一家券商亏损和2009年仅两家券商出现亏损形成鲜明反差。

——**开户入市人数大幅下降**。与顶部相比，处于底部时期的投资者入市意愿日趋低迷甚至跌至冰点，新增开户数无论是同比还是环比都出现明显下降。如9月13~16日这一交易周，沪深两交易所新增股票开户数只有13.15万户，相比前一周减少了2.7万户，降幅达17.03%。

——**媒体舆论随之纷纷看空**。21日大幅反弹前，媒体包括主流媒体的质疑声、看空声不绝于耳，有些平面媒体的财经股市版刊登的文章甚至为清一色的看空文章。如《中国股市为何跟跌不跟涨》、《巨型IPO“抽血”，股市积重难返》、《市场身心俱疲，做多动力不足》、《反弹别太惊喜，抄底仍需等待》等，几乎没有媒体认为股市会上涨。

——**产业资本开始进场扫货**。随着股市大幅下跌，不少个股出现了战略性建仓机会。就在普通投资者感到麻木、不抱希望、不计成本、恐慌抛股之时，一些敏锐的上市公司高管却以各种方式从二级市场大量购入公司股份。继中国北车9月5日公告公司高管以个人自有资金从二级市场购入公司股份69万余股之后，多家上市公司仅9月份就发生了超过1000笔的股东增持交易，累计进场资金达100多亿元。

虽然不同时期的底部特征会有所区别，但概括起来大多离不开“市场最恐慌、交易最低迷、股价最低廉”等共同特点。当这些特点部分或全部出现时，大盘和个股见底并出现报复性反击的可能性就会大大增加，此时，投资者即可着手抄底前的谋划和准备工作，并择机进行抄底操作了。

“精”——精通抄底技巧

与逃顶时一些投资者希望卖在最高点，结果痛失逃顶机会一样，当市场出现底部特征，为投资者提供抄底机会时，不少投资者也会因希望抄在最低点而错过抄底机会，主要原因在于不知道怎样抄底——心态随市场波动而波动，操作受情绪影响而影响。

譬如，9月20日（周二）大盘创调整新低2426.70点时，市场一片恐慌，投资者跟着恐慌连忙清仓；21日（周三），大幅反弹后以2512.96收盘，单日上涨65点，在不少人普遍看多时赶紧进场；接着周四又是暴跌70点，若再次杀跌，仅三天时间，即使不考虑交易成本和个股因素也将造成较大损失。因此，成功抄底不仅要洞察底部特征，而且要精通操作技巧。在操作层面须重点把握好三个主要环节。

一是要有“心中底”。抄底最难的莫过于进场时机的把握——在多少点位开始抄底。如果用以后来看过去，谁都知道应在多少点位抄底，但在当时却很难保持清醒头脑。解决办法有二：一方面，要有“心中底”，做到“点数清”，明确自己所期望的抄底点位，如2600点、2500点、2400点等，只要目标明确，多少点数都无所谓；另一方面，“不急也不等”。若“心中底”未到，就采取“不急法”——就地卧倒不抄底；若“心中底”已到，就采取“不等法”——不贪不惧、及时抄底。仍以上述三天指数大幅波动为例，投资者若心态良好，按照计划高抛低吸，损失就会非常有限。

二是体现“优势性”。在选好进场时机、明确“心中底”基础上，还要确定具体的抄底品种。一般可通过观察目标股票是否具有“四性”来加以筛选：熟悉性——平时经常关注、长期跟踪、跌起来不怕的自选股；超跌性——与指数和其他同类股票比，由于受突发事件影响，跌幅较大、涨幅较小的品种；错杀性——目标股票在下跌过程中出现了集中性、非理性的被抛售现象，导致股价被错杀，且有跌过头的可能；增持性——由于股价被投资者错杀，一些高管不惜重金通过二级市场大量购入股份。

譬如，8月22日，笔者有一笔资金需要抄底，选择的品种是中国北车，抄底买入价4.58元。当时选择此股正是鉴于该股具备了以上“四性”这一考虑。抄底时，上证指数为2515.86点，从高点下来，跌幅为17.98%，而中国北车同期大跌52.73%，远超指数和其他个股跌幅。结果，抄底后至23日收盘，在上证指数下跌3.29%的情况下，中国北车逆市上涨1.31%，跑赢指数4.6个百分点，达到了预期的抄底目的。此举表明，投资者只要按照“四性”要求选择股票，进行抄底，成功概率就会大大提高。

三是强调“执行力”。既包括良好的仓位控制——在明确进场时机、抄底品种的基础上，还要确定抄底数量，原则上不要采取一次性“抄底”法，而是应该分若干次参与抄底，以便越跌越买；又包括适度的搭配组合——规定好单一品种的买入上限，如1/3、1/4 等，具体比例应视资金量大小而定。抄底时无论待买股票多么诱人，都不应突破事先设定的上限。

若能正确把握上述三个环节，实际上相当于抓住了抄底的“牛鼻子”。

“防”——防范抄底风险

炒股，没有百发百中的操作方式；抄底，也没有绝对的操作好坏之分。只要参与抄底，就既存在机会又蕴含风险，关键是要在抄底时尽力做到放大机会，降低风险。抄底的风控方法主要体现在三个方面。

首先，摊低成本、把握主动。在抄底下单时原则上要做到跌时捡拾，切忌涨时追抢。特别是要注意选择在大盘和个股处于“冰冻期”（成交低迷）、急跌时加仓，此时建仓的成本往往会非常低。

第二，余钱抄底、不借不贷。既不要通过民间或银行借贷等方式筹集资金、用于抄底，也不可动起融资融券等高风险伤脑筋参与抄底，更不能倾其所有，用“赌一把”的心态参与抄底，任何不理性的思维及操作方式都是抄底的大忌。

第三，调整心态、保持淡定。抄底时做到简单些、淡定些，往往比复杂、急进式抄底效果要好。无论是宏观政策变化、技术指标演变，还是专家投资建议，都只能作为抄底时的参考，具体要靠自己决策。当方向难辨时，适当地采取一些包括“麻木术”在内的心态和方法未必就是坏事，不问或少问股市跌得是否有理，不猜或少猜是否已是最后一跌，不想或少想自己的抄底能否胜人一筹。

总之，**只要事先制定好严密的抄底计划，保持良好的抄底心态，严格按计划做到低买高卖；抄底之后，也无论结果如何，是涨是跌，被套与否，收益大小，都能做到涨不喜、跌不悲，都属于正确的抄底**。而且，本着这种心态抄底，抄到大底的概率就会随之增加。

如何进行防守反击

防守反击最难的是仓位控制，即用多少资金参与防守，多少资金参与反击，分寸较难拿捏。如果仓位过重，万一再度大跌，就会造成重大损失，假如仓位过轻，一旦反转向上，又会错失抄底良机。普通投资者究竟该如何把握“防守反击”的分寸——

2011 年 7 月中旬以来，指数涨少跌多，个股随之下挫，特别是每当周边市场环境和资金面稍微出现一些波动，大盘和个股更是应声下跌、加速赶底。5 日，受 4 日美股暴跌影响，本已疲弱的沪深股市再度出现大幅下挫，便充分说明了这一点。

在赶底阶段炒股，最要紧的是保存实力，在此基础上再去考虑何时出击，怎样进行防守反击等。

赶底阶段易犯的几个“错”

炒股，谁都会犯错，但典型的大错有两种：一是在顶部犯下的追涨错；二是在底部所犯的杀跌错。赶底阶段易犯的错便是后者的典型表现，主要有以下三种。

一是曾经的“错”变成了“错上加错”。指数从高位一路下跌，“伤”得最重的无疑是重仓甚至满仓的投资者。如果说这种“伤”主要是由于未在高位减仓这一操作错误所至的话，那么比这种错误更大的错误在于：从高位一路深套的筹码跌至低谷时杀出，卖了个地板价所带来的“错上加错”，这也是一些投资者在“赶底阶段”易犯的“杀跌错”的常见形式。

二是曾经的“对”变成了“等于不对”。与重仓或满仓被套者相比，有的投资者由于在高位及时减仓、见好就收，在大盘下跌中规避了风险，保存了实力，现在看来，这些投资者当时的减仓操作无疑是正确的。但这种“对”也是相对的。相比以前，今天看来当时的操作是对的，但若在一定低位未能及时回补筹码，不敢逢低买入，等行情涨到一定程度再想到买股，再回过头来看今天，就会发现曾经的“对”后来又变成了“等于不对”。

三是眼馋强势个股去追高。有些投资者在指数跌至一定低位时利用余资也进行了补仓操作，但在品种选择中不是逢低吸纳价值低估、遭受错杀的潜力股票，而是眼馋强势个股，进行了追高买入。此举同样是在“赶底阶段”炒股时易犯的错误之一。

就拿笔者长期跟踪的两只股票新疆城建和华东数控为例。自1月25日起至8月3日半年多时间，上证指数区间涨幅仅为0.04%，几乎打了个平手；新疆城建从8.53元（复权价）涨至9.25元，涨幅为8.44%，跑赢指数8.40个百分点；同期华东数控却从24.83元跌至14.65元，跌幅高达41.00%。假如，投资者半年前持有新疆城建和华东数控各10万元，折股分别为11723股和4027股，7月28日市值分别变成了108438元和58996元。

此时，摆在该投资者面前的换股方法有两个：一是以弱换强——卖出华东数控4027股，去换新疆城建（可换6378股，暂不考虑交易费用，下同），换股后共持有新疆城建18101股，这些股份若在半年前买入只需154402元，相当于20万元资金突然蒸发了45598元，这就是眼馋强势个股去追高所带来的隐性损失；二是以强换弱——卖出新疆城建11723股，去换华东数控，可换7402股，换股后共持有华东数控11429股，这些股份若在半年前买入共须283782元，相当于20万元资金突然多出了83782元，这就是没有眼馋强势个股去追高所带来的额外收益。追不追高操作导致“一多一少”结果，二者竟差129380元，相当于64.69个百分点。

防守反击该做的几件事

赶底阶段炒股，须做的工作很多，重中之重是在保存实力、精心谋划的基础上，随时准备防守反击。**防守反击操作最难的是仓位控制，即用多少资金参**

与防守，多少资金参与反击，分寸较难拿捏。因为，如果仓位过重，万一再度大跌，就会造成重大损失；假如仓位过轻，一旦反转向上，又会错失抄底良机。那么，究竟该如何把握防守反击的分寸呢？关键有三：

——**确定投资策略**。

防守与反击是一对矛盾，协调二者矛盾最有效的法宝在于良好的仓位控制。一方面，做到既要有资金又要有股票，以便在行情处于加速赶底时能有一定的资金留作机动，随时参与反击；当市场进入“全面反攻”时，又能有足够的股票参与反弹，并可随时进行获利了结，从而使整个操作变得非常主动。另一方面，根据对指数的预期把握进出节奏。炒股有分歧其实并不可怕，真正可怕的是自相矛盾——一会儿追涨、一会儿杀跌。解决这一问题的有效方法是：根据对指数的预期把握进出节奏，做到越跌越买，越涨越卖，指数点位越低、仓位越重，点位越高、仓位越轻，高抛低吸，游刃有余。

——**做好换股准备**。

除了仓位，品种选择是否恰当也是决定防守反击能否成功的一大关键。赶底阶段投资者的状况大致可分为三类：一是满仓的投资者，考虑最多的是要不要换股；二是空仓的投资者，考虑最多的是该买什么股票，何时买入；三是既有股票又有资金的投资者，既要考虑要不要换股，又要考虑该不该加仓。但无论哪种情况，都离不开买入和卖出，即适度的换股操作。

操作方法

做好品种选择是关键

首先，检查账户，清点股票，看看持有哪些股票。在此基础上，通过计算阶段涨跌幅度，确定待卖股票（一般是阶段涨幅最大者）。

其次，确定买入对象。一旦卖出股票腾出一定资金后就要有相应的待买股票作为备选。选择待买品种的方法与确定待卖股票一样，都需要计算相关股票的阶段涨跌幅，只不过标准截然不同，首先选的是跌幅大者。

最后，做好交易准备。将确定的待卖、待买品种放入用户板块设置的自选股里，一般按先待卖、后待买的顺序自上而下依次排列。

——**择机进行交易**。

一切准备就绪后，即可择机进行防守反击操作。一般在策略上分为两步实施：先按上述计算结果在第一时间操作一定比例（一般为1/2）的仓位。首次换股时要求做到果断买卖、不贪不惧；在此基础上，再按价格优先原则，尽力确保卖得更高、买得更低，顺利完成二次换股工作。

还是以新疆城建和华东数控为例。假如投资者能在上述分析的基础上，以平和心态及时果断地进行以强换弱操作：卖出新疆城建，换入华东数控，不仅能顺利地将64.69个百分点的“筹码收益”轻松地收于囊中，而且在随后两个交易日指数和强势股的大幅调整中再次取得良好的投资收益。4日、5日两天，在指数下跌1.94%的情况下，强势股新疆城建大跌6.81%，跑输指数4.87个百分点，而弱势股华东数控却逆市大涨2.80%，跑赢指数4.74个百分点，一来一回收益相差9.61个百分点，这就是敢不敢在低位进行防守反击所带来的“收益差”。

“高抛低吸”须防的几种险

炒股风险无时不有、无处不在，只不过在不同阶段，面对不同品种，操作时的风险大小不同而已。高位追涨是一种风险，低位杀跌同样是一种风险。在行情处于赶底阶段，投资者进行防守反击尤其是高抛低吸时须重点防范的风险主要如下。

一是避险的风险。本想控制风险，由于错误地判断了大盘的点位，误把底部当成了半山腰，结果仓位很轻，导致踏空，之后不得不在更高的位置把低位卖出的筹码买回来。

二是好动的风险。在赶底阶段进行的防守反击操作，投资者原则上只要买入筹码后持股不动即可，但一些投资者为了争取投资收益的最大化，希望抓住盘中的每一次波动机会，做到高抛低吸。实际上，这种“好动”的操作风险很大，赶底阶段极有可能因“动”而丢失筹码。

三是恐惧的风险。与高位不愿卖股一样，“赶底阶段”不愿买股的投资者大有人在，原因之一是恐惧心理占了上风，担心大盘和个股跌了还跌，因此不敢买股。事实多次表明，在每次大的行情面前，最佳建仓时机不是在上涨过程中抢筹，而是在赶底阶段分批逢低吸纳。

神奇的回转交易法

回转交易，操作得好事半功倍、的确神奇，但若方法不当，也会弄巧成拙、适得其反，或造成筹码丢失，或导致越套越深。就过程本身而言，看似有些复杂，实则非常简单，只需具备“三功”即可——

市场大涨后，看空做空的投资者往往会错失难得的建仓良机，坚定持股、逢低买入的投资者则能获得良好回报。在一般投资者看来，能成为后者，已够幸运。实际上，要是在坚定投资“大方向”的同时能巧妙地运用一些适合自身实际的操作“小方法”，不仅不会在强势市里踏空，而且能获得超出指数和个股涨幅的额外收益，进而成为比后者更幸运的投资者，这就是回转交易——简单的制胜法宝带来的投资效果。

神奇的回转交易

先来看操作。2011 年 8 月 2 日，笔者曾卖出新疆城建 4200 股，价格 9.12 元，同时用腾出来的资金以 5.24 元的时价买入中国北车 7400 股（账户内原有少量余资）。10 月 24 日，按计划进行了回转交易：将买入的 7400 股中国北车全部卖出（4.91 元），再将之前卖出的新疆城建在回调过程中如数买回（4200 股，7.12 元）。

回转交易结果：先卖后买新疆城建，多出资金 8400 元（不含交易成本，下同）；先买后卖中国北车，出现亏损 2442 元，正负相抵，在筹码不变的情况下，多出资金 5958 元，相当于刚刚买入的新疆城建市值 29904 元的 19.92%。

从前后两次交易的最终结果看，原先持有的新疆城建，不仅没有因为卖出的资金在其他股票上的追涨杀跌导致筹码丢失，而且正确的回转交易，在全数接回原有股票的基础上多出资金 5958 元，使得在前期指数大幅下跌的情况下，总体市值缩水幅度牢牢控制在单一品种下跌幅度之内，而且回转交易产生的资金收益使得市值实际缩水幅度远小于个股跌幅。这一结果，虽不及区间涨幅最大的少数牛股，但对于既无资金优势又无消息来源的普通散户来说，无疑是较为理想的操作结果。

简单的制胜法宝

上述回转交易之所以能在不长的时间里取得理想结果，看似有些眼花缭乱，实际上道理非常简单，投资者只要想清楚了交易中的“三个为什么”，其中谜团也就迎刃而解了。

为什么会在当时选择弃强择弱这样的操作而不是相反？纵贯前后两次交易不难看出，能成功回转的一大关键在于 8 月 2 日的这次换股——卖出新疆城建、买入中国北车。用现在的眼光看当时，进行这样的操作的确很有必要，但在当时，却是个痛苦的抉择。8 月之前，正是新疆城建走势十分坚挺之时。4 月 28 日至 8 月 2 日，上证指数大跌 7.20%，但新疆城建不仅没有下跌反而微涨 0.33%，跑赢同期指数 7.53 个百分点，在当时属于走势较强的股票之一。但中国北车不仅前期大跌，而且此时继续大幅下挫，区间跌幅达 25.74%，跑输指数 18.54 个百分点，市场无人看好，众人纷纷抛售（见表 1）。

表 1　　4 月 28 日至 8 月 2 日上证指数及相关品种区间涨跌一览表

区　分	4 月 28 日	8 月 2 日	区间涨跌幅（%）
上证指数	2887.04	2679.26	-7.20
新疆城建	9.11 元	9.14 元	0.33
中国北车	7.11 元	5.28 元	-25.74

按照通行的选股原则，多数投资者会在此时选择像新疆城建这样处于上升通道、阶段走势较强、快速获利概率较大的股票买入，同时卖出如中国北车那样处于下降通道、区间走势较弱、获利希望渺茫的股票。但当时笔者感到，新疆城建虽然走势很强，但获利已丰，应见好就收；中国北车虽然走势不佳，依

然在下降通道运行，但基本面良好、股价遭错杀的可能性很大，属于买入后可以放心持有的品种。于是，便毫不犹豫地按照一贯的操作原则——弃强择弱，卖出强势股新疆城建，买入弱势股中国北车。

为什么在换股后的两个多月时间里选择持股不动？回转交易之所以能成功，还有一大关键在于能“守得住”。弃强择弱、换股操作之后，卖出的新疆城建经历了从先跌后涨到持续下挫的过程，而买入的中国北车则出现了标准的圆弧底走势。之所以一直没有交易，一是鉴于大市不好，操作难度较大，为稳妥起见一直没有交易；二是在两市涨幅榜和表现活跃的股票面前保持淡定，绝不眼红强势股进行追涨操作，所以在两个多月时间里，在看不准方向的情况下一直采取以静制动、保持观望的投资策略。

为什么在两个多月之后的“此时”进行回转交易，不怕做反吗？这是进行成功的回转交易需要解决的又一难题。周末，已经几乎有两个月没有交易的笔者对“休眠账户”和之前的交易情况进行了查看，发现 8 月 2 日的这笔换股操作出现了较好的回转交易机会，于是决定在即将开始的下周交易中实施回转交易。但与任何交易都不可能确保百分之百正确一样，本次回转交易也存在对、错两种可能。对此，笔者的想法非常简单：回转交易针对的是之前的操作，比的是“假如当时不操作”，只要能让筹码增加（资金不变）或资金增加（筹码不变），无论回转之后涨还是跌，都是“正确的操作”，不应有任何的遗憾感，因为比的是之前——已经获利了 5958 元，而不是将来。

必备的三门“功课”

回转交易操作得事半功倍，的确神奇，但若方法不当，也会弄巧成拙、适得其反，或造成筹码丢失，或导致越套越深。就过程本身而言，看似有些复杂，实则非常简单，只需具备以下“三功”即可。

一是周密计划，切忌盲动。

与任何操作一样，回转交易也少不了事先的周密计划。如原先进行过什么样的操作，当时鉴于什么样的考虑，还有买卖品种、数量、价格等交易情况必须做到一清二楚。在此基础上，再制定相应的回转交易计划，哪些品种之间存在回转交易的机会，何时采取何种方法进行交易，心理价位是多少……事先都要想清楚。换言之，所有操作都必须在计划之内进行，而不是看着盘面随机应变，临时起意、盲目回转。

譬如，笔者在上述回转交易前，特意制定了8月2日至10月21日上证指数及相关品种区间涨跌一览表（见表2），并计算出中国北车的心理卖出价——4.91元，新疆城建的计划买入价——7.15元，以及回转交易完成后资金账户的预期盈利额——5832元。

表2　　　　8月2日至10月21日上证指数及相关品种区间涨跌一览表

8月2日交易情况				10月21日收盘	区间涨跌幅（%）	回转交易盈亏（元）
交易方向	交易名称	成交价格	成交数量			
	上证指数	2679.26		2317.27	-13.51	
卖出	新疆城建	9.12元	4200股	7.15元	-21.60	8274
买入	中国北车	5.24元	7400股	4.91元	-6.30	-2442
	合计				5832	

二是只有更好，没有最好。

计划制定好后，在实际回转交易操作中可以有些微调，但前提是要确保交易的成功，否则极有可能贪小失大、前功尽弃。在此基础上，再择机进行交易。卖出时，先要确保尽可能按照计划价快速成交，以便腾出资金为买入做好准备。上例中卖出的中国北车正是按计划价4.91元成交；买入时，则可根据待买股票的盘口情况，在确保股价不超越底价（待买价）的情况下，尽可能地低吸。上例中，买入的新疆城建实际成交价（7.12元）比计划价（7.15元）便宜了0.03元，使得实际多出的资金5958元比计划多出的资金5832元还要多。虽然相差不多，但也符合回转交易“只有更好，没有最好”的基本要求。须注意的是，不要奢望卖得最高、买得最低，因为这种不切实际的想法对回转交易来说没有任何益处。

三是克服贪恐，力戒追杀。

贪婪和恐惧、追涨和杀跌既是平时操作的大忌，也是回转交易的致命伤。要解决这一问题，行之有效的方法是学会自我“宽心”：回转交易时，无需考虑交易之后的涨跌，只需和之前的操作比，只要回转交易能做到有利可图即可。实际上，在当天和随后的几个交易日里，回转交易涉及的两个品种恰恰出现过与期望值相反的走势——卖出的中国北车放量大涨，买入的新疆城建快速杀跌。每当此时，“宽心法”往往能有效缓解“相反”走势给操作带来的心理压力。

> 投资者既是账户的管理者，也是筹码的调度者，同时也是回转交易的总指挥。只有做到心态良好、方法正确、计划周密、操作得当，才有望成为一名称职乃至优秀的指挥官，进而达到回转交易所希望的目的。

在自我“宽心”基础上，若能做好交易后的两手准备则更周全，即既包括正确的准备——当卖出的股票下跌、买入的股票上涨时，可于日后进行反方向操作，即“二次回转”；也包括错误的准备——当卖出的股票上涨、买入的股票下跌时，若账户里还有股票可卖，此时即可进行同方向再回转，继续卖出首次回转中卖出过的股票（此时卖价更高），买入首次回转时买入过的股票（此时买价更低），即后一次回转交易的效果要好于前一次。

接下来，还有个严格执行计划的问题。回转交易后，当相关股票出现了计划中预料到的走势时，应严格按计划进行操作。24 日，按计划 7. 12 元买入新疆城建几分钟后该股就出现了快速下跌，于是，就在该股跌至 6. 99 元时迅速抢进部分筹码；4. 91 元卖出的中国北车，两天后更是放量暴涨、盘中触及涨停，于是便在该股上冲过程中以 5. 39 元价格再次卖出部分筹码。显然，后来的操作与首次回转时相比，卖得更高、买得更低，收益更大，效果更好。

从某种意义上讲，投资者既是账户的管理者，也是筹码的调度者，同时也是回转交易的总指挥。只有做到心态良好、方法正确、计划周密、操作得当，才有望成为一名称职乃至优秀的指挥官，进而达到回转交易所希望的目的。

震荡市不坐“过山车”

在主体仓位保持不变的前提下，通过及时、有效的“进出”，不断做大“资金蛋糕”，在指数起落的同时让账户总值稳中有升，从而达到少坐甚至不坐“过山车”的目的——

至3月23日收盘，2012年股市已运行了11周，出现了首周小幅下探、接着连涨6周、后又下跌3周走势。从大的趋势看，此时股市依然未能摆脱“震荡市”的特点。

在“震荡市”操作，极端的情况有两种：一是踏准节奏、高抛低吸，因此成为市场里的大赢家，但普通投资者很难做到；二是心态浮躁、追涨杀跌，虽不是投资者所愿，但实际交易中大有人在。而占比较高的投资者群体采取的是长线投资、持股不动策略，虽未能享受高抛低吸的喜悦，却也能有效避免追涨杀跌的损失。问题是，不知不觉中坐起了“震荡市”里的“过山车”。

高抛低吸做不到，追涨杀跌不愿意，持股不动又不想坐“过山车”。怎么办？不妨试试“震荡市”里不坐“过山车”的操作方法。

“震荡市”可以不坐“过山车”

3月19~23日，上证指数周跌2.36%。几乎满仓的笔者如果持股不动，市值将缩水12830元，跌幅1.28%，比上证指数少跌1.08个百分点。在此期间，由于在长线持股的同时对部分仓位进行了短线交易（共33笔，涉及4只股票），结果在筹码不变的情况下多出资金2972元，增值0.30%。由于这一操作，使一周账户额由12830元降至9858元，跌幅也由1.28%降至0.98%。

乍一看，2972元的增资额及对应的0.30%涨幅对整个账户的“贡献”微乎其微，但若将这种不起眼的操作及取得的微利积攒起来，放在一个季度、一个年度甚至更长时间里就会发现，良好的投资收益正是得益于许许多多这样的“不起眼”式交易。在过去的11周里，除了主体仓位选择持股，市值因此随大盘起落外，几乎每周都有适量的短线交易，让资金账户不断增大，取得了较为理想收益。截止23日收盘，在上证指数涨6.24%情况下，账户总值涨12.46%，跑赢指数6.22个百分点。

通过对操作结果进一步细分即可发现，12.46%的收益实际上由两部分构成。

一是“动态性”涨跌，即“过山车”部分，涨幅为6.24%。这部分收益往往随大盘波动，投资者若想获得大盘上涨带来的收益，就很难避免大盘下跌带来的损失。同样，如想避免大盘下跌带来的损失，也很难获得大盘上涨带来的收益。因此，这种收益的主动权往往不在投资者手里。

二是“固定性”盈亏，即“确定性”部分，涨幅为6.22%。如果没有这一收益，账户也就跑不赢大盘。另外，这部分收益由于是在筹码不变的情况下，通过短线操作多出来的资金，实际上收益已经固定，不会再随大盘波动而发生改变，等于把收益装进了自己的口袋。这一收益表明，普通投资者只要方法正确、操作得当，“震荡市”里也可不坐“过山车”。

“震荡市”如何不坐“过山车”

上述操作表明，“震荡市”可以不坐“过山车”，但并非指账户里的全部筹码总能做到低点进、高点出，而是指在主体仓位保持不变的前提下，通过及时有效的短线交易，一方面确保持仓筹码不丢，另一方面不断做大“资金蛋糕”，在指数波动、起落的同时让账户总值保持稳中有升，从而达到少坐甚至不坐“过山车”的目的。操作方法如下。

精心确定交易品种。在交易对象方面，没有必要把交易范围扩大至全部2000余只股票上，只需选择平时经常关注、股性较为熟悉、操作起来把握性相对较大的股票即可；也无需在意这些品种的热门程度、题材多少、股价高低。不仅近期操作，而且在过去几乎所有的交易中笔者选择的目标基本上都是一些非常熟悉的“老股票”，如中国北车、新疆城建、中铁二局、东方航空等，很少去触碰上市不久、定位不稳的“新股票”。在数量方面，不宜遍地开花、四处出击，在账户里选择三、五只股票即可。操作结果多次表明，获利多少与交易品种的数量没有必然的联系。

精心做好交易准备，主要包括资金准备和计划准备。在资金方面，由于在操作过程中经常采取换股交易，交易数量又相对固定，因此经常会碰到不同品种所需资金不同的情况。如果资金账户总是所剩无几，很有可能在买入股票时出现资金不够的情况，因此要在资金账户里留有足够的备用金，只有“留多用少”，才能确保买入既定的数量。在计划方面，要养成事先计划和事后记录的习惯，尤其是后者，应将交易情况登记下来，最好填入表内，经常观察过去的交易存在哪些回转机会，在此基础上制定出翌日交易计划，便于操作时有的放矢。

精心选择交易时机。从近期大盘和不少个股日内走势看，行情的持续性往往较差，因此在交易中须从这一特点出发把握交易时机。具体分为三种情形：

一是在“冲顶阶段”要学会高抛。许多个股在盘中瞬间进行“1”字上冲时创下的高点往往是全天的最高点，因此要善于抓住“1”字上冲机会，及时卖出待卖股票。至于上冲的原因，是由于个股利好还是大盘上涨带来的个股普涨都可忽略，只要在“冲顶”中及时高抛即可。

二是在“下杀阶段”要学会低吸。一方面，当卖出的股票出现正差接回机会时要及时买入、不要犹豫；另一方面，当相关股票因突发事件出现非正常“杀跌”时也要抓住机会、及时抢进。

三是在“盘整阶段”要学会等待。高抛低吸机会不是天天都有，当机会来临时就要及时抓住，但当机会未出现时切不可心浮气躁、追涨杀跌，不要钱未赚到反而赔了税费或替他人买单，导致得不偿失。

不坐“过山车”需要有“技法”

在指数不停波动的“震荡市”里，让筹码保持不变、让资金持续增加，从而达到总值不坐“过山车”的目的，应成为眼下操作的一大重点。就“技法”来说，虽不是特别难，但也颇有讲究，主要体现在两个方面。

首先，要胆大心细，对交易期间盘中出现的各种信息及主力动向要独立思考、审慎行事。譬如，主力为达到某种目的，经常在五档盘口制造假象，一会儿大单托盘，一会儿大单压盘。对此，普通散户要学会反其道而行之，既不要被巨量托盘所迷惑、高位追涨，也不要被大量抛盘所吓着、低位“割肉”。

其次，要坚守定律。总体而言，只要做到急涨时卖、急跌时买，相对追涨杀跌来说机会更大、风险更小，但毕竟是在充满变数的股市，再好的交易也时常会出现相反走势——卖后上涨、买后下跌。此时，一定要守住定律，暂缓交易，等股价回过头来、出现正向交易机会时再择机换股。

波段操作注意事项

无论在牛市还是熊市，操作的是牛股还是熊股，如果一味采取持股不动策略，收益就会大打折扣，结果往往不尽如人意。若能在长线持股的同时进行波段操作，结果就会明显好于前者——

无论在牛市还是熊市，操作的是牛股还是熊股，如果一味采取持股不动策略，结果虽比追涨杀跌要好，但收益也会大打折扣，结果往往不尽如人意。若能在长线持股的同时，进行适度的波段操作，通过及时有效的进出达到高抛低吸、跑赢指数的目的，结果就会明显好于前者。

这里有一个操作实例或许能说明波段操作的重要性。截止 2012 年 4 月 20 日，笔者年初以来股市投资的浮动盈利为 17.79%，跑赢指数 8.36 个百分点（同期上证指数涨 9.43%）；4 周之后——截止 5 月 18 日，上证指数年初以来的涨幅降到了 6.60%，缩水了 2.83 个百分点，但笔者的浮动盈利却逆市涨到了 18.21%，反而上升了 0.42 个百分点，“一降一升”二者差 3.25 个百分点。

之所以能在前三个多月指数小涨的情况下让市值多涨点，在随后 4 周指数大跌的情况下让市值不跌反涨，既有效回避了大盘和个股下跌带来的系统性风险，又达到了总值稳中有升的目的，一定程度上正是得益于正确的波段操作。为揭示其中的交易奥秘，笔者对波段操作的方法和技巧做了梳理，归结为“三大纪律八项注意”，现介绍如下。

三大纪律

第一，务必要用余钱投资。

能否取得好的波段操作效果，往往与资金来源和投资心态密不可分。股市受政治、经济，以及参与主体心理、预期等综合因素影响，始终充满着极大的变数和不确定性。如果不是用余钱投资，操作起来压力就会很大，并时常出现实际操作与事先计划、原本预期不一致的情况。反之，如果投入的是余钱，没有使用时间和盈利比例压力，操作起来就会非常轻松，进而有助于操作的成功，所进行的波段操作和最终结果一般情况下都能与事先计划和心中预期保持一致。

> 提示
>
> **处理好存量资金与增量资金的关系**
>
> 即使投入的是余钱，也要在波段操作中处理好存量资金（已经投入股市的资金）和增量资金（准备投入股市的资金）的关系。原则上，波段操作使用的余钱，只能限于存量资金；增量资金不适合一般意义上的波段操作，只适合越跌越买交易。也就是，只有当指数或个股跌破某一位置（可事先设定）时，才可动用增量资金开仓买股。

第二，务必要用闲心操作。

一方面，尽量不要以股为业；另一方面，即使专职炒股，也无须过于专注。在多数情况下，有没有时间盯盘以及盯盘的专注程度与波段操作的最终结果之间往往没有必然的联系。在处理好方方面面关系的同时，利用闲心操作，反而有助于波段操作的成功，带来意想不到的收益。

> 提示
>
> **制定—执行—总结“三部曲”**
>
> 闲心操作不等于随心所欲。波段操作前一定要有计划，计划制定后一定要严格执行，计划执行后一定要认真总结。这三点是闲心操作必不可少的组成部分，也是成功进行波段操作的要素之一。

第三，务必要有两手准备。

多数投资者在操作中大多遇到过这样的情形：事先并不看好、没有及时买入的股票经常出现大涨，而充满信心并重仓买入持有的股票却不涨反跌。这说明，个股的涨跌不会依投资者的意志为转移。因此，在波段操作中，做好两手准备显得尤为重要。

提示

做好“两手准备”

两手准备既体现在对操作后股价的运行方向上——上涨还是下跌，也包括股市投资的最终结果——盈利还是亏损。对于前者，重点应做好涨跌准备，一般情况下可事先做好涨时卖出、跌时补仓的策略准备；对于后者，重点应做好盈亏准备，重点体现在心理层面上——若能盈利就当是劳动所得，万一亏了则可视做交了学费。

八项注意

以上“三大纪律”实际上是在波段操作前须做好的三项准备工作。在此基础上，即可进行波段操作，应注意的问题包括八个方面。

一要学会逃顶抄底。波段操作最难的是逃顶和抄底。其中，成功逃顶的关键是要善于在多数人贪婪、不愿卖股的时候卖出股票；成功抄底的关键则是要敢于在多数人恐惧、不敢买股的时候买入股票。要达到这样的操作水平，重在排除一切干扰，学会独立分析。譬如，3 月初，大盘接近 2500 点位置时，一直重仓的笔者思忖最多的就是准备减仓，把仓位降下来，并在实际操作中付诸实施。如果总是习惯于听信他人意见，没有自己的主见，就很难成为成功的逃顶、抄底者。反之，才有可能成功逃顶、抄上大底。

二要学会控制仓位。波段操作的核心在于对仓位的成功驾驭，做到顶部轻仓、底部重仓。一方面，要在平时养成控制仓位的习惯，尽量不要采取满仓或空仓这种极端式的持仓方式；另一方面，在大盘和个股处于不同点位时，应及时调整持股比例，做到越涨仓位越轻、越跌仓位越重。另外，还要正确理解控制仓位的要义，务必做到在大盘和个股大涨后控制仓位，目的是回避可能出现的下跌风险，便于在下跌后及时低吸、增加仓位，而不是在大跌后才想到控制仓位。

三要学会精选股票。能否取得波段操作的成功，与品种选择正确与否有很大关联。应该说，几乎所有挂牌交易的股票都没有绝对的好坏之分，不同品种之间唯一的区别在于，在不同时期、不同阶段各自表现有所不同罢了，有的此时涨、彼时跌，有的此时跌、彼时涨。交易品种的这一特点决定了波段操作的成功之道在于针对不同股票的性格特点采取不同的交易策略——大涨后将其卖出，低迷时及时买回。尤其是要做到：多买熟悉股，做到不熟不买；多买低估股，做到不低不买；多买超跌股，做到不跌不买。

四要学会分散搭配。波段操作看似简单实则不易，因此，不能以赌一把的心态满仓一只股票参与波段操作，而是应尽量做到分散搭配、组合投资，包括不同板块、不同品种之间的组合搭配。即使是同一品种，也要尽量区分不同批次，进行分批交易。资金量不大的中小散户一般可采取“三三制”方式进行搭配交易：选择三只股票各买入1/3；每只股票再分三个批次分三次建仓，每次买卖其中的一个批次，做到越跌越买、越涨越卖即可。

五要学会把握时机。一方面，要及时抓住个股盘中急涨时出现的高抛机会，快速卖出待卖股票，再在随后的回调中逢低买回；另一方面，要果断利用个股盘中急跌时出现的低吸机会，迅速买入待买股票，再在随后的反弹中逢高卖出。需注意的问题有两个：一是不要买入补跌的股票，包括之前大跌时赶上停牌、复牌后补跌的股票，其他股票跳水时表现强势、逆市上涨之后出现补跌的股票，以及在前期较长时间里涨幅巨大、后因获利回吐出现补跌的股票等；二是不要卖出补涨的股票。

六要学会交易技法。波段操作的委托方式主要有两种：一是在设好心理价位的基础上提前委托。主要依据K线图形，事先进行分析研究，确定买卖价格，提前委托下单。只要在设定价位时不是太贪，委托后成交的可能性较大。二是根据盘面走势进行即时委托。当确定进行交易时，只要在委托买入时委价比时价高一两个价位，卖出时委价比时价低一两个价位，实际成交的概率同样较高。另外，还须保持足够耐心，无论是低买还是高卖，都要在委托过程中学会等待，千万不可操之过急。

七要学会适度交易。一般情况下，几乎每天都会出现适合进行波段操作的交易性机会，尽管不同品种之间波动幅度会有区别。因此，在波段操作中把握分寸、保持适度十分重要。一方面，要在交易前做好布局准备，买入或卖出股票的名称，分几个批次，每批买卖多少数量等，都要在交易前布局妥当；另一方面，在完成布局准备工作的基础上，还要学会发现并抓住机会。当出现较多交易性机会（交易后即可获利）时，可多交易；当暂时缺乏交易性机会（只要交易就出现亏损）时，就暂停交易，确保随着交易频率的加快收益也能随之增加。

八要学会稳定获利。多回转、少换股是增加波段操作胜算的一大利器。通过回转交易，最终若能达到筹码不变但资金增加，或资金不变但筹码增加的目的，都属于正确的回转交易。在没有较大把握性的前提下，尽量不用或少用换股方法进行操作。值得一提的是，不要以为当卖出的股票接不回来时，只要换股即可接回。实际上，这是波段操作的一大误区。因为，当卖出的筹码接不回来时如果强行接回就会出现反差，导致得不偿失，但换买其他股票后，既有可能上涨，也有可能跌得更多。所以，正确的波段操作是回转交易（买入原卖出的股票），而不是喜新厌旧、盲目换股。

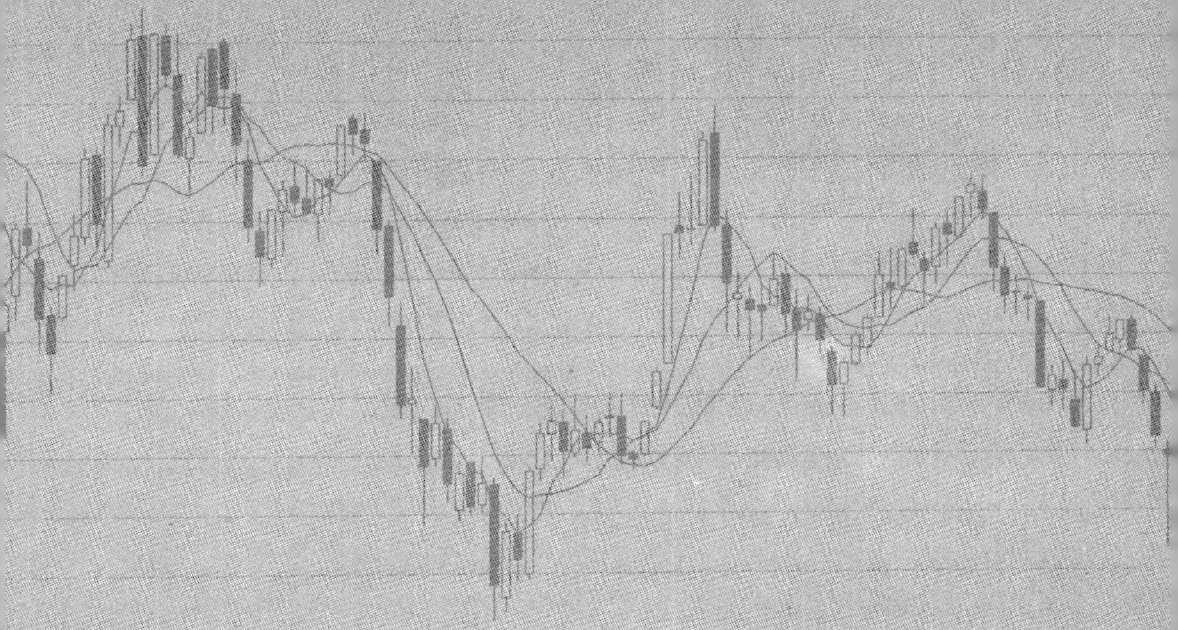

第7章

避　险

在股市持续下跌、趋势不明的市道里，若能同时做好避险和趋利两种操作，不仅能有效防范下跌风险，而且能及时把握上涨机会，有助于达到趋利避险的投资效果。

筑保险坑避熊市险

在股市持续下跌、趋势不明的市道里，若能同时做好避险和趋利两种操作，相当于给自己在熊市的操作中构筑了一道坚实的“保险坑”，不仅能有效防范下跌风险，而且能及时把握上涨机会，有助于达到趋利避险的投资效果——

炒股的人都希望自己是成功的趋利避险者，能最大限度地把握股市上涨机会，尽可能地回避下跌风险。简言之，就是在确保资金不受损失的前提下，去博取投资收益的最大化。

那么，股市投资究竟有没有趋利避险这样的好事，普通投资者能否达到趋利避险这样的操作效果，尤其是在熊市里？答案是肯定的。

一跌一涨——这样神奇！

先看操作。2012 年 11 月 12 日，满仓持股的笔者既想趋利又想避险，于是做了如下操作：卖出中国北车 6000 股，价格 4.23 元；卖出中国北车 7400 股，价格 4.24 元；买入华东数控 4600 股，价格 7.21 元；买入大唐发电 10600 股，价格 4.13 元。

再看结果。两天后——截止 14 日收盘，上证指数跌 1.15%，卖出的中国北车（以 12 日成交价作为初始价，下同）分别下跌 2.60%、2.83%，平均下跌 2.72%；买入的华东数控涨 3.05%，买入的大唐发电涨 1.21%，平均上涨 2.13%。一跌一涨，显性和隐性收益合计达 4.85%（详见表 1）。

操作后仅两个交易日，就在上证指数跌 1.15% 的情况下取得了跑赢指数 6

个百分点的“神奇”收益。这一收益的取得，正是得益于趋利避险操作法的正确使用——通过构筑熊市“保险坑”，让风险降下来，让收益提上去。

表1　2012年11月13～14日上证指数及部分股票涨跌幅一览表　　单位：元

交易方向	交易品种	交易数量（股）	交易价格	14日收盘	涨跌幅度（%）
	上证指数	**2079.27**	**2055.42**	**-1.15**	
卖出	中国北车	6000	4.23	4.12	-2.60
	中国北车	7400	4.24	4.12	-2.83
买入	华东数控	4600	7.21	7.43	3.05
	大唐发电	10600	4.13	4.18	1.21

注：1. 上证指数系13日、14日两天涨跌幅；2. 表内股票系12日交易价至14日收盘价之间的涨跌幅；3. 为便于计算，暂不考虑交易成本。

一盈一亏——这样选股！

趋利避险是投资者在熊市炒股的共同追求，好处不言而喻，但难点也是显而易见，特别是避险品种的选择和趋利品种的寻找。

首先是避险品种的选择。

所谓避险品种，指的是重仓甚至满仓的投资者所持有的品种里已经盈利，存在滞涨、下跌甚至大跌可能，无论是长线投资还是短线操作都需要回避，应该卖出的股票。

判断是否属于避险品种的标准主要有二：一是看基本面。原先消息面相对平稳、某日突发实质性利空的股票，或者虽然未见实质性利空但存在利空征兆的股票，累计涨幅巨大、股价已充分反映企业业绩的股票，以及一段时间里表现强势存在补跌可能的股票，都属于与企业基本面不符、有必要避险的品种。二是看技术面。阶段涨幅巨大——在大盘上涨中明显领涨大盘和其他个股的大牛股，以及阶段跌幅较小——在大盘下跌中跌幅明显小于大盘和其他个股甚至逆市上涨的强势股，都属于从技术层面考虑需要重点避险的品种。

> **所谓避险品种，指的是重仓甚至满仓的投资者所持有的品种里已经盈利，存在滞涨、下跌甚至大跌可能，无论是长线投资还是短线操作都需要回避，应该卖出的股票。**

避险品种的选择方法主要有三种：一是模糊法。在一段时间的操作中，感觉某一股票涨幅较大，存在调整可能时将这一股票列入避险品种的选择方法；二是看图法。主要通过察看分时图和K线图（包括日K线图、周K线图）来发现某一已经大涨的股票接近前期高点、或者上涨乏力、可能出现补跌的选择方法；三是比较法。利用行情交易系统，补齐数据后对自选品种进行阶段涨跌幅度排名统计，以此确定避险品种的选择方法。注意：在比较的时候，要既与指数比，又与同类个股比，不要顾此失彼、左右失控。

在上述三种选择避险品种的方法中，比较精确、可靠的是第三种，即比较法。但在比较过程中，一定要注意选择具有可比性的区间，如买卖区间——将某一股票买入和卖出的时间段作为区间进行比较。例如，11月5日，笔者有一操作：卖出中国北车6700股，价格4.10元。操作后，笔者想趋利避险，且同时利用买卖区间法选择趋利和避险的品种。具体方法是：先将平时关注、反复操作的熟悉品种做一粗选，再将这些粗选后的品种加入行情交易系统内的“自选板块”，利用“阶段涨幅”功能进行自动计算，并以中国北车当时买入时间（7月3日）和之后卖出时间（11月5日）作为区间进行计算（详见表2）。最后，只要将区间涨幅较大者作为避险品种即可（表中带“△”者）——依次为中国铁建、中国北车等。此例中，随后卖出的中国北车便是这样选出来的避险品种。

表2　　2012年11月5日收盘后避险品种选择一览表　　单位：元

股票名称	7月3日收盘	11月5日收盘	区间涨跌幅（%）	备　注
上证指数	**2229.19**	**2114.03**	**－5.17**	
中兴通讯	13.80	8.59	－37.75	☆
森马服饰	26.85	20.07	－25.25	☆
大唐发电	5.55	4.19	－24.50	☆
华东数控	9.16	7.37	－19.54	☆
南方航空	4.50	3.72	－17.33	
东方航空	4.22	3.54	－16.11	
中海集运	2.59	2.36	－8.88	
泰山石油	5.73	5.23	－8.73	

续表

股票名称	7月3日收盘	11月5日收盘	区间涨跌幅（%）	备　注
新疆城建	5.79	5.59	-3.45	
中铁二局	6.60	6.45	-2.27	
中国北车	3.92	4.12	5.10	△
中国铁建	4.41	5.26	19.27	△

注：带“△”号表示需暂时避险的品种；带“☆”号表示可短线买入的品种。

除买卖区间外，选择避险品种的方法还有高低区间——重要的高点和低点之间形成的区间，政策区间——重要的政策出台前后形成的区间，以及时间区间——重要的时间节点形成的区间等。对于避险品种，只要账户里持有这样的避险股票，原则上应按先后顺序（涨幅大小）予以避险——择机卖出。

其次是趋利品种的寻找。

所谓趋利品种，指的是留有资金、等待买入的投资者平时关注的熟悉品种里跌幅较大，存在止跌、上涨甚至大涨可能，无论是长线投资还是短线操作都值得买入，应该建仓的股票。

所谓趋利品种，指的是留有资金、等待买入的投资者平时关注的熟悉品种里跌幅较大，存在止跌、上涨甚至大涨可能，无论是长线投资还是短线操作都值得买入，应该建仓的股票。

趋利品种的判断标准和选择方法与避险品种方法相同，方向相反。如上例中，通过买卖区间比较法计算后，只要将区间跌幅较大者作为趋利品种即可（表中带“☆”者）——依次为中兴通讯、森马服饰、大唐发电和华东数控等。上例中，随后买入的华东数控和大唐发电便是这样选出来的趋利品种。对于趋利品种，只要账户里留有资金、操作时准备建仓，原则上应按先后顺序（跌幅大小）予以趋利——择机买入。

在买入趋利品种时，当发现可供买入的品种较多时，可在剔除之前已经买过（如中兴通讯）、新股上市不久（如森马服饰）等股票基础上，在剩余品种里依次作为待买品种。此外，还须注意：这些待买股票也就是跌幅较大者是否属于“四跌股票”——刚开始进入下跌通道的“起跌股”，长期进行下跌调整的“阴跌股”，前期大涨或表现强势的“补跌股”，基本面出现突变的“该跌股”。如果属于“四跌股票”，也应回避，不可买入。上例中，随后买入的华东数控和大唐发电便是这样选出来的趋利品种。

总之，避险和趋利的品种选择就是在阶段涨跌分析、买卖盈亏比较基础上进行的品种取舍，即只要选择盈利的股票作为避险品种，选择亏损的股票作为趋利品种即可，方法就这么简单，普通投资者无须想得过于复杂。

一出一进——这样操作！

避险和趋利品种选好后，即可择机操作。

首先，制订计划，寻找机会。避险和趋利品种确定后，先要制定出具体的操作计划，交易品种、方向、数量、价格等要素都要事先记载于卡片或纸头上，并对照行情实时变化，仔细进行观察跟踪。在此基础上，再来寻找更好的交易机会择机下单，一般情况下，要求委托下单的卖出价比计划卖出价更高，买入价比计划买入价更低。

其次，涨时卖出，跌时买入。当准备卖出的品种时价比计划卖出价高时，即可选择股价冲高时（最好是急冲）进行卖出。此时，千万不要受周围看多情绪影响，束手束脚、不敢卖出；当准备买入的品种时价比计划买入价低时，即可选择股价回落时（最好是急跌）进行买入。此时，尽量不要受周围恐慌因素影响，犹豫不决、不敢买入。具体委托的方式，既可采取即时式，也可采取埋伏式——事先想好心理价格，提前进行委托下单。

再次，控制数量，分批交易。所谓控制数量，指的是单一品种的建仓总量，一般情况下应动用其中的一部分资金而不是全部资金进行买入，其中的一部分股票而不是全部股票进行卖出，切忌满进满出。所谓分批交易，指的是分若干批次进行交易，不要一次性买入或卖出。而且，在分批交易时，要尽力做到越涨越卖、越跌越买，只要确保品种不变，数量固定即可。此外，还要保持适度的交易频率，做到流畅时多交易，梗塞时少操作。

最后，见好就收，不可恋战。当交易后相关股票的走势与预期一致时，可择机回转，不要患得患失，因为趋利避险的操作不同于普通操作，趋利和避险两大目的一旦达到，原则上就要及时回转，此时比的是不操作，而不是利润最大化。当交易后相关股票的走势与预期相反时，一方面要坚持当时的判断是

“正确”的，另一方面可择机进行“补操作”——继续卖出原卖出过的股票，买入原买入过的品种，此时的趋利避险操作显然要比原先的趋利避险操作在成交价格的优势上显得更加明显。

在股市持续下跌后，未来走势并不明朗的前提下，若能同时做好避险和趋利两种操作，相当于给自己在熊市的操作中构筑了一道坚实的“保险坑”，不仅能有效防范下跌风险，而且能及时把握上涨机会，有助于达到趋利避险的效果。

避垃圾股守住资金

在可供投资品种越来越多的情况下，完全可以把有限的资金投入到业绩优良、赢面较大的优质股上，没有必要去重蹈之前“末日权证”这样的覆辙，非要去炒作绩差垃圾股不可——

风险投资的正确法则无非有二：一是逐利，二是风控。只有妥善处理好逐利和风控之间的关系，确保在风控的基础上逐利，在逐利的同时不忘风控，才能达到持续获利、稳中有升的目的。

“逐利”不难理解，就是通过恰到好处的交易，把“资金蛋糕”做大；“风控”同样不难理解，就是通过采取必要的措施，确保资金安全。打好资金“保卫战”的关键在于：一方面，要防范大盘下跌带来的系统性风险；另一方面，谨防个股退市导致的操作性风险。下面，重点介绍后者——普通投资者如何有效防范绩差垃圾股的退市风险。

明确风控重点

2012 年 4 月 29 日，上海证券交易所、深圳证券交易所分别发布了《关于完善上海证券交易所上市公司退市制度的方案》和《关于改进和完善主板、中小企业板上市公司退市制度的方案》征求意见稿（简称方案，下同）。随着两项方案日后的正式出台，A 股市场的退市工作将进入实质性的操作阶段。

眼下，两项方案虽还不是正式文件，要在征求各方意见、走完全部程序后才能正式出台并付诸实施。但一般来说，正式出台的方案与征求意见稿相比，主体内容将不会有大的变化。因此，投资者现在就可着手对两个方案进行学习和研究，以便尽早把握退市的风控重点和操作中的主动权。

从方案（以上交所方案为例）内容看，与现行《股票上市规则》设立的多项退市条件相比，新的方案调整和增加了不少新的退市条件。二者区别主要在于：《股票上市规则》确定的退市条件主要有：最近年度连续亏损，未在法定期限内披露年度报告或中期报告，未改正财务会计报告中的重大差错或虚假记载，股权分布不符合上市条件，股本总额发生变化不再具备上市条件，宣告破产，公司解散等。

新的方案则在以下几个方面做了调整和增加。

一是关于净资产的退市条件。最近一年年末净资产为负数的，对其股票实施退市风险警示；最近两年年末净资产均为负数的，其股票应终止上市。

二是关于营业收入的退市条件。最近两年营业收入均低于1000万元的，对其股票实施退市风险警示；最近三年营业收入均低于1000万元的，其股票应暂停上市；最近四年营业收入均低于1000万元的，其股票应终止上市。

三是关于审计意见类型指标的退市条件。最近一年的年度财务报告被会计师事务所出具否定意见或无法表示意见的，对其股票实施退市风险警示；最近两年均被出具否定意见或无法表示意见的，其股票应暂停上市。因净利润、净资产、营业收入或审计意见类型触及规定的标准被暂停上市后，其后一年的财务报告被会计师事务所出具否定意见或无法表示意见的，其股票应终止上市。

四是关于市场指标（不含仅发行B股的上市公司）的退市条件。出现最近连续120个交易日（不含停牌交易日）累计股票成交量低于500万股或连续30个交易日（不含停牌交易日）每日收盘价均低于股票面值的，其股票应终止上市。

五是关于未在法定期限内如期披露年报的退市条件。因净利润、净资产、营业收入或者审计意见类型等财务指标触及规定的标准被暂停上市后，如不能在法定期限内披露最近一年的年度报告，其股票应终止上市。

六是关于扣除非经常性损益后净利润指标的退市条件。因净资产指标被予以退市风险警示，或者因净利润指标被暂停上市后，其后一年扣除非经常性损益前后的净利润孰低者为负数的，其股票应终止上市。

投资者在防范退市风险时，既要考虑现行《股票上市规则》设立的退市条件，也应顾及即将调整和增加的退市条件，并在制订操作计划、参与实际交易中加以重点防控。

做到多策并举

在操作层面，近阶段重点应采取以下三项措施应对退市风险。

一是对已经持有的股票进行一次“体检”。分别对照现行《股票上市规则》设立的退市条件，以及本次调整和增加的退市条件，对所持股票进行一次全面的“健康检查”，并根据检查结果区别情况、分别应对：对质地优良、无退市风险的优质股，采取继续持有策略，并按原计划操作即可；对问题较多、存在退市隐患的垃圾股不要再抱侥幸心理，应采取果断措施，及时予以处理——逢高、尽快、全部卖出。在实际处置过程中，对于因突发利空消息而导致股价连续跌停、第一时间无法卖出的股票，可适当保持耐心，既没有必要在恐慌中不计成本地杀跌，也不要忘记趁反弹高点及时离场。

二是对准备买入的股票进行一次筛选。方法如下：先设计一张空白表格，备填内容既包括经营业绩、报告披露、财报纠偏、股权分布、股本变动、破产情况、是否解散等“老标准”，也包括净资产、营业收入、审计意见、市场指标、披露年报和净利润等“新标准”，合计两大类、13 个小项。在品种筛选过程中，要按照上述内容逐一填表、核对、检查，重点审查有无触及退市条件的“一票否决”情形。若全部指标均为“健康”，可作为备选品种，伺机买入；否则，若有一项或多项触及退市条件，则应坚决从备选股里剔除，不再作为待买对象，使得最终入围“自选股”的待买品种确保达到无退市风险的要求。

三是对确定买入的股票进行一次谋划。通过精心制定操作计划，将退市风险降至最低程度。买入操作时，一般要坚持两条原则：一方面，要控制好仓位并做到不同品种之间的有机搭配；另一方面，要本着越跌越买、越涨越卖的原则进行交易，以此降低持股成本，增加获利胜算。

买入操作时，一般要坚持两条原则：一方面，要控制好仓位并做到不同品种之间的有机搭配；另一方面，要本着越跌越买、越涨越卖的原则进行交易，以此降低持股成本，增加获利胜算。

一般情况下，只要做到上述两条，即使在品种选择中已经做到慎之又慎的情况下还是不幸碰到“退市股”时，整体风险也会非常有限，且完全在投资者可控范围之内。

注意三大问题

在防范绩差垃圾股的退市风险时须注意的问题主要有三个：一是不要以“赌一把”的心态参与垃圾股的操作。已经持有垃圾股的投资者，要想方设法尽快、逢高、彻底离场，准备建仓的投资者则不再买入垃圾股，不要以为过去曾经有过炒作垃圾股的成功经历而继续抱有幻想；二是不要寄希望于其他投资者会来接盘；三是不要寄希望于能在“退市整理板”上出现奇迹，让垃圾股起死回生。虽然已被决定退市的股票之后也还有30个交易日的股票转让期，终止上市要在30个交易日结束后。但实际上，此时交易无异于“玩火”，在明知股票即将终止上市的情况下再参与此类股票的炒作，显然是一种不理性、不明智的表现。

总之，在可供投资品种越来越多的情况下，投资者完全可以把有限的资金投入到业绩优良、赢面较大的优质股上，没有必要去重蹈之前“末日权证”这样的覆辙，非要去炒作绩差垃圾股不可，这一点，在资本市场面临转型变革的关键时期显得尤为重要。

怎样才能不碰“地雷”

与正常交易相比，操作“地雷股”难度大、要求高，不仅对投资者的炒股技法是一次考验，而且对心理承受能力也是一种考验。投资者要想应对自如，往往离不开一些必要的小窍门——

春夏秋冬，一年四季，谁都希望能够骑上“黑马”，不希望踩到“地雷”，在中报集中披露的今天也不例外。但股市就是这样，期待的往往落空，担心的倒是常常发生。

譬如，截至2011年7月29日，沪深股市当时有229家上市公司发布了2011年半年报。其中，140家公司净利润实现同比正增长，8家公司扭亏为盈，两项合计占64.63%。显然，持有这些公司股票的投资者无疑是幸运的。与此同时，也有不少上市公司净利润出现负增长或亏损，其中，净利润降幅超过100%的公司就有7家。不难看出，持有这些报忧不报喜公司的投资者，尽管都非常不愿意但最终还是成了不幸的“踩雷者”。

理性看待“地雷股”

中报净利润首次预亏的威华股份，无疑是近期股市引爆的“地雷股”之一。早在4月18日公布一季报的同时就发布上半年预亏公告的威华股份在一季报中显示，该股除了当期亏损2634万元外，还预计上半年亏损3800万~4300万元，具体原因是由于2010年底增值税退税政策已到期所致。

A股20多年来的走势表明，与报喜公司不一定都会如人们预期的那样走出单边大牛市一样，这种突然引爆的“地雷股”也不一定都会如投资者所担心的那样走出单边下跌市。纵贯以往走势不难发现，多数“地雷股”爆炸前后的走势都呈现出以下三个明显特点。

“爆炸”前，大多已做深幅调整。三年前上市的威华股份首日交易以21.21元开盘后，短暂冲高至22.00元，这一全日最高价同时也成为之后三年的历史最高价。上市三年来，该股总体上呈现出单边下跌态势，虽然中间略有反弹，但无奈涨少跌多。2008年10月18日见底4.95元之后，该股虽随大盘出现过一定幅度的反弹，但始终未能突破前期高点，参与该股投资的人们大多成了被套者。

“爆炸”后，或会出现最后一跌。4月18日中报预亏后，该股又随大盘出现了历时两个多月的下跌。至6月20日大盘见2610.99点阶段性低点止，在上证指数只下跌14.60%的情况下，威华股份大幅下挫至6.34元的调整低点，阶段跌幅高达28.12%，跑输指数13.52个百分点，“最后一跌”特征表露无遗。

再后来，依然能够触底反弹。“最后一跌”之后，威华股份无惧预亏影响，在随后一个多月时间里，走势明显强于大盘。截止29日，该股以27.22%的涨幅远超同期大盘（3.07%），跑赢指数24.15个百分点。尤其是7月21日，在大盘下跌1.01%、多数个股深幅调整的情况下，逆市大涨6.73%，盘中一度接近涨停（只差0.01元），27日再度放量涨停。

通过对“地雷股”预亏公告发布前后走势的进一步分析不难看出，**多数“地雷股”下跌最迅猛的时期往往是在“爆炸”之前和“爆炸”之后的开始一段时间。**“地雷”引爆之后，虽然仍有可能继续下跌，但此时离阶段性底部已为时不远。此时，多数“地雷股”不仅不会出现一些投资者所担心的继续大跌走势，反而为捡拾廉价筹码的投资者提供了难得的低吸机会。

操作讲究“法、技、策”

弄清了“地雷股”的性格脾气后，投资者就可在实际操作中针对“地雷股”的这些特点采取相应的方法、技巧和策略了。

“防雷”方法——“无事”莫胆大。炒股风险一般可分为系统性风险和局部性风险两类。所谓系统性风险，是指因指数下跌而引起的个股普跌风险，这种风险往往防不胜防；局部性风险则是指由于个股选择不当而导致的投资损失，这种风险虽然从理论上讲同样难以避免，但实际上是有迹可循、事先可防的。譬如，威华股份中报预告称，由于2010年12月31日增值税退税政策已到期，报告期内公司增值税退税收入预计同比大幅度减少；随着劳动力成本的不断提高，公司管理费用职工薪酬预计同比增加；银行借款总额的增加以及受不断加息的影响，公司财务费用预计同比大幅提高。从表面上看，这些导致上半年业绩预亏的理由来得很突然，实际上，投资者只要在平时多关注公司动态，联系经济、政治、社会生活中的各种动向，稍作观察、分析和思考，做到“无事”莫胆大，“地雷股”大多可以做到早发现、早预防。

无论是高抛还是持股，都需要在“地雷股”跌至相对低位时及时逢低补仓。这样，不仅有助于原有筹码的解套，而且有利于新建仓位的获利。

“排雷”技巧——“有事”莫胆小。“地雷股”大致可分为必然型和偶然型两种。不仅偶然的“地雷股”难以防范，即使是必然的“地雷股”也同样有一不小心而踩到的时候。从某种意义上讲，“踩雷”不可怕，真正可怕的是一旦“踩雷”不知道如何排除。实际上，“排雷”亦非难事：对于仓位较重的投资者来说，重在“保命”——卖出股票、保存资金。一方面，在预亏公告出来的第一时间不论股价高低先卖出部分筹码，以便控制好所持有的“地雷股”的仓位，确保做到不满仓。另一方面，在已做部分减仓的同时，可逢“地雷股”反弹冲高中进行二次卖出。二次减仓的目的只有一个：留足资金，以备后用。对于仓位较轻的投资者来说，操作起来就主动得多，既可适时高抛，也可持股不动。但无论是高抛还是持股，都需要在“地雷股”跌至相对低位时及时逢低补仓。这样，不仅有助于原有筹码的解套，而且有利于新建仓位的获利。

“雷后”策略——“补牢”最要紧。面对同样的“地雷股”，不同投资者“受伤”的程度往往不尽相同，不仅“局外人”和“局内人”影响程度不同，即使同是“局内人”——不同的投资者，影响程度也不一样，主要区别在于仓位不同。如重仓甚至满仓持有“地雷股”，无疑将带来重大打击，但如果事先能够控制仓位，结果必是风险可控。因此，通过一次“踩雷”，吸取教训，在今后的操作中始终不忘仓位控制，才是投资者在“亡羊”后应及时做好的“补牢”工作之一。

做到“三看”不吃亏

与正常交易相比，操作“地雷股”难度大、要求高，不仅对投资者的炒股技法是一次考验，而且对心理承受能力也是一种考验。投资者要想应对自如，往往离不开一些必要的小窍门，重在做到“三看”。

一看有无机构驻扎。一不小心踩到“地雷股”的投资者，最担心的事莫过于该股主力已出逃、日后恐无人“照管”。事实上，有无机构驻扎对“地雷股”日后走势的确有较大影响。威华股份就是这样一只由华夏系基金驻扎的股票，华夏旗下4只基金一季度携手进驻后合计持股比例达到了4.81%，特别是王亚伟执掌的华夏大盘和华夏策略双双首次现身，持股数达到180万股。这一信息清晰地显示，在该股的一季报“十大流通股东”表内，投资者只要在浏览行情时依次点击交易系统软件的“资讯”、“基本资料”、“十大流通股东”，即可查看到此信息。查看结果，如果发现相关“地雷股”有机构驻扎，一般情况下投资者无须过于担忧。

二看阶段涨跌幅度。通过查看“地雷股”K线图，计算出该股某一阶段的涨跌幅。如果发现该股“爆炸”前符合“地雷股”的一般特征——之前已做深幅调整，投资者原则上无须担惊受怕。假如该股在“爆炸”前的调整过程中跌幅超过大盘和其他个股，而且驻扎其中的机构也处于被套甚至深套（可用机构建仓期的平均股价与最新股价的比较而得出）之中，则不仅无须害怕反而可在一定低位再适量补仓，使得持有“地雷股”的成本低于机构，进一步掌握解套甚至获利的主动权。

三看主力操作思路。经过比较和分析，即使发现“地雷股”有机构驻扎，从最新股价看机构也已悉数被套，而且在操作上已做到该持有的仍然持有、该补仓的已经补仓，但也不能掉以轻心、不闻不问，而是要密切关注机构交易的一举一动，并研判出主力的操作思路。对于在交易信息中出现了机构专用席位，尤其是涉及机构卖出的品种，投资者应多长个心眼、多问几个为什么。如果发现“地雷股”大涨的同时主力在不断地卖出，就应一起卖出；反之，如果发现“地雷股”大跌的同时主力却在买进，就应一起买入。通过与庄共舞、进出自如的操作，达到高抛低吸、稳定获利的目的。

三招防“减持股”风险

防“减持股”的操作风险，重点在于做好“三件事”：一是“防”——未买入的不要买入，二是“撤”——已买入的及时撤离，三是“避”——撤离后应尽量回避——

从2012年股市前两个交易周的走势看，市场已悄然进入指数涨跌不多但个股较为活跃的“可操作期”，尤其是受产业资本或上市公司大股东大举增持的股票，更是在春节以来的反弹中扮演起了“领头羊”的角色，为投资者带来了可观收益。

与此同时，一个值得注意的现象是，一些被大股东减持的股票普遍走势不佳，有的甚至逆市下跌，买入并持有的投资者不仅损失了市值，而且痛失了难得的赚钱良机。因此，在股市进入“可操作期”后，防范“减持股”的操作风险，应引起投资者的特别重视。

“减持股”的走势特点

从严格意义上讲，股票上市后，只要筹码在交易、流动，就说明既有人增持，也有人减持，且总量是趋于平衡的。但就大股东所持筹码的变动看，有的在增加，有的在减少。这里所说的“减持股”便是指上市公司大股东正在减持所持筹码的股票。

这种被大股东减持的股票，由于连大股东自己都不看好，所以后市股价下跌走低的可能性较大，其走势特点大多体现在两个方面。

一是减持前走势十分坚挺。

以创业板上市公司乾照光电为例，该股2010年8月12日上市，2011年9

月8日就有大股东首度减持所持有的部分筹码。减持前，该股走势明显强于大盘和其他个股。自2010年8月13日起至2011年9月8日止，期间上证指数下跌2.97%，创业板综指下跌12.82%。但与此同时，乾照光电不跌却反涨3.06%，不仅跑赢上证指数6.03个百分点，而且大幅跑赢创业板综指15.88个百分点。特别是在同期可比的2220只股票中，乾照光电位居第930名，排名比居中位置的股票领先了180名，强势特征由此可见一斑（见表1），在此期间持有乾照光电的投资者无疑是幸运的。

表1　　2010年8月13日至2011年9月8日乾照光电与相关指数走势一览表

区　分	2010.8.12收盘	2011.9.8收盘	涨跌（%）
乾照光电	31.67元	32.64元	3.06
上证指数	2575.48	2498.94	-2.97
创业板综指	1022.34	891.31	-12.82

注：乾照光电2010年8月12日收盘价31.67元系除权后对应的股价，已考虑10派5元转增15股因素，原收盘价为79.68元。

二是减持后走势相对疲软。

自2011年9月9日大股东首次减持次日起，该股走势急转直下，至龙年春节前最后一个交易日——2012年1月20日止，该股大跌59.65%，不仅跑输同期上证指数（-7.20%）52.45个百分点，跑输创业板综指（-27.67）31.98个百分点，而且列两市2295只可比股票涨幅第2289名，居倒数第7位，成了阶段表现最弱的十大熊股之一（见表2），在此期间持有“减持股”乾照光电的投资者风险不言而喻。

表2　　2011年9月9日至2012年1月20日乾照光电与相关指数走势一览表

区　分	2011.9.8收盘	2012.1.20收盘	涨跌（%）
乾照光电	32.64元	13.17元	-59.65
上证指数	2498.94	2319.12	-7.20
创业板综指	891.31	644.68	-27.67

“减持股”的操作技巧

从“减持股”遭大股东减持前后大相径庭走势看，减持前后买入并持有

“减持股”的投资者无疑将遭受重大损失。由此可见，**对于有限售股解禁特别是估值偏高、大股东获利丰厚、存在减持可能的股票，须引起投资者的重点防备，在操作层面重点是要做好“三件事”——“防”、“撤”、“避”。**

首先是“防”，即未买入的不要买入。这是有效防范“减持股”操作风险的根本之招。买入股票前，一定要擦亮眼睛，做到慎之又慎，重点是要做到“三看”：一看上市时间。譬如，乾照光电2010年8月12日上市，说明有部分筹码将于一年后的2011年8月12日解禁，届时就有大股东解禁减持的可能。二看股本结构。重点查看总股本与A股数量是否一致，若一致，说明无限售流通A股，不存在解禁减持的问题；若不一致且限售流通A股数量较大，则大股东日后解禁减持的压力就比较大。三看市场走势。股价越高、涨幅越大、大股东获利越丰厚，则解禁减持的可能性就越大。通过“三看”，再做抉择，对于那些有减持可能的股票，原则上不要建仓。只有这样，才能牢牢把握防范“减持股”操作风险的主动权。

其次是“撤”，即已买入的及时撤离。当发现买入或持有的股票不幸成了“减持股”后，应及时撤离。最佳的撤离时机有两个：一是限售股解禁前。对于限售股解禁时间，投资者除了可上网查询外，也可留意上市公司的相关公告，一般会提前几天告知。如乾照光电2011年8月12日解禁，8月9日公司就发布了关于“首次公开发行前已发行股份上市流通提示”，告知投资者本次限售股份解禁的数量及日期，投资者可抢在解禁日到来前先于大股东卖出股票。二是减持公告发布后。当大股东减持筹码后，一般都会有公告。如乾照光电某大股东9月8日首次减持筹码后，9月13日就发布“关于持股5%以上股东减持股份的提示性公告”。此时，投资者可在获悉大股东减持后的第一时间及时撤离，只要不心存侥幸，就不会错失良机。

再次是“避”，即撤离后应尽量回避。大股东减持所持筹码一般情况下不会一蹴而就，减持过程往往会持续较长时间。而且，由于多数上市公司都有多名大股东，即使某一大股东停止了减持动作，也往往会有其他大股东继续减持。譬如，乾照光电某大股东减持200万股筹码后，又有多名大股东继续减持，且次数更多、数量更巨、对股价的杀伤力也更大。因此，对于“减持股”，投资者唯一能做的就是敬而远之、不再买入。

“减持股”的风险防控

遭大股东减持的“减持股”在大跌后大家都知道及时把握减持时机的重要性，但在当时往往很难做得到。做好“减持股”的风险防控，把握“减持股”的操作良机，重在防范“三大陷阱”。

一是“承诺陷阱”。有的投资者认为，在大股东减持之初买入并持有“减持股”的确会有较大风险，但在一段时间尤其是在大股东做出不再减持的承诺后，股价应会止跌，此时应该可以放心大胆地买入并持有了。实际上，并非如此。如乾照光电，某大股东首次减持后一个多月便做出专门承诺，表示自2011年10月20日起至2012年12月31日止不以任何方式转让或出售所持公司股份。然而，该大股东承诺后，等待投资者的不是股价的折返向上，而是其他大股东的纷纷减持以及股价的连续走低。所以，投资者一旦决定撤离，千万不要被一时的消息包括大股东的承诺所影响，应坚守初衷，按计划操作，选择避而远之。

二是“新增陷阱”。有些投资者买入或持有股票的依据是基金持股，重点看是否有基金等实力机构在增持。实际上，仅据此操作还远远不够。如乾照光电2010年8月12日上市以来，就不断有投资基金、社保基金、私募基金及创投公司等实力机构大量增持，如果以为机构也在增持就可放心买入并持有，那就错了，所以在观察有无基金持股或增持的同时，还须留意有无大股东减持可能。只有将二者结合起来一并分析，才能有效防范“新增陷阱”，避免不必要的损失。

三是“超跌陷阱”。有些投资者买入股票的依据是股价跌幅，认为跌得越多安全系数就越高。这种通过低成本控制风险的做法对于多数股票来说往往比较管用，但对于“减持股”来说，则须另当别论。由于多数“减持股”会被大股东连续减持，持续时间较长，且大跌后往往还将大跌，所以就不能光看跌幅大小。如急于买入，同样会遭受重大损失。如乾照光电被大股东首次减持后，在2011年9月9日至10月21日已经大跌42.40%，远超大盘和其他个股同期跌幅情况下，2011年11月16日至2012年1月20日再次大跌41.23%，继续大幅跑输上证指数和创业板综指（见表3）。

表3　　不同阶段乾照光电及相关指数涨跌幅度比对表　　单位:%

区　分	2011年9月9日至2011年10月21日	2011年11月16日至2012年1月20日
乾照光电	-42.40	-41.23
上证指数	-7.27	-8.33
创业板综指	-14.56	-30.04

所以，对于“减持股”，不要以为跌幅已大就安全了，说不定还有更大跌幅在等待着投资者。这一点，同样须引起投资者的高度戒备。

谨防股价破位风险

对于之前涨幅较大、股价高高在上的“破位股”，最好的策略是“远离”——不动心、不手痒、不买入。与此同时，还应做到：防患于未然，设好止损位，错了及时改——

炒股，既存在机会也蕴含风险，要想成为赢家，不仅需要有博取机会的本领，而且需要有控制风险的能力，谨防“破位股”的风险便是需要投资者时刻牢记的操作要诀之一。

“破位股”的特点

“破位股”一般是指前期走势相对平稳，后又突然放量大跌的股票。如2011年9月26日，笔者在看盘时发现：在当天上证指数下跌1.64%、深证成指跌1.99%、2139只挂牌交易的股票有5只涨停的情况下，泰山石油、西藏发展、中国服装和重庆路桥等4只股票却出现了破位跌停走势。除西藏发展已连续第二个交易日跌停外，其余三股均系首次破位跌停，这4只股票实际上就是较为典型的“破位股”(见表1)。

典型的“破位股”一般具有以下特点。

其一，破位前，强势特征十分明显。

一方面，区间涨幅较大。“破位股”往往是之前走势最强劲的股票。以上述4只“破位股”为例，在过去的一年里（2010年9月26日至2011年9月23日)，4只“破位股”在同期指数下跌6.11%的情况下，3只跑赢指数，1只与指数持平。表现最强的西藏发展大涨171.85%，中国服装和泰山石油也分别上

表1　　2011年9月26日跌停的“破位股”

代　码	名　称	收盘价（元）	涨跌幅（%）
000554	泰山石油	9.16	-10.02
000752	西藏发展	27.99	-10.00
000902	中国服装	11.02	-9.97
600106	重庆路桥	8.23	-9.96

涨48.91%和33.25%，4只“破位股”平均涨61.89%，跑赢指数68个百分点（见表2）。

表2　　2010年9月26日至2011年9月23日“破位股”的走势

代　码	名　称	区间涨跌（%）	比指数（百分点）
	上证指数	-6.11	
000554	泰山石油	33.25	
000752	西藏发展	171.85	
000902	中国服装	48.91	
600106	重庆路桥	-6.45	
	4股平均	61.89	68.00

另一方面，逆市抗跌明显。在指数自2011年4月18日创出阶段高点3057.33点以来，一路下跌至2011年9月23日收于2433.16点，区间大跌20.42%的情况下，“破位股”不是逆市上涨就是跌幅有限。4只“破位股”平均上涨1.73%，跑赢指数22.15个百分点（见表3）。

表3　　2011年4月18日至2011年9月23日“破位股”的走势

代　码	名　称	区间涨跌（%）	比指数（百分点）
	上证指数	-20.42	
000554	泰山石油	-11.94	
000752	西藏发展	21.82	
000902	中国服装	0.82	
600106	重庆路桥	-3.79	
	4股平均	1.73	22.15

其二，破位时，有足够的逃离时间。

“破位股”不仅在破位前的多个交易日里有许多高抛机会，而且在破位当天也有足够的逃离时间，多的达3.5小时，少的也有2小时以上。泰山石油破位当天前3小时均可逃离，最后1小时才封死跌停；西藏发展8月29日之前也有充分的逃离时间，9月23日、26日两个交易日才一字跌停无逃离机会，连续跌停前——9月28日至11月15日也有足够的逃离时间；中国服装前3.5小时可逃命，只有最后0.5小时处于跌停位置；重庆路桥前2.5小时可逃命，只有最后1.5小时封死跌停。

其三，破位后，走势往往领跌市场。

与大盘比，“破位股”破位之后全部跑输指数。自破位次日（2011年9月27日）起至2012年1月6日收盘，在指数下跌9.60%的情况下，4只“破位股”全部跑输指数，平均跌36.17%，跑输指数26.57个百分点。

与个股比，“破位股”走势同样落后其他个股。在区间可比的2288只股票里，走势趋于中间位置的是第1144名，对应的股票是豫金刚石（-25.98%）。4只“破位股”只有重庆路桥位居平均名次之前，其余3只均列平均之后，平均1547名，比中间名次1144名落后了403名（见表4）。

表4　　2011年9月27日至2012年1月6日“破位股”的走势

代　码	名　称	区间涨跌（%）	涨幅榜排名
	上证指数	-9.60	347
000554	泰山石油	-26.64	1198
000752	西藏发展	-55.34	2276
000902	中国服装	-49.46	2254
600106	重庆路桥	-13.24	461
	4股平均	-36.17	1547

注：2011年9月27日至2012年1月6日沪深股市可比股票共有2288只，平均位置1144名，对应的股票是豫金刚石（-25.98%）。

值得一提的是，4只“破位股”破位前后的走势正好呈反向关系，即之前走势最强的西藏发展（171.85%）破位后走得最弱（-55.34%），之前走势最弱的重庆路桥（-6.45%）破位后反而走得最强（-13.24%）。换言之，之前走势越强的“破位股”之后走势往往越弱，之前走势越弱的之后走势反而更强。

“破位股”的操作

从“破位股”破位前后走势特点可以看出，对于之前涨幅较大、股价高高在上、存在破位可能的股票，最好的操作是“远离”：不动心、不手痒、不买入。在具体操作中，重点应把握好三个环节。

对于之前涨幅较大、股价高高在上、存在破位可能的股票，最好的操作是“远离”：不动心、不手痒、不买入。

第一，防患于未然。“破位股”未破位时，大多表现得非常强势，股价十分坚挺。如西藏发展不仅自2011年1月25日低点8.62元起涨至8月11日高点38.59元，半年多时间大涨347.68%，而且出现过三波高点不断上移的逼空行情，3月15日至18日更是连续4天涨停。在此期间，尽管有许多获利机会，但普通投资者难以把握，往往在开始启动时犹豫不决，等斗胆买入时为时已晚。所以，面对“破位股”，正确的做法是防患于未然，尽量采取回避策略，不盲目买入。

第二，设好止损位。对于难以抵御“破位股”诱惑、决定买入的投资者来说，设好止损位十分重要。一般可将上升通道的低点连线作为止损线，只要“破位股”有效击穿止损线就应坚决离场。如西藏发展8月11日创出38.59元高点后，可设35元为止损位。若能设此价格为止损位，至8月29日就至少有两次高抛离场机会，尤其是8月29日有效击穿35元止损位、收于34.55元时，如能严格执行止损计划，坚决卖出所持股票，就能有效回避日后连续跌停带来的投资风险。所以，对于“破位股”，应坚决执行止损纪律，一方面一定要有止损位，另一方面一定要严格执行，股价一旦破位，就要坚决离场。

第三，错了及时改。对于有些股票来说，如果事先未能防备、第一时间又未及时止损，在这种情况下就没有必要再在低位“割肉”。但相对“破位股”来说，当下跌趋势一旦形成，就不能患得患失，而是应知错就改，及时卖出，以免越陷越深，在错误的道路上越走越远，这是操作“破位股”有别于其他普通股票的重要区别。

“破位股”的“后事”

对于普通股票来说，在一定高位减仓后都有必要在低位适量回补，但就“破位股”而言，则要视具体股票的具体情况综合而定。离场后的投资策略一般包括以下三个方面。

其一，不轻易回补。由于“破位股”大多前期涨幅较大，主力获利丰厚且去意坚决，所以短期很难会再度大幅上涨。对于这样的“破位股”，投资者如卖出后感到股价出现了一定调整，有了正差接回机会就心急买入，往往会买在高位，日后很难解套。所以对于“破位股”，原则上不要做回补操作，包括之前高抛的筹码。特例是，对于价格低估、前期涨幅不大、看似破位实则跌无可跌的股票，则不受此限制，每次大跌反而可视为低吸良机。

其二，有条件回补。若投资者采取的是高抛低吸策略，高位卖出的“破位股”还是想在低位买入，也可适量回补。但须注意四个问题：一是控制仓位，二是做好搭配，三是明确计划，四是坚决执行。当然，对于二次回补的“破位股”，同样要设止损线，否则，极有可能出现重大损失。

其三，多总结教训。操作“破位股”，谁都不可能有百分之百的把握，难免会有做错时候，包括基金、机构也不例外。问题的关键是不能重复犯错，所以要不断总结操作“破位股”的经验教训，努力提高自己的交易心态和技法，以免在今后的操作中重复犯错。对于在操作“破位股”时易犯的错误，如盲目追入所谓的强势股，未能设好止损位等，都要及时总结，认真反思，不断提高。只有这样，才能在以后的操作中面对“破位股”时做到沉着、保持镇定，最终取得理想收益。

如何防跌停股风险

只有在“结构性”牛市里，警惕跌停股的投资风险，把握跌停股的操作路径，做好跌停股的风险防控，才能把握“结构性”牛市机会，跑赢“结构性”牛市大盘——

要想持续把握股市投资主动权，两项基本功缺一不可：一是把握机会的本领，二是回避风险的能力，尤其是在股市普涨之后、个股开始分化的“结构性”牛市里。

就交易风险尤其是短线风险而言，在“结构性”牛市里杀伤力最大的无疑是跌停股。因此，无论从逐利角度还是风控角度看，及时、有效地回避跌停股的风险，始终是投资者在“结构性”牛市里跑赢大盘的一大提前。

跌停股的风险种类

在“结构性”牛市里，A 股两千余只股票多数情况下都会出现既有“涨停股”又有跌停股的极端现象。正如“涨停股”为持有的投资者带来意外惊喜一样，跌停股同样会给买入后持有的投资者带来市值损失乃至心理打击。以 2012 年 10 月 15 日为例，在全部挂牌交易的 2452 只股票里，就有 16 只股票出现了集体跌停的现象，中兴通讯便是其中率先跌停的股票之一。

除 10 月 15 日率先跌停外，中兴通讯在跌停前后的数个交易里还出现过多次大跌走势，累计跌幅巨大。自 10 月 11 日至 19 日短短 7 个交易日，中兴通讯的区间跌幅高达20.60%，跑输指数20.99 个百分点（同期上证指数涨0.39%）。在2452 只挂牌交易的股票里位居涨幅榜倒数第二名（见表1），跌停股的操作风险由此可见一斑。

表1　　2012年10月11日至19日中兴通讯涨跌幅及与上证指数比对表

区　分	原　收	现　收	区间涨跌幅（%）	与上证指数比
上证指数	2119.94	2128.30	0.39	—
中兴通讯	11.41元	9.06元	-20.60	-20.99百分点

若将跌停股跌停前后的时间跨度再放大还可发现，跌停股的操作风险远不止跌停日前后数天，还包括以下三个方面。

一是“利好风险”，即自跌停股利好见报日起至股价跌停日止，在此期间账户市值大幅跑输指数和其他个股的操作风险。6月30日，《宁波日报》在一版显著位置刊发了有关中兴通讯的“利好报道”，一看标题——《中兴通讯参与宁波智慧交通建设，双方昨签订合作框架协议》便可得知，此举将对中兴通讯的未来业绩产生积极影响，属于典型的“利好报道”。但公司股价在二级市场并未得到正向体现，而是出现了反向运行。自报道刊发后首个交易日（7月2日）起至10月19日止，中兴通讯在上证指数只跌4.36%的情况下大跌34.16%，大幅跑输指数29.80个百分点（见表2）。显然，投资者若在媒体刊发利好性报道后的第一时间介入至股价跌停后第一时间卖出，无疑将遭受重大损失。

表2　　2012年7月2日至10月19日中兴通讯涨跌幅及与上证指数比对表

区　分	原　收	现　收	区间涨跌幅（%）	与上证指数比
上证指数	2225.43	2128.30	-4.36	—
中兴通讯	13.76元	9.06元	-34.16	-29.80百分点

二是“形态风险”。相比利好出来后第一时间买入，不少投资者认为，待调整到位、股价走稳、形态变好后再买入似乎会稳妥得多。譬如，中兴通讯在前期大跌基础上出现了逆市、小幅、稳步上扬走势。自9月11日至10月8日，在上证指数下跌2.83%的情况下逆市上涨9.26%，跑赢指数12.09个百分点（见表3）。尤其是10月8日，在上证指数下跌过程中，中兴通讯逆市上涨2.60%，最大涨幅超过6个百分点，并一举突破前期整理平台，创出阶段反弹新高。单从技术形态看，中兴通讯当时的图形可谓十分漂亮，没有理由不重仓买入。

表3　　2012 年 9 月 11 日至 10 月 8 日中兴通讯涨跌幅及与上证指数比对表

区　分	原　收	现　收	区间涨跌幅（%）	与上证指数比
上证指数	2134.89	2074.42	-2.83	—
中兴通讯	10.48 元	11.45 元	9.26	12.09 百分点

但随后的走势充分表明，形态变好后再买入同样存在巨大风险。自 10 月 9 日起至 19 日止，在上证指数上涨 2.60% 的情况下中兴通讯逆市大跌 20.87%，跑输指数 23.47 个百分点（见表4）。此举说明，“形态好”的公司不意味着就是待买的“好股票”。

表4　　2012 年 10 月 9 至 19 日中兴通讯涨跌幅及与上证指数比对表

区　分	原　收	现　收	区间涨跌幅（%）	与上证指数比
上证指数	2074.42	2128.30	2.60	—
中兴通讯	11.45 元	9.06 元	-20.87	-23.47 百分点

三是“利空风险”，即由于业绩预亏等利空消息导致股价急挫给跌停股投资者带来的投资损失。13 日晚间，中兴通讯发布业绩预警：预计前三季度归属于上市公司股东的净利润亏损 16.5 亿~17.5 亿元。受此“利空”影响，中兴通讯 15 日的股价应声跌停，次日再次大跌 4.23%。

自 10 月 15 日起至 19 日止，中兴通讯在短短一周时间里，逆市大跌 13.71%（同期上证指数涨 1.11%），跑输指数 14.82 个百分点（见表5），在 2452 只挂牌交易的股票里位居涨幅榜倒数第 3 名，成了区间表现最差的公司之一。

表5　　2012 年 10 月 15 日至 19 日中兴通讯涨跌幅及与上证指数比对表

区　分	原　收	现　收	区间涨跌幅（%）	与上证指数比
上证指数	2104.93	2128.30	1.11	—
中兴通讯	10.50 元	9.06 元	-13.71	-14.82 百分点

跌停股的操作路径

通过对中兴通讯跌停前后技术走势和风险种类的分析不难得出这样两个结论：一方面，跌停股的确属于高风险投资品种，所以务必引起高度警惕，尽量做到能避则避；另一方面，跌停股也有自身的运行“规律”，只要心态良好、操作得法，也能有效回避其中的操作风险。关键在于正确把握跌停股的操作路径，主要有以下三点。

一是“防”——对于未来业绩不够明朗、“利好消息”频繁见报的公司，应选择回避，尽量不要买入。实际操作中，一些潜在的跌停股大跌前往往有大量“利好消息”出现在公众面前，公司业绩、机构持仓、主力进出似乎都没有出现“变坏”迹象，更找不到“不看好”的理由，所以不仅不应卖出而且应该买入。如中兴通讯，媒体“利好消息”6 月 30 日见报时，公司业绩非常平稳，已经公布的一季报业绩与之前三个年度同期相比完全正常。再看机构持仓，一季报前十大流通股东“增持”的有 4300 万股，“减持”只有 2500 万股，增减相抵后“净增持”多达 1800 万股。而且，媒体刊发“利好消息”前一天——6 月 29 日，未见消息走漏迹象，股价走势较为平稳。无论从潜在利好、股价超跌、主力被套还是历史股性出发，似乎都应在第一时间买入才是正确的操作策略。

但实际上，此时投资者要是不多长个心眼儿，而是简单地采取正向思维、大量买入，就会造成重大损失。反之，如果能够“防”着点儿、反向操作，才能回避风险、躲过一劫。因此，对于那些业绩不明、“利好”多多的公司，采取“防”字当先、反向思维的策略，把问题和困难想得复杂些显得尤为重要。

二是“忍”——利用技术形态走稳、短线走势强劲之机选择观望，尽量不要增仓。不仅没有买入的投资者对于业绩不明、“利好”见报的公司应选择回避，而且已经持有相关公司筹码的投资者在形态走稳、短线趋强时同样不应盲目补仓。不少投资者在证券交易时都有根据技术形态、选择趋势交易的习惯，实际上类似的漂亮形态成为投资陷阱的几率非常高。面对漂亮图形，正确的做法是：一旦发现潜在的跌停股，不仅不能以从众心理进行“同向交易”，而且应尽量利用技术形态走稳、短线走势强劲之机进行“逆向操作”。即使做不到高抛的，也至少要确保不在高位追涨补仓。而要做到这一点，离不开必要的“忍术”——保持适度警惕，不被一时的强势形态所迷惑。

三是“溜”——一旦发现潜在隐患、存在跌停可能，应果断选择退出，尽量做到快速离场。就短线而言，跌停股的最大风险在于跌停前后数个交易日。虽然就多数跌停股来说事先都难有征兆，但在某些情况下跌停股也会在跌停前的盘面中表现出一定的“疲态”，被投资者所发现。如中兴通讯在跌停前一周的盘面中就已表现出“走势不佳”的特征，股价随时都有可能直线滑落，特别是周四、周五两天，在大盘走势相对平稳的情况下出现了连续大跌走势。由此可见，当发现相关股票出现风险隐患、存在跌停可能时，只要力戒幻想、果断出击、及时卖出、减轻仓位，做到该收手时就收手，就能有效回避跌停股的跌停风险。

跌停股的风控技巧

投资者只要正确把握上述跌停股的三条操作路径，多数情况下都能回避跌停股的操作风险。但作为普通投资者，既没有先知先觉的判断本领，又没有确切可靠的消息来源，有时还是难以发现跌停股的蛛丝马迹，不能完全避免跌停股的操作风险。在这种情况下，除了须把握操作路径外，还应多措并举、控制风险，做好一旦触碰跌停股也能应对自如的各种准备。现将主要风控技巧介绍如下。

一只股票跌停而另一只股票涨停时，这只涨停的股票就会及时抵消跌停股的风险，通过涨跌互冲，达到降低风险甚至逆市获利的目的。

一是控制仓位，不要“满进满出”。只要做到不贪不惧、适量适度，就能有效控制跌停股的操作风险。投资者如果采取满仓操作法，一个跌停损失的比例就高达10%。但若半仓操作，即使出现跌停，也只是其中的半仓损失10%，另外半仓仍安然无恙。在这种情况下，账户总体损失的额度就会从10%下降到5%。而且，仓位比例越轻，操作风险越小。当然，盈利机会也会随之减少。所以，在不“满进满出”的同时，还须把握好控制仓位的“度”。

二是分散搭配，不要“独进独出”。在控制好仓位的同时，尽量不要将买入的对象选定在单一品种上，而是应在几个品种之间进行“混搭”，各买入一定比例的筹码。譬如，半仓操作的投资者，同时选择了两个品种买入，即使其中的一只股票出现了跌停，此时的损失又会从原来的5%降至2.5%，毕竟在2000余只股票中买入的两只股票同时出现跌停的概率不大。值得一提的是，当一只股票跌停而另一只股票涨停时，这只涨停的股票就会及时抵消跌停股的风险，通过涨跌互冲，达到降低风险甚至逆市获利的目的。

三是把握节奏，不要“追涨杀跌”。此举的主要目的在于摊低成本、扩大盈利。这样，即使在操作中不幸碰到了跌停股，也能用高抛低吸取得的部分收益充抵跌停股带来的部分损失，确保整个投资做到风险可控。

总之，投资者只有在“结构性”牛市曝光初现的市况下，警惕跌停股的投资风险，把握跌停股的操作路径，做好跌停股的风险防控，才能把握“结构性”牛市机会，跑赢“结构性”牛市大盘。

三招应对问题股票

每逢财报公布季节，就会在多数上市公司显示优异业绩的同时，也会有部分公司出现令投资者意想不到的各种“问题”，成了典型的“问题股”。“问题股”的特点和规律说明，在证券市场，股票没有绝对的好坏之分，只有操作的正确与否之别——

随着财报披露工作的有序推进，上市公司的业绩陆续会与投资者见面。以2011年一季报为例，截至4月21日22时，就已有534家上市公司披露了一季报，其中营业总收入和实现净利润同比增长均在30%以上。但在多数上市公司取得优异业绩的同时，也有部分公司出现了令投资者意想不到的各种“问题”，成了典型的“问题股”。

理性看待“问题股”

股市最大的特点是机会与风险并存，投资者都希望买入的股票是业绩优良的“白马股”，不希望成为“问题股”的牺牲品。但资本市场就是这样，期待的往往落空，担心的常常发生。面对五花八门的“问题股”，投资者还需理性看待，正确处置。

有无“问题”不依投资者意志为转移。“白马股”不是投资者想碰就能碰上的，“问题股”也不是想回避就能回避得了的。实际上，越是希望命中“白马股”，往往越难以命中；越是担心遇上“问题股”，却时常遇上。对此，投资者从进入股市的第一天起就应做好相应的思想准备，在希望遇上“白马股”的同时随时做好接手“问题股”的准备，没有必要整天处于望眼欲穿或提心吊胆心境之中，理性、正确地看待并应对“问题股”才是应有之策。

股价涨跌与有无“问题”没有必然联系。有时，投资者好不容易遇上了“白马股”，结果股价不涨反跌；有时不幸遇到了“问题股”，却反而触底反弹，走出了一波可观的上涨行情。如华星化工，1月20日，不少媒体刊发了《华星化工预亏1亿元，总裁没领年终奖递辞呈》一文。乍一看，这是一条典型的“问题”信息，一般投资者可能会觉得该股在今后相当长时间里将难有良好表现。然而，实际走势说明，股价涨跌与有无“问题”没有必然联系。“问题”没有出来之前，该股走势并无起色，“问题”信息刊登后，股价反而在稍做调整后就企稳回升。截止4月22日，3个月时间上证指数只上涨13.12%，华星化工却大涨32.23%，跑赢指数19.11个百分点。

收益大小与有无“问题”不一定呈正向关系。不少投资者以为，只要买入业绩优异的“白马股”，就能取得良好的投资回报；如果不幸碰上“问题股”，自然就是凶多吉少。实际上，收益大小与有无“问题”不一定呈正向关系。赶上“白马股”的投资者由于操作不当，结果仍有人不赚反亏；遇上“问题股”的投资者由于操作得法，结果也有人大赚一把。仍以华星化工为例，笔者特意查阅了自2010年10月22日至2011年4月22日交易华星化工的全部记录，结果发现，在半年时间里，共有43个交易日进行过52次操作，绝大多数为正差买卖，取得了不菲收益。

投资者只有认清了“问题股”的这些特点和规律，才能在操作中理性面对，正确抉择。

重在养成好习惯

“问题股”的特点和规律说明，在证券市场，不存在股票的绝对好坏之分，却只有操作的正确与否之别。面对“问题股”，投资者要想“变废为宝”，平时就要养成“三种习惯”。

——组合搭配的习惯。炒股，谁都希望在控制“问题股”风险的基础上，通过重仓“白马股”去博取投资收益的最大化，但实际上谁都无法做到。正确的做法是，在平时的买股中养成组合搭配的习惯，做好不同品种之间的有机搭配，始终做到不把“鸡蛋”放在同一个篮子里，通过控制单一品种的上限（绝对股数）或比例（相对占比），达到降低“问题股”风险的目的。如笔者在确定单一品种上限时，一般掌握在15%左右，很少会超过20%。假如投资者能在平时的操作中控制单一品种的仓位，养成组合搭配的习惯，实际上等于控制了“问题股”的风险。

在“问题”没有出来时控制住单一品种的上限或比例的目的是为了防范“问题”风险，但当“问题”既已暴露，风险得到释放时，一般来说还可在原来控制的比例基础上适当增加持有“问题股”的仓位。

值得一提的是，在“问题”没有出来时控制住单一品种的上限或比例的目的是为了防范“问题”风险，但当“问题”既已暴露，风险得到释放时，一般来说还可在原来控制的比例基础上适当增加持有“问题股”的仓位。如华星化工“问题”暴露前，笔者为控制风险，只建仓了不到14%，“问题”曝光后，笔者不仅没有降低仓位，反而又利用账户里剩余资金做了补仓操作，再次买入4900股，使得账户里持有华星化工的总数从20000股增加到了24900股，占比也从13.91%提高到了17.32%。

——高抛低吸的习惯。与买卖“白马股”一样，操作“问题股”同样离不开高抛低吸。一方面，投资者为了高抛低吸，取得好的收益，有时先制定买卖计划，待价格优势更明显（待买的价格更低、待卖的价格更高）时择机交易，但有时股价走势正好与预期相反，导致想买买不进（股价涨了），想卖卖不出（股价跌了），遇到这种情况，投资者应暂缓交易，等稳住阵脚、找到感觉后再高抛低吸。另一方面，在时机把握上，也要讲究方式方法，当没有“问题”、众人追捧时要尽量做到多卖少买，“问题”暴露后才可多买少卖。当然，这里所说的“问题”暴露时并非指“问题”暴露后的第一时间，而要尽量让“问题股”多跌一段时间，等其“跌透”后再择机买入。

——两手准备的习惯。炒股与日常生活一样，有事莫胆小，无事莫胆大。没有“问题”时，投资者应多一份风险意识，操作时做到谨小慎微、两手准备，随时应对可能出现的个股“问题”。一旦遇上“问题”，不必胆战心惊，沉着面对即可。而要达到这种状态，在没有“问题”时做好两手准备，以便正确应对显得十分关键。

善于把握主动权

投资者要想牢牢把握“问题股”的操作主动权，这里有几点小窍门供大家借鉴。

一是降低成本。炒股，能否取得较大收益，与其说关键在于品种选择（不能有“问题”），不如说关键在于买入成本，是否能做到建仓成本的“较低化”。可以说，**无论什么品种，投资者只要买入的价格够低，真正做到买得比别人便宜，实际上已经掌握了投资取胜的主动权。**

二是反向交易。品种“问题”暴露后，投资者不仅要与其他多数投资者保持“距离”，有时甚至要与主力、老总反其道而行之，以此争取操作的主动。主力特别是公司老总的言行或许能在短时间里影响企业的生产经营甚至股价的一时波动，但从长远看很难扭转个股趋势。主力卖出甚至抛空“问题股”，有时也是其情绪化操作的集中体现，短期或许会有部分投资者跟着恐慌抛股票，但从长线看这种操作未必一定正确。所以，没有必要跟着主力进行同方向操作。投资结果表明，在多数情况下，反向操作的收益要大于正向操作。

三是伺机离场。对于那些基本面出现重大变化甚至恶化，股价又高高在上的品种，投资者若感觉该股大势已去，没有必要再坚守时可选择离场，另选其他品种进行投资，但须在反弹到一定高位时再出仓，不要选在低位“割肉”。依此操作，能最大限度地减亏、保本甚至获利。

守住风险控制底线

炒股的目的是为了逐利，但在逐利的同时，必须学会及时有效地控制风险，变账面盈利为实际收益。只有这样，才能达到自我保护的目的，才能为下次出击积蓄更充沛的能量，进而更好更有效地逐利——

资本市场，说白了就是风险与机会的博弈，风控与逐利的较量。衡量投资者是否成熟，不仅要看其逐利能力的大小，更要看其风控能力的强弱。处理好了风控与逐利的关系，成为一名理性、成熟的投资者就不远了。

要不要风控

风控与逐利，既互相制约、彼此对立，又互相依存、彼此统一。

一方面，逐利是最好的风控。要想在股市有效地控制风险，必须学会适时出击、追逐利润，做到该出手时就出手。像之前大盘在2000点下方运行、许多人深套之际，如果敢于重仓出击，再守仓至今，就能获得不错的收益。在大盘和个股处于相对低位时采取持仓、逐利的策略，就是最好的风控武器。“逐利是最好的风控”，跟军事上的“进攻是最好的防守”是同一个道理。

另一方面，风控也是为了更好地逐利。只知道进攻、不懂得防守的士兵，不是一名优秀的士兵。炒股也一样，只知道逐利、不懂得风控的股民，同样不是一名成熟的股民。

能不能风控

股市的风险，表面看变幻莫测，谁都无法预料和控制，但实际上也是有“规律可寻”，也是在可控的范围之内。

控制风险，极端的两头分别位于底部和顶部。底部的风险是做空。在底部，风控的关键是克服恐惧、避免做空。只要加强学习、独立思考，风控并不难。记得大盘触及1664.93点前后，许多投资者被跌得晕头转向、不敢持股。当时，在第七届亚欧首脑会议开幕式上，国家领导人发表了题为《亚欧携手合作共赢》的致辞，提出要“保持经济稳定、金融稳定、资本市场稳定，继续推动经济社会又好又快发展”。这一讲话最重要的一点是，向公众传递了维护资本市场稳定发展的重要信息。此时，投资者如果善于独立分析，做到不人云亦云，就能坚定持股的信心，就能有效地避免底部做空的风险。

顶部的风险是做多。在顶部，风控的关键是克服贪婪、避免做多。只要摆正心态、不恋不贪，风控也不难。创出的反弹新高，是不是头部、顶部，谁也无法知晓，但懂得风控的老股民都不会忘记风控的重要性，此时的风控比大盘反弹以来任何时候都显得更加重要和紧迫。宁可少赚点，也不能不有效地进行风控，是许多老股民的共识。

怎样风控

要做好风控，以笔者之见，需要做好三件事。

一是控制仓位。随着大盘和个股的连续上涨，仓位控制就显得越发重要，尤其是在本轮反弹中一直轻仓、赚得不多的投资者，更不能赌字当头、重仓出击。虽然此时重仓，有可能获得暴利，但一旦展开调整，极有可能前功尽弃，甚至不盈反亏。在大盘涨了六成、不少个股翻了几倍的情况下，控制仓位、保存实力，宁愿不赚或少赚，也要确保不亏或少亏，是实现有效风控的重要法宝之一。

二是调整持仓。在控制仓位的同时，还要注意调整持仓结构，坚决回避涨幅已大的品种。如果说在行情启动初期，持有盘子小、股性活的品种，有利于增加获利机会的话，那么在行情涨到一定程度后，就要多一分警觉，有意识地把那些盘子稍大、股性较呆、涨幅不大但安全边际相对较高的品种作为配置的重点。因为，只有持有这样的品种，才会在行情一旦转入深幅调整时显得较为安全，而那些前期涨幅大的品种调整起来往往杀伤力也大。

三是巧对波动。控制仓位、调整持仓，并不意味着死捂不动，而是要动静结合、巧对波动。在行情剧烈波动时，一旦所持的“呆股”突然拉升，就要敢于“杀涨”，有机会回落时再及时补回，在赚取“正差”的同时，防止筹码丢失；假如看中的目标出现大幅下跌，还可适度“挪用”腾出的资金，敢于“追跌”，遇反抽时及时出局，确保资金的安全。巧对波动的前提是确保安全，只有在确保安全的前提下，才可灵活巧对，假如把握不大，则应以“不动”去应对行情的剧烈“波动”。

炒股的目的是为了逐利，但在逐利的同时，必须学会及时有效地控制风险，变账面盈利为实际收益。只有这样，才能达到自我保护的目的，才能为下次出击积蓄更充沛的能量，进而更好更有效地逐利。股市永远都不缺机会，只有学会及时风控，才能实现长久逐利。这一点，正是成功的投资者与众不同的过人之处。

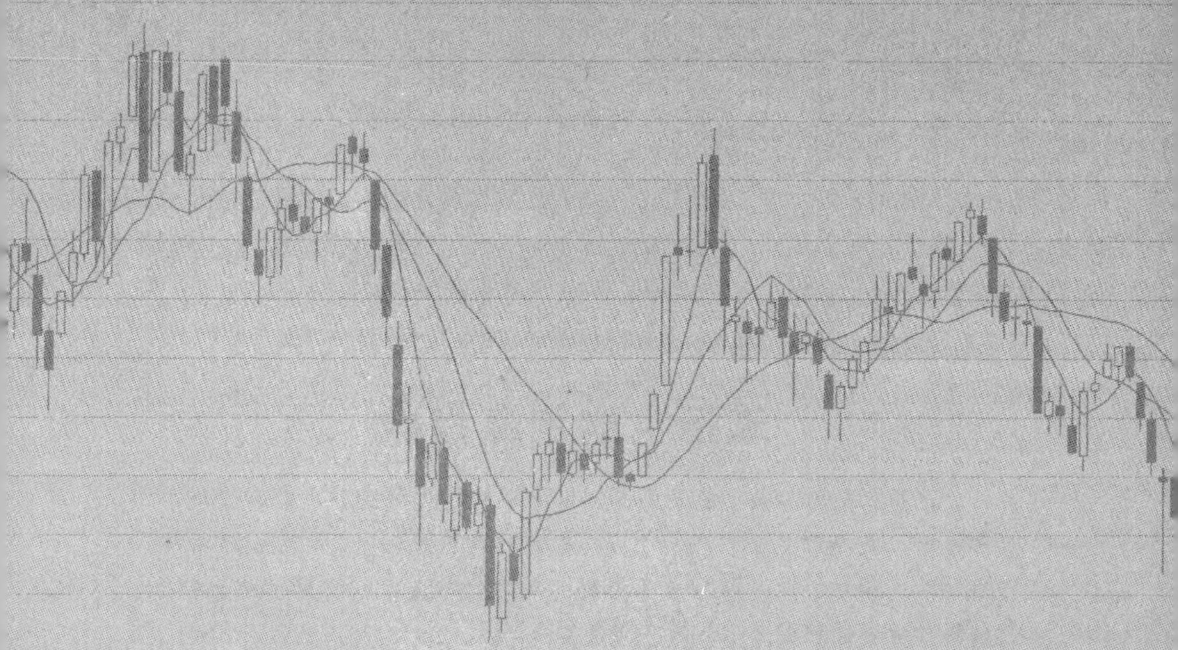

第8章 策 略

如果能处理好踏空和套牢、集中和分散、长线和短线“三个关系”，做到“三个防止”：防止踏错节奏、防止搞坏心态、防止丢失筹码，采取“不操作”这种“笨办法”的操作方式同样能跑赢指数，成为高手。

笨招也能跑赢指数

跑赢指数看似简单实则不易，但如果能处理好踏空和套牢、集中和分散、长线和短线“三个关系”，做到“三个防止”：防止踏错节奏、防止搞坏心态、防止丢失筹码，采取“不操作”这种“笨办法”的操作方式同样能跑赢指数，成为高手——

随着指数大涨小回，以及个股的轮番上涨，股市里的赚钱效也会逐渐显现，投资者的交易热情则随之升温。那么，在传统的“春季攻势”里，投资策略究竟是频繁交易好还是持股不动好？笔者的体会是，除了个别眼明手快、技法娴熟的股市高手外，对于绝大多数普通投资者来说，要是没有过人本领，还是采取持股不动这种“笨办法”比较管用。

比较：操作未必越多越好

老股民经过股市多年的磨砺大都知道，交易频率与结果之间没有必然的联系，甚至经常出现这样的情况：多操作不如少操作，少操作不如不操作。在经历多次失误后才恍然大悟：不操作才是最好的操作。但不操作究竟好在哪里，好到什么程度却又知之甚少。

为此，笔者特意对2011年短线操作和持股不动这两种不同的交易方式做了量化比较。结果，再次印证了“不操作往往就是最好的操作”这一简单浅显的炒股真谛。

方法一：短线操作。2010年12月31日，A、B两个账户各持有6只股票，合计市值956255元，资金余额704元，账户总值956959元（见表1）。经过一年交易，至年底账户总值为593993元，缩水37.93%，不及同期上证指数（-21.68%）

16.25 个百分点。

表1　　2010 年 12 月 31 日“原有资产”统计一览表　　单位：元

区分		持股数量（股）	收盘价格	收盘市值	资金余额	小计
账户 A	工商银行	23303	4.24			
	中国石油	19300	11.22			
	大秦铁路	35472	7.82			
	大唐发电	12100	6.09			
	华星化工	7600	7.31			
	新疆城建	6000	9.56			
	合计			779347	647	779994
账户 B	大秦铁路	11286	7.82			
	华星化工	6700	7.31			
	新疆城建	1500	9.56			
	华东电脑	400	23.97			
	杰瑞股份	100	142.88			
	长航油运	300	4.86			
	合计			176908	57	176965
总计				956255	704	956959

方法二：持股不动。假如整个 2011 年都不交易，至年底，合计市值 825948 元，资金余额 26490 元，账户总值 852438（见表 2），缩水 10.92%，跑赢同期指数 10.76 个百分点。

表2　　2011 年 12 月 31 日“持股不动”账户资产表　　单位：元

区分		分配	持股	红利	收盘	市值	资金	小计
账户 A	工商银行	10 派 1.656	23303	3859	4.24	98805		
	中国石油	10 派 3.1127	19300	6008	9.74	187982		
	大秦铁路	10 派 3.15	35472	11174	7.46	264621		
	大唐发电	10 派 0.63	12100	762	5.16	62436		
	华星化工		7600	0	4.50	34200		
	新疆城建	10 派 0.45	6000	270	5.37	32220		
	合计			22073		680264	22720	702984

续表

区分		分配	持股	红利	收盘	市值	资金	小计
账户B	大秦铁路	10派3.15	11286	3555	7.46	84194		
	华星化工		6700	0	4.50	30150		
	新疆城建	10派0.45	1500	68	5.37	8055		
	华东电脑	10派0.45	400	18	20.58	8232		
	杰瑞股份	10派7.2元 转增10	200	72	70.00	14000		
	长航油运	10送0.9股 转增7.1股	540	0	1.95	1053		
	合计			3713		145684	3770	149454
总计				25786		825948	26490	852438

注：分配栏内数据系税后分配数，其中中国石油系两次分配：2010年10派1.6521元，2011中10派1.4606元。

比较后不难发现，2011年短线操作和持股不动相比，账户资产相差258445元，相当于27.01个百分点（见表3）。短线操作和持股不动两种截然不同的操作结果表明，股市交易未必越多越好。

表3　2011年短线操作和持股不动账户资产比较表

区分	原值	现值	涨跌（%）	与上证指数比（百分点）
上证指数	2808.08	2199.42	-21.68	
短线操作	956959元	593993元	-37.93	-16.25
持股不动	956959元	852438元	-10.92	10.76

注：2011年短线操作和持股不动相比，账户资产相差258445元、27.01个百分点。

方法：如何做到由多变精

短线操作不如持股不动充分说明，短线操作难度很大。与此同时，还应看到，持股不动同样不易。要使操作真正做到由多变精至少须在以下三个方面引起重视。

第一，根据大盘点位控制好仓位。持股不动并非一些投资者所想象的那样，无论数量多少、仓位重轻，只要随便买入股票，一路持有即可。实际上，持股不动与短线操作一样，在仓位控制方面同样有严格的要求。一般情况下，当指数处于相对高位时，仓位应尽量减轻，做到指数越高、仓位越轻；当指数处于相对低位时，仓位应适当加重，做到指数越低、仓位越重。只有控制好了仓位，才有可能在持股不动操作中保持淡定、争取主动。至于指数的高低，没有一成不变的衡量标准，需要视投资者的风险偏好程度灵活确定。

第二，根据风控要求选择好品种。能否在持股不动操作中把握主动、跑赢指数，很大程度上取决于投资者所持有的品种。总的原则是，当指数运行至相对高位后，应尽量选择之前涨幅较小，行情一旦走熊时显得比较抗跌的大盘蓝筹股，尤其是具有良好分配方案的“蓝筹分红股”。此类股票在指数大跌时往往比较抗跌，能有效回避熊市的系统性风险，牢牢把握操作的主动权。另外，“蓝筹分红股”在本身股价抗跌的同时，还能推出良好的分红方案，给投资者带来额外收益。譬如，笔者 A、B 两个账户各持有的 6 只股票，仅 2011 年就可获得 25786 元红利，相当于年初市值的 2.69%。

当指数运行至相对低位时选股标准正好相反，应尽量选择之前跌幅大、行情转牛时弹性足的小股活跃股，尤其是各个板块中的领涨品种。至于此类品种中的具体个股能否分红送配，关系不大，因为与日后反弹时的涨幅相比，分红收益显得微不足道。

第三，根据布局情况做到不操作。持股不动这种不操作的操作方式，既是较好也是较难的操作方式，其中的关键在于坚守初衷、保持耐心、抵御诱惑、学会淡定。

技巧：不妨多些忙里偷闲

通过不操作这种“笨办法”跑赢指数看似简单实则不易，重点应处理好“三个关系”，努力做到“三个防止”。

其一，处理好踏空和套牢的关系，防止踏错节奏。如果仓位控制不当，很难做到不操作；假如控制好了仓位但心态不正，未能处理好踏空和套牢的关系，同样会出现踏错节奏的问题。春节以来，虽然交易时间不长，但受市场环境影响，一些投资者同样在操作中出现了追涨杀跌情形，表现方式有二：一是“一根长阳”后，担心留着的资金出现踏空，于是赶紧加仓，结果买入的筹码很快被套；二是放量下跌后，担心持有的筹码被套，于是又选择减仓，结果腾出的资金出现踏空。面对操作中经常出现的踏空和套牢，正确的方法是既不怕踏空也不怕套牢，尤其是要学会当众人担心踏空、开始抢筹时敢于卖出，当大家害怕套牢、开始“割肉”时大胆买入。善于进行与多数人相反的操作往往是炒股成功的关键所在，实际上这也是普通投资者踏准股市节奏，处理好踏空和套牢关系的有效法宝。

原则上，普通投资者既不能满仓单一品种，也不可天女散花、四处出击，导致筹码的过于分散，一般情况下以买入并持有3~5只股票为宜。

其二，处理好集中和分散的关系，防止搞坏心态。与选好品种一样，做好不同品种之间的组合搭配同样非常重要。如果只会选择品种而不善于进行搭配，往往很难在实际投资中取得理想结果。有这样一种极端的操作方式须引起投资者的注意：有人在选好品种后显得非常自信，建仓时无论资金多少都清一色买入同一品种持有，以为只有这样才能获得好的收益，殊不知，这种满仓一只股票的做法一旦跌起来也会心惊肉跳，心理上无法承受，最终导致追涨杀跌。因此，处理好集中和分散的关系，做到集中和分散的有机统一显得尤为重要。原则上，普通投资者既不能满仓单一品种，也不可天女散花、四处出击，导致筹码的过于分散，一般情况下以买入并持有3~5只股票为宜。

其三，处理好长线和短线的关系，防止丢失筹码。对于不操作这种“笨办法”操作方式，不能予以机械地理解，尤其要防止“两个极端”：一是只做长线不做短线，当短线机会出现时也坚决不操作；二是频繁进行短线交易，没有短线机会时也要操作。实际上，长线和短线是最难处理的关系之一。要诀在于：一方面，当机会降临时，适当做些短线交易也无妨，但前提是要做到筹码不变、资金增加。如果在短线交易中出现了下列情况：虽然增加了资金但却丢失了筹码，或者虽然筹码不变但却造成了资金减少，说明短线操作出现了问题，应及时“纠偏”；另一方面，当缺乏短线交易机会时，应坚守不操作这种“笨办法”的操作底线，保持耐心、一路持有。

自我感觉不能太好

不少人炒股有个习惯，喜欢以高手自居，偶尔赚钱的时候津津乐道、喜不自禁，一旦操作失误又闷闷不乐、自惭形秽。其实，这些都是炒股的大忌。把自己“看低”一些，虽然没有高深莫测的奥秘，只有一些简单朴实的道理，但只要做到了，又何尝不是高手呢——

炒股，不少人喜欢以高手自居，偶尔赚钱的时候津津乐道、喜不自禁，一旦操作失误又闷闷不乐、自惭形秽。其实，这些都是炒股的大忌。有的投资者正好相反，面对复杂多变的资本市场，总能正确认识自己，始终不忘股市风险，操作起来也是小心谨慎、两手准备，最终往往盈多亏少。

弄清“我是谁”

还是先从操作讲起。2011 年 4 月 8 日，笔者有一交易：卖出华东电脑 2300 股（23.01 元），买入南方航空 8100 股（7.84 元）；一周后（4 月 15 日）又做了反向操作：卖出南方航空 8100 股（8.26 元），买入华东电脑 2300 股（22.56 元）。两次操作结果，筹码不变，资金则多出了 4138 元。若问一周时间，两次操作，取得 4138 元收益，究竟有何奥秘？答案正是：把自己“看低”一些。

此次操作之所以能取得超额收益，关键在于其中的两次操作：第一次是 4 月 8 日：23.01 元卖出华东电脑，并随即买入南方航空，价格 7.84 元。问题有两个：一是为何会以 23.01 元卖出华东电脑？原因非常简单，就是因为之前曾卖出过华东电脑，价格只有 22.93 元，后来出现了比这一卖出价更高的价格，于是按照“越涨越卖”的操作原则毫不犹豫地进行了“补卖”（以更高的价格继续卖出）；二是为何会在 7.84 元价位上买入南方航空？同样是鉴于之前的操作。前一天，笔者曾在“秒杀”过程中以 7.96 元的价格卖出过南方航空，仅仅隔了一天就出现了正差接回的机会，于是便果断地把“高抛”出去的南方航空“低吸”回来。

第二次是在一周后的 4 月 15 日所进行的反向操作：8.26 元卖出南方航空 8100 股，22.56 元买入华东电脑 2300 股。操作理由基本相同，都是出于高抛低吸的考虑，买入的股票获利后在上涨过程中将其卖出，卖出的股票出现正差接回机会后在下跌过程中将其买回。正是这种“简单”的高卖低买动作带来了超过 6% 的周收益。

老股民都知道，高卖低买、一进一出这种看似不难的操作实际上要做好却很难。还是以上述操作为例，因为当之前以 22.93 元卖出的华东电脑 4 月 8 日涨到 23.01 元时，不少人此时想得最多的一是后悔——“卖早了，太可惜了，要是晚点卖多好啊！”二是奢望——“该股可能还要涨，要不要再把它买回来？”考虑的不是“补卖”而是追高。7.96 元卖出的南方航空一天后跌至 7.84 元时想法也类似，不是后悔（要是当初全部卖完就好了），就是恐惧（该股可能还要跌，要不要把剩余的筹码也卖出去算了），不愿正差接回反在低位杀跌的投资者大有人在。4 月 15 日反向操作的“难度”也与上述情况相类似。

实际上，从结果来看，当时的操作也的确没有“卖得最高、买得最低”。4 月 8 日卖出的华东电脑不仅没有卖在全日最高点，而且之后该股又连涨两天，同一天买入的南方航空同样没有买在最低点，而且当天收盘价比买入价还低。第二天该股又继续下跌，出现过更好的买入点位。4 月 15 日的操作也同样没有“卖得最高、买得最低”。

由此可见，**把自己看得“弱小”些，弄清“我是谁”，对投资来说只有好处没有坏处**。那种不切实际、“要求”太高，总希望卖在最高点、买在最低点的想法不仅根本不可能变成现实，而且往往成为一次次错失机会、一次次导致亏损的直接原因。相反，若能在正确认识自己的同时“看低”自己，理性操作，结果就会大不一样。

相信“我能行”

常听投资者说，炒股一定要有自信，不能“看低”自己。其实，在股市“看低”自己与充满自信是一个问题的两个方面，不仅不矛盾，而且相互之间还有一定的内在联系。一方面，置身资本市场真的不能盲目高估自己，一定要看到自己的问题和不足，无论是大盘起伏还是个股涨跌，都有其自身的运行规律且充满不确定性，投资者必须尊重市场，学会适应，两手准备；否则，任何绝对化、单向性的思维和预期都是不足取甚至是危险的。另一方面，在“低看”自己的同时，要树立信心，相信“我能行”，做到该谨慎时则谨慎，该果断时则果断。“低看”基础上的自信与以高手自居是两个完全不同的概念，联系到实际操作，笔者认为主要体现在对买、卖操作的把握上。

先说买入。投资者在买入股票的时候，事先要有计划，包括买入时机、品种、价格和数量等，并在操作时严格按计划执行。究竟在什么情况下该买入什么样的品种，不同时间、不同投资者的选择都不一样。笔者的体会是，值得买入的情形主要有三种：一是卖出的股票下跌后出现了正差接回的机会；二是买入的股票下跌后出现了继续补仓的机会；三是别人尤其是比较熟悉、长期关注、值得“傍炒”的投资者买入的股票下跌后出现了低吸捡拾的机会。一旦出现这三种值得买入的情形，原则上应予把握、及时抓住。当然，前提是对待买股票比较了解，基本面没有恶化，所持仓位也没有突破上限比例等。

再说卖出。卖出股票的情形也有三种：一是别人卖出的股票再涨时须抓住卖得更高的机会；二是之前卖出的股票再涨时须抓住越涨越卖的机会；三是买入的股票出现上涨时须抓住获利了结的机会。特例是，当大盘处于上涨途中、个股升势未尽、基本面好转时不宜过早卖出。

上好“低调课”

做到“看低”自己，才能成为赢家，这是一些经历过股市跌宕起伏的投资者得出的切身体会。与其追涨杀跌、手忙脚乱，抑或被动持股，不如把自己“看低”一些，善于捕捉并及时抓住盘中的交易机会，耐心操作、高抛低吸，达到积小胜为大胜的目的。而要达到这样的投资境界，关键在于平时就要养成良好的操作习惯，重在上好以下三门“低调课”。

一是莫学“技术派”。

“技术”炒股的本意和出发点是想通过对股市规律的研究、把握和利用，战胜市场，成为赢家。然而，股市既有规律又没有规律，既需技术又不需技术，即使偶尔发现了其中的一些规律，掌握了一些操作技术，也还有灵验和不灵验的时候、有管用的又有不见得管用的地方，关键要结合市场和各自实际，学会灵活把握。譬如，一些投资者盛行的“止盈止损术”，同样是在有些情况下管用（如单边市、牛股、熊股等），有些情况下不一定管用（如震荡市、波段股等）。就不同投资者来说，情况也不一样，对于擅长短线激进操作的投资者来说或许会起些作用，但并不适合多数投资者采用，因为长期采用这种方法操作的本质是追涨杀跌，结果多数难以获利。作为普通投资者，还是把自己“看低”一些，在熟悉的品种里踏准节奏、高抛低吸，老老实实做一些适合自己的交易为好，不用或少用“止盈止损”这样的“技术派”操作方法。

> **正确的做法是：操作前，选好品种、想好计划；操作时，既不贪婪也不恐惧，严格按计划交易；操作后，无论结果如何，都能理性面对。**

二是莫要“看着办”。

笔者发现，不少投资者平时不大喜欢做“功课”，即使有时也在浏览报刊、查看资讯，但缺乏正确的方法和技巧，没有明确的方向和目的，操作起来总是喜欢“随机应变”、“到时再说”。这种“看着办”操作的结果自然是无所适从，难以取得好的收益。正确的做法是：操作前，选好品种、想好计划；操作时，既不贪婪也不恐惧，严格按计划交易；操作后，无论结果如何，都能理性面对。投资者若能依此操作，虽不能确保每次交易都是胜券在握、万无一失，但至少比缺乏目标、紧盯盘面“看着办”要理性许多。

三是莫想“赚快钱”。

把自己“看低”一些的关键还在于：在实际交易中保持耐心、甘于寂寞。一方面，理性看待涨幅榜和其他个股的上涨。对位居涨幅榜上的股票，做到不眼红、不追涨；另一方面，正确看待专家荐股，认识到专家是人不是神，也有看走眼的时候。如创业板股票雷曼光电 3 月 30 日发布年报时，不少专家的研究报告都给出了“强烈推荐”评级，实际上此时不仅不是理想的买点，恰恰是绝好的卖点。至5月4日，在同期上证指数下跌3.11%、创业板指下跌11.29%的情况下，雷曼光电同期大跌32.18%，这一下跌幅度不仅达到同期上证指数跌幅的10倍，而且与创业板指比也跑输指数超过20个百分点。投资者若根据专家意见入市，不仅没有“快速赚钱”，反而导致“快速亏损”。

把自己“看低”一些，虽然没有高深莫测的奥秘，只有一些简单朴实的道理，但只要做到了，又何尝不是高手呢?!

如何操作政策底部

股市走势一再表明，N个“政策底”之后必将迎来“市场底”，每个“市场底”又都是千载难逢的低吸良机。只要逢低买入熟悉品种，及时做好组合搭配，正确把握轮动节奏，始终保持良好心态，“政策底”的受益者就会非你莫属——

记得2011年四季度前后，股市在反复寻底阶段有个现象引起了投资者的关注：每当大盘逼近2300点，就会有政策出手进行干预。当时较典型的就有两次：分别是10月24日和11月30日，都是在2300点岌岌可危的情况下，汇金和央行分别采取的增持四大行股票以及下调存款准备金率等救市举措。

尤其是11月30日央行下调存款准备金率。当天晚间，正当股市以大跌收盘，投资者感到极度恐慌之机，央行突然决定，从2011年12月5日起，下调存款准备金率0.5个百分点。由于与之前调整存准率不同，本次调整是时隔近三年之后首次下调存准率，加上恰逢股市深跌，因而更被不少市场人士理解为这是政策救市的信号，此时的大盘点位也被广泛解读为“政策底”。

暂且不考虑这种对于政策救市的解读是否正确，2300点这一“政策底”的判断是否准确，投资者最关心的其实是“政策底”与“市场底”之间的关联性究竟如何；面对“政策底”的若隐若现，在实际投资中该采取怎样的策略，买不买、何时买、买什么；在具体交易中，有哪些需要注意的地方……

买不买、怎么买

仰望“政策底”，该如何操作？要回答这一问题，不妨先来看看上证指数

21 年来“画”的这张 K 线图。

纵贯上证指数市场走势不难发现，涨幅最大的一波行情无疑是始于 2005 年 6 月 6 日的低点 998.23 点，终点为 2007 年 10 月 16 日的高点 6124.04 点，历时两年多、涨幅超过 5 倍的“世纪大牛市”。跌幅最深的则是从这一高点，到 2008 年 10 月 28 日的低点 1664.93 点，历时一年、跌幅高达 72.81% 的“08 大熊市”。

老股民都知道，每当股市深幅调整之后，市场总会出现若干个“政策底”，最终又会在不知不觉中将“市场底”呈现在投资者面前。下面，就让我们循着 2008“熊的脚步”，一起看看“政策底”与“市场底”之间究竟存在怎样的关联性。

实际上，在“08 大熊市”里出现过多次因政策救市而被市场人士称之为“政策底”的特殊阶段。其中，多数人公认的“政策底”至少有两次。

第一次，3278.33 点。2008 年 4 月 20 日，上证指数从高点下来已近腰折，当天再度暴跌 3.97%，收于 3094.67 点。晚间，中国证监会紧急公布了《上市公司解除限售存量股份转让指导意见》，对当时给市场造成极大冲击的“大小非”减持行为进行了规范，希望以此举措减轻市场压力，缓解对市场引起的冲击，恢复市场的信心和人气。然而，市场并不认同，投资者更不领情。面对重大利好，次日股市仅以 6.80% 的幅度高开后便一路下行，收市时只微涨 0.72%。

时隔 3 天——23 日晚间（当时大盘收于 3278.33 点），股市再出利好：经国务院批准，财政部、国家税务总局决定，从 2008 年 4 月 24 日起，调整证券（股票）交易印花税率，由 3‰ 调整为 1‰。受利好刺激，24 日大盘大幅高开 7.98%，收盘大涨 9.29%。但股市强势仅仅维持了 6 天，在短暂触及 3786.02 点（相对 24 日开盘涨幅为 6.95%）后便一路下行……

第二次，1895.84 点。时隔 5 个月，大盘在失手 2000 点整数关之后，9 月 18 日再跌 1.72%，当天收于 1895.84 点。晚间，股市再出重大利好：财政部、国资委以及汇金公司相继行动：证券交易印花税由双边征收改为单边征收；国资委支持央企控股上市公司回购股份；汇金公司将购入工、中、建三行股票，希望以此举措维护市场稳定。但与以往一样，次日股市在大幅高开 8.03% 后仅仅坚持了 4 天便再次掉头向下，并直奔 1664.93 点而去……

两次政策救市都未能换来真正的底部，反而在第二次救市一个多月后——

10月28日，市场自己跌出了一个重要底部——1664.93点，并由此开始出现了一波历时9个多月、幅度超过一倍的中级反弹行情。

操盘策略

“政策底”后可适量买入

股市有自己的运行规律，“政策底”与“市场底”之间既没有必然的联系，又有着一定的关联，这就是：“政策底”每出现一次，就会离“市场底”近一步。投资者操作时，可在“政策底”出现后适量买入，以免踏空，但不宜采取极端式、一次性买入法，而是应在控制风险、两手准备的基础上，随着“政策底”出现次数的不断增多逐渐加大建仓力度。

何时买、买多少

无论是“政策底”还是“市场底”，每两个“底”之间不仅跌幅不同，而且对个股的杀伤力也不尽相同——离“市场底”越近，这种杀伤力往往也越大。

先来看几个重要的“底部阶段”（见表1）。

表1　几个重要底部之间指数涨跌及个股表现情况一览表

区　分		政策底（一）	政策底（二）	市场底
区　间		2007年10月16日（高点日）收盘至2008年4月23日（救市日）收盘	2008年4月23日（救市日）收盘至2008年9月18日（救市日）收盘	2008年9月18日（救市日）收盘至2008年10月27日（市场底前）收盘
指数涨跌	起点	6092.06	3278.33	1895.84
	终点	3278.33	1895.84	1723.35
	区间涨跌（%）	-46.19	-42.17	-9.10
个股表现	可比股票家数	1476	1530	1518
	跑赢指数家数	1171	642	387
	占比（%）	79.34	41.96	25.49
	跑输指数家数	305	888	1131
	占比（%）	20.66	58.04	74.51

第一阶段：从高点日到第一次政策救市（2007 年 10 月 16 日至 2008 年 4 月 23 日）。在此期间，上证指数跌 46.19%。同期可比的股票有 1476 只，其中跑赢指数的有 1171 只，占比高达 79.34%；跑输指数的只有 305 只，占比仅为 20.66%，说明此阶段对个股的杀伤力较小。

第二阶段：从第一次政策救市到第二次政策救市（2008 年 4 月 23 日至 9 月 18 日）。在此期间，上证指数跌 42.17%。同期可比的股票为 1530 只，其中跑赢指数的为 642 只，占比明显减少，只有 41.96%；跑输指数的开始增多，为 888 只，占比增加至 58.04%，说明此阶段对个股的杀伤力开始增大。

第三阶段：从第二次政策救市到自发形成“市场底”前一交易日（2008 年 9 月 18 日至 10 月 27 日）。在此期间，上证指数只跌 9.10%，但在同期可比的 1518 只股票中，跑赢指数的只有 387 只，占比仅为 25.49%；而跑输指数的股票开始大面积扩散，总数多达 1131 只，占比增加至 74.51%。不难看出，此阶段对个股的杀伤力最大。

值得一提的是，当指数越接近“市场底”时，个股的杀伤力以及投资者的恐慌程度越是达到了极点。2008 年 10 月 27 日——“市场底”前一交易日，上证指数大跌 6.32%，挂牌交易的 1490 只股票，只有 47 只上涨，占比仅为 3.15%；下跌的股票多达 1443 只，96.85% 的股票出现了不同程度的下跌，而且超过七成的股票跌幅超过 6.32%，其中有 500 只左右的股票同时跌停，市场恐慌气氛由此可见一斑。

再来看几个具体的介入点位（见表 2）。

表 2　　救市前后不同方式介入上证指数涨跌幅度比较表

方　式	区　分	第一次救市	第二次救市
潜　伏	救市前收盘	3278.33	1895.84
	N 日后高点	3786.02	2333.28
	涨跌（%）	15.49	23.07
追　入	救市后开盘	3539.87	2067.64
	N 日后高点	3786.02	2333.28
	涨跌（%）	6.95	12.85

注：第二次救市政策出台后，由于首个交易日股票全线涨停而难以买进，若以下一交易日开盘价买入，对应的上证指数为 2241.72 点，至 N 日后高点 2333.28 点，涨幅仅为 4.08%。

第一次救市：救市前事先潜伏的投资者自救市前一日收盘起至救市后 N 日，最大收益（对应的指数）达 15.49%，机会大、风险小；若以救市后开盘价追入，至救市后 N 日最大收益（对应的指数），仅为 6.95%，机会小、风险大。

第二次救市：情况也类似，事先潜伏的投资者最大收益达 23.07%，同样是机会大、风险小；开盘价追入的投资者最大收益只有 12.85%，也是机会小、风险大。而且，第二次救市政策出台后，由于首个交易日股票全线涨停而难以买进，若再以下一交易日开盘价买入，最大收益就只有 4.08%，机会更小、风险更大。

操盘策略

多数人恐慌时宜买入股票

随着救市次数的不断增多，指数的不断调整以及个股杀伤力的不断加大，投资风险反而得到了更充分的释放。越是在多数人感到恐慌的时候买入股票，实际上越是安全。在操作时机和数量的选择上，重点须注意三点：一是要按照 N 次“政策底”出现的先后顺序，分批买入、先少后多；二是在具体介入时点上，应尽量做到事先潜伏、“下压”时捡，力避事后追入、“弹起”时抢；三是当市场出现极度恐慌，个股大面积跌停时，作为长线投资者更应抓住难得的建仓良机，大胆、重仓买入廉价筹码。

买什么、卖不卖

即使是在经历了多次“政策底”之后，迎来了真正的“市场底”，投资者也已确定了建仓时机和数量，同样还有两个问题需考虑。

一是买什么？不少投资者认为应该在“市场底”买入率先启动的最强势品种，似乎只有这样操作才能在日后的反弹中取得最大收益。实际上并非如此，这里面有两方面问题：一方面，从高位一路保留下来的资金如果在“市场底”去买没有跌过甚至逆市上涨的股票，并不能多买股票，等于白等；另一方面，率先启动的强势品种不一定能在随后的反弹中有出众表现。

以大盘 2008 年 10 月 28 日见底 1664 点前一日率先涨停的 7 只股票为例，在自 10 月 28 日至 2009 年 8 月 4 日这波反弹行情中，共有 1556 只可比股票，上述

7股平均排名只有1096名；若以7股涨幅的平均值115.76%计，对应的排名更靠后，只位居1189名，远远落后于可比股票的居中位置。这说明，在“市场底”率先启动的股票，不一定是日后反弹中最强势的品种（见表3）。

二是卖不卖？买入股票后，长线投资者只要一路持有买入的股票即可，短线投资者可适度进行高抛低吸，做差价操作。

表3　　2008年10月27日7只涨停股下一波反弹表现一览表

代　码	名　称	涨幅（%）	排　名
000594	国恒铁路	110.28	1220
600199	金种子酒	117.03	1179
600263	路桥建设	104.13	1264
002180	万力达	202.52	500
000629	攀钢钒钛	−5.46	1548
000159	国际实业	163.33	795
600106	重庆路桥	118.46	1169
平　均		115.76	1096

操盘策略

“市场底”是低吸良机

股市多年来的走势一再表明，N个“政策底”之后必将迎来“市场底”，每个“市场底”又都是千载难逢的低吸良机。在具体操作上，一是要逢低买入熟悉品种，二是要及时做好组合搭配，三是要正确把握轮动节奏，四是要始终保持良好心态。只要在“政策底”来临时做到早做计划、精心准备、不怕折腾、不贪不惧，“政策底”乃至“市场底”的受益者就会非你莫属。

“三要诀”做右侧交易

做好右侧交易，重在做到重仓买入、坚定持股、博取短差。能否成功博取短差的关键在于存量资金与增量资金、即时计划与后续计划、同步交易与交叉交易、买后被套与卖后踏空等关系的处理是否正确——

截止2月24日收盘，2012年股市已运行了近两个月。打开日K线图即可发现，头两个月的股市实际上已悄然运行在见底2132.63点以来的右侧，投资者也已在不知不觉中进行着右侧的交易。

抓住难得的右侧交易机会，让右侧交易技高一筹、收获多多，对于把握整体投资的主动权，把之前失去的损失夺回来甚至反败为胜、扭亏为盈，显得尤为重要。

右侧交易“三要诀”

2月24日收盘后，笔者照例做了份投资报表。结果发现，与2010年左侧交易明显不同的是，在2012年头两个月右侧交易中，取得了较为满意的收益。截止24日，年初以来上证指数涨10.92%，笔者账户总值涨19.59%，跑赢指数8.67个百分点。分析后发现，之所以能在右侧交易中取得较为满意的收获，要诀在于以下三点。

一是保持足够仓位。行情涨得再好，要是没有仓位，就好比无米之炊。要想在右侧交易中把握主动、成为胜者，首先要保持足够的仓位。当大盘上行趋势确立、交易机会来临时，就应大胆出击、果断进场，采取重仓甚至满仓策略进行操作。只有这样，才不会在右侧交易中踏空，从而分享右侧交易带来的良好收益。实际上，笔者取得的上述收益也正是得益于自底部反弹以来始终保持的几乎满仓的筹码。

二是守住所持股票。一些投资者时常挂在嘴边的一句话是，炒股要炒强势股。似乎只要捕捉到强势股票，即使仓位不重也能获得好的收益。实际上，在右侧交易之初，普通投资者很难察觉哪些板块和个股将成为强势板块、强势个股。只有等行情运行一段时间后，某一阶段的强势板块和强势个股才会浮出水面，但此时才发现往往为时已晚。普通投资者在发现不了强势板块和强势个股的情况下，右侧交易最有效的办法实际上就是紧紧抓住持有的股票，不放手、不卖出。

三是博取超额收益。在确保做到以上两条基础上，再考虑用适量的筹码通过短线交易方法去博取超额收益。此举目的在于，一方面让持有的筹码在大盘上涨的同时做到水涨船高，另一方面在确保筹码不丢的同时让账户资金多出来，进一步提高右侧交易的操作效果和账户总值。如果只能做到前两条，结果充其量也只是账户市值随大盘和个股上下波动，坐坐电梯而已，在这种情况下要想让账户总值跑赢大盘，就会有较大难度。

超额收益怎么博

下面，以操作中科英华为例，介绍如何在右侧交易中博取超额收益的具体方法。

【前提】

到达心理价位时要敢于买入目标股票。年初，笔者的小账户里除了绝大部分为持股外，尚有余资 16352 元，准备择机建仓。1 月 4 日（新年开市头一天），当待买股票中科英华随大盘跌至 3.85 元时，便以时价全数买入 4200 股，连同本金、交易费用在内成本总额为 16183 元，买入后一路持有。至 2 月 24 日收盘，依然持有中科英华 4200 股，但收盘价已涨至 4.42 元，市值上涨 2394 元，涨幅 14.79%。此举不仅有助于账户总值增加，而且为日后进行短线操作准备了筹码，奠定了基础。

【关键】

突发利空消息时要依然保持沉着镇定。买入的股票能否一路持有，往往与个股的基本面尤其是突发消息不无关联，尤其取决于当利空降临时能否保持镇定。1月31日（买入后不到一个月），中科英华就发布了2011年度业绩预亏公告，当天股价大跌3. 99%。此时，对持股者的心态是个考验，一般情况下此时不应卖出。实际上，该股利空消息公布当天下探的低点——3. 72元，不仅未击穿3. 58元的前期低点，而且成为日后重要的阶段性低点，该股由此走出了一波较好的反弹行情。因此，善于在利空消息公布时保持冷静、守住股票，也是在右侧交易中顺利博取超额收益的一大关键。

【操作】

出现买卖机会时要果断进行高抛低吸。右侧交易最大的乐趣有两个：一是因个股本身随大盘上涨带来的市值增加；二是由于正确的短线交易带来的账户资金增加。自1月4日买入中科英华起至2月24日止，笔者在确保中科英华筹码不丢的同时，以该股4200股筹码为基础，进行了18笔短线交易（交易清单见下表）。

1月4日至2月24日中科英华短线交易及盈亏情况一览表

交易日期	交易方向	交易名称	交易价格（元）	交易数量（股）	多出资金（元）
1月4日	买入	中科英华	3. 85	4200	
2月10日	卖出	中科英华	4. 26	4200	320
	买入	东方航空	4. 11	4200	
2月13日	卖出	东方航空	4. 09	4200	
	买入	中科英华	4. 15	4200	
2月15日	卖出	中科英华	4. 25	4200	206
	买入	东方航空	4. 07	4200	
	卖出	东方航空	4. 13	4200	
	买入	中科英华	4. 24	4200	
2月20日	卖出	中科英华	4. 31	4200	207
	买入	中科英华	4. 25	4200	
2月21日	卖出	中科英华	4. 28	4200	246
	买入	东方航空	4. 13	4200	
2月23日	卖出	东方航空	4. 25	4200	
	买入	中科英华	4. 32	4200	

续表

交易日期	交易方向	交易名称	交易价格（元）	交易数量（股）	多出资金（元）
2月24日	卖出	中科英华	4.41	4200	245
	买入	东方航空	4.23	4200	
	卖出	东方航空	4.31	4200	
	买入	中科英华	4.41	4200	
合　计					1224

注：交易结果：首次买入中科英华4200股，用款16183元；多次交易后仍持中科英华4200股（市值涨2394元），但资金账户多出现金1224元。合计升值3618元，涨幅22.35%。

在扣除交易费用的同时，共获得1224元超额收益，对应涨幅为7.56个百分点（见上表）。连同增加的市值，仅中科英华一只股票就为账户增值3618元，使得单一品种的涨幅达到22.35%，远超同期上证指数和中科英华自身涨幅。

上述操作中投资者可能会有两个疑问：一是卖出中科英华后需要换股时为什么选择东方航空？这是因为，在所有备选品种中，东方航空的股价、股性、走势特点都与中科英华相似，且笔者对这两只股票较为熟悉；二是随着资金的逐渐增加，在后续交易中为什么不全额而是依然买入4200股？实际上，这正是短线操作、回转交易时需要遵循的原则——保持筹码不变、让资金多出来。

处理好“四个关系”

让右侧交易技高一筹的关键在于按照“三要诀”的要求做到重仓买入，坚定持股和博取短差，而处理好其中的四个关系又是关键中的关键。

一是存量资金与增量资金的关系。持有的股票卖不卖、留下的资金买不买，始终是投资者在右侧交易中经常碰到且颇为纠结的问题。解决这一问题的有效办法是处理好存量资金与增量资金的关系。对于存量资金——原买入的股票，操作中需分清长线投资还是短线交易。若属于长线投资，只要持股不动即可；如果是短线交易，原则上要在大幅高开或快速冲高时卖出，再逢低买回、赚取差价，只要结果是正差，多少价位都无所谓，且都是正确的操作。对于增量资金——新建仓的筹码，也分为长线和短线两个部分。对于长线部分，一定要遵循越跌越买原则，严格按事先设定的大盘点位和个股价位买入，切不可随意建

> **对于长线部分，一定要遵循越跌越买原则，严格按事先设定的大盘点位和个股价位买入，切不可随意建仓；对于短线部分，则可在任意点位和价位上买入，但要做到快进快出并设好止盈（损）价位。**

仓；对于短线部分，则可在任意点位和价位上买入，但要做到快进快出并设好止盈（损）价位。

二是即时计划与后续计划的关系。与其他时段交易一样，右侧交易同样离不开仔细、周密的计划。右侧交易中的计划分为即时计划与后续计划两种。其中，即时计划又可分为历史交易记录提供的回转机会交易计划，新近交易提供的盈利机会交易计划，以及因突发事件导致的意外机会交易计划等，只要出现上述情形，就应及时调整即时交易计划；后续计划指的是计划执行后的交易计划，也分两种情况：单一品种自身高抛低吸的后续计划和不同品种之间换股交易的后续计划。但在计算正差收益时需考虑交易成本因素，在安排交易顺序时既可先卖后买，也可先买后卖，虽然顺序不一，但结果大体相当（后者需有备用资金）。

三是同步交易与交叉交易的关系。在右侧交易博取超额收益中，一般情况下应同步（配对）进行，即买、卖股票应同时进行，以防买后卖不出或卖后买不回。但在特殊情况下，也可利用交叉法进行操作。如突发利好时，可先卖出股票，等日后出现回落机会时再买回；突发利空时，可先买入股票，等日后出现冲高机会时再择机卖出。虽然方法和结果相同，但在交易时序上有明显区别。

四是买后被套与卖后踏空的关系。在右侧交易尤其是其中的博取超额收益操作中，如果买入的股票被套或者卖出的股票踏空，都属于正常现象。对此，一方面要不断总结成败得失，以便进一步提高操作技法，减少重复犯错；另一方面，进行必要的纠偏操作。卖出股票后，如有正差接回机会，应及时接回，不要患得患失，以免踏空；若无正差接回机会，处于暂时踏空状态，可适当等待，谨防做反。买入股票后，操作方向相反、方法相同。但以下情况须引起注意：当换股时如果一方亏损、另一方盈利但正负相抵后结果仍为正差时仍可进行换股操作，若结果仍为负差则暂缓换股。

如何参与配股操作

配股前后，持股没有变化，资金却由12824元变成了14174元，多1350元，涨10.53%。这一收益的取得，来自于配股操作。此举说明，配股发行的股票只要操作得法，同样是座难得的“金矿”，应成为日常投资的选项之一——

每逢年报发布高峰期，市场总会出现一波高送转股票“炒作浪”，一些潜在的高送转股票因阶段涨幅较大而备受投资者追捧。与此同时，一些配股发行的股票由于阶段涨幅不如前者，加之操作起来有些难度，因而时受冷落，不少投资者选择了敬而远之。

参与配股真没机会吗

先看操作。2012年2月22日，中国北车发布了2012年度配股发行公告，决定以股权登记日（2月24日）收市后股本总数为基数，按每10股配2.5股的比例向全体股东配售，配股价3.42元/股。当时，笔者账户里的其中一个组合持有新疆城建4200股，资金余额12824元。

2月23日，卖出新疆城建4200股（6.63元），扣除交易费用后获得资金27776元；随即买入中国北车7400股（4.62元），加上交易费用后支出资金34273元，卖、买之后至股权登记日收市，组合内持有中国北车7400股，资金余额6327元。

2月27日（配股缴款首日），按照配股比例全数参与了中国北车配股，数量1850股，价格3.42元，动用账户资金6327元。至此，组合内持有中国北车的股份数量由7400股变成了9250股，资金余额正好用完。

3月6日（复牌交易首日），以开盘价（4.47元）卖出该组合持有的全部中国北车9250股（其中1850股获配股份因未上市而借用其他组合内股票先予卖出），获得资金41348元（因2月23日交易时已考虑本次交易费用故不再重复计算，下同），并立即买回新疆城建4200股（6.47元），支付资金27174元。至此，组合内持有新疆城建4200股，资金余额14174元。

再看结果。比较2月23日操作前和3月6日操作后组合内的持仓和资金即可发现，参与配股前后，组合内的持股没有发生变化，都是4200股新疆城建，变化的是资金，由12824元变成了14174元，多出1350元，对应涨10.53%。不难看出，这一收益的取得，正是来自于对中国北车的配股操作。

由此可得出这样的结论，高送转股票并非都是“香饽饽”，操作不当同样会“伤人”；配股发行的股票只要操作得法，同样是座难得的“金矿”。因此，平时投资者没有必要都去“凑”高送转股票的“热闹”，把握配股的良好机会同样应成为日常投资的选项之一。

怎样参与配股操作

上述操作表明，参与配股不缺机会，缺乏的往往是投资者的操作技法。一方面，如不积极把握配股提供的投资机会，组合里的持仓和资金就不会有任何变化；另一方面，如果只是被动参与配股，消极持有股票，优势就不明显，收益也不会高。只有既果断换股、及时参与，又把握规律、踏准节奏，才能取得理想的配股收益。

首先，要选择熟悉的配股品种。并不是所有实施配股发行的股票都适合投资者参与，对于那些相对陌生、股价高估、股性不熟的品种，普通投资者还是尽量不要参与为好；只有当配股发行的股票股价不高、涨幅不大、股性较熟时，才有必要参与配股。在确定是否参与配股基础上，再来确定相应的配股策略，主要有：对于确定参与配股的股票，已经持有的股份可继续持有，尚未持有的须在股权登记日收市前买入，否则，将失去配股资格；对于不准备参与配股的股票，不仅尚未买入的不要再买入，而且已经持有的股份也须在股权登记日收市前卖出。

其次，要确定合适的参与数量。如果确定参与配股，接下来还有配股数量的确定问题。一般情况下可把握两条原则：一是从交易习惯出发配对参与。譬如，笔者在参与配股时是通过卖出新疆城建、买入中国北车进行的配对换股，在数量确定时也充分考虑到平时的交易习惯，卖出新疆城建的数量是4200股、买入中国北车的数量为7400股等；二是按配股比例规定全数参与，确保能配多少就配多少。如果在配股期间该配不配，将会造成市值损失。仍以笔者参与的中国北车为例。如果全额参与配股，虽然配股前的收盘价为4.74元，配股除权后变成了4.48元，表面上看价格跌了0.26元，但全额参与配股的组合总值没有变化，因此不会造成市值损失。但若不参与配股，或者不是全数参与，配股除权后就会造成市值缩水，导致不必要的损失。如持有的7400股中国北车，若放弃配股将导致市值缩水1924元。所以，既然决定参与配股，原则上就应全数参与。

再次，要把握恰当的进出时机。取得上述配股收益的一大关键是进出时机的正确把握：踏准节奏、高卖低买。参与配股的中国北车配股前逢低买入，买后赶上了抢筹、大涨，除权后第一时间逢高卖出，卖后回避了除权、下跌；因筹资需要卖出的新疆城建，由于之前已经大涨，因而有休整的必要，所以在冲高时卖出，不仅回避了卖后股价的下跌，而且正好赶上了买入后的急涨。如果相反操作、追涨杀跌，结果不可能取得上述收益。而之所以能进行高抛低吸操作，正是由于对进出时机的正确把握。

配股操作的注意事项

淘金配股发行股票的关键，从表象上看似乎是由于正确的高抛低吸操作所致，实际上其中的奥秘在于把握了配股的时间差。因为在配股前相关股票的上涨中，多数投资者看到的仅仅是股价上涨的表象，配股除权后看到的同样只是表象上的低廉股价，对实际股价的高低其实并不清楚或不是特别清楚。利用不同投资者对配股股票这种价格认同上的差异，通过把握机会所获得的收益，实际上就是巧打配股时间差带来的收益。操作中，还有两点须引起注意。

一是准备要充分、计划要周密。譬如，在资金准备方面，就得考虑得周全些。如果账户里有足够的资金，配股时用此资金直接买入配售股份即可。如无资金或资金不足，可通过两种方式解决：追加资金和换股筹资。在通过卖出其他股票、买入配售股份时，一般情况下应选择熟悉、放心且确定性较大的股票卖出，以防卖后踏空。卖出股票时，还应综合考虑交易成本因素。所需资金的计算方法是：股权登记日收市后持股总数×配股比例×配股价。只有事先做好了包括配股所需资金在内的各项准备工作，才不会在配股期间耽误配股。

二是操作要细腻、下单要果断。配股操作，除了须做好资金准备，在规定的时间完成配股操作外，还要对回转交易的盈亏情况早做盘算，做到心中有数。最简便的方法是，可在结束配股后、复牌交易前，计算出回转交易的盈亏金额，在此基础上制定出具体的交易计划，包括卖出和买入股票的名称、数量、价格等。复牌交易时，即可根据这一计划进行交易，并在确保计划实施的基础上，尽可能卖得更高、买得更低，进一步扩大配股操作的实际收益率。

譬如，笔者在参与中国北车配股后，制定了按复牌交易首日“昨收价”进行回转交易的操作计划。按此计划，卖出中国北车（昨收价4.48元）9250股可得收益821元，买回新疆城建（昨收价6.53元）4200股可得收益350元，二者合计收益为1171元。实际操作时，通过“两头观察”（既观察卖方也观察买方）发现，中国北车的开盘价为4.47元，比计划卖出价低0.01元，若以此价卖出将少收入92.50元。但此时新疆城建也大幅低开，比计划买入价低0.03元（实际成交价低0.06元），若以此价买入又可多收入126元（实际多收入252元），“一多一少”之后总体收入不减反增。于是决定，以此价进行交易，最终取得了1350元的配股收益（实际收益与计算收益略有差异，系配股除权价四舍五入所致）。

善于算计才能取胜

不仅在配股操作中需要各种各样的算计，而且在几乎所有的投资决策中，都离不开必要的算计。只有勤于算计、善于算计，才能持续盈利、稳操胜券——

上篇讲到之所以能在短短9个交易日里跑赢指数9.04个百分点，除了在规定时间里及时缴款、完成配股外，起关键作用的一是配股前的操作——卖新疆城建、买中国北车，二是配股后的交易——卖中国北车、买新疆城建。而之所以能在当时果断地进行这样的高抛低吸，主要得益于配股前后的一系列算计。

是否参与配股：需要风险算计

就配股结果而言，参与配股的风险高低、胜算大小往往充满着变数，谁都不能确保在参与某次配股中一定能盈利；但相比之前的操作，通过风险算计，配股操作中的这种不确定就会逐渐变得确定起来。

上例操作中，取得收益的前提是23日的操作：卖出新疆城建、买入中国北车。为何敢在登记日前进行这一操作，正是鉴于之前的交易。2010年10月24日以来，笔者在数次卖、买中国北车和新疆城建中，先后获得过311元、227元、477元、285元等确定性收益。换言之，虽然此时参与中国北车配股，日后能否获利存在变数，但相对之前的操作，获利已经确定，无论配股之后新疆城建和中国北车是涨还是跌，此时参与配股都是正确的。

参与配股是否正确的风险算计方法是：（卖出股票成交价×0.9975－买入时的成交价）×成交数量。其中，0.9975已考虑买卖双向交易成本（0.25%），不同投资者由于与证券公司商定的佣金标准不同，交易成本也会有所区别。如是两只股票换股，不仅要计算先买后卖股票的盈亏，还须计算先卖后买股票的盈亏，方法同上。二者盈亏相加，如结果为正，即为正确，可参与配股；反之，则不正确，不可参与。

配股所需资金：需要资金算计

取得配股资格后，还要知道能够获配的股份数和所需资金，这些也需要算计。按照中国北车发布的配股公告，配股比例为每 10 股配 2.5 股，配股价 3.42 元/股。此时，即可根据股权登记日收市后实际持有中国北车的数量计算出能够获配的股份数和所需资金。

方法如下：先计算能够获配的股份数：持股数量 × 配股比例；再计算所需资金：获配的股份数 × 配股价。

也可将上述计算合二为一：所需资金 = 持股数量 × 配股比例 × 配股价。如：当时持有中国北车 7400 股，按上述方法计算，可配股买入中国北车 1850 股，所需资金 6327 元。

配股操作之后：需要除权算计

配股结束后复牌交易时，股价与停牌前比会有较大差异，原因在于交易所对配股后复牌的股票做了除权处理，显示信息为"昨收价"。虽然交易系统都会在相关股票复牌后自动计算出除权后的"昨收价"，投资者无须进行人工算计，但从周密准备考虑还是应提前计算出除权后的"昨收价"，以便心中有数、早做打算。

值得一提的是，"昨收价"和"开盘价"是两个不同的价格。"昨收价"是在股权登记日收盘价的基础上综合考虑配股比例和配股价格后计算而成，而"开盘价"则是在"昨收价"基础上，受当时的市场环境和供求关系影响后所形成的价格，因此有可能高于"昨收价"，也可能低于"昨收价"。

"昨收价"的计算方法是：（股权登记日收盘价 × 1 + 配股价 × 配股比例）/（1 + 配股比例）。如，中国北车配股后的"除权价" = （4.74 × 1 + 3.42 ×

0.25）/（1+0.25）=4.476（元），四舍五入后为4.48元。

除权前后成本：需要对比算计

由于股价除权，投资者在配股前的买卖价格会在除权后引起“失真”，因此在计算“除权价”的同时，还须计算出除权后对应的买卖价格，包括买入价除权后的对应价和卖出价除权后的对应价。其中，买入价除权后对应价的计算方法是：（除权前的买入价×1+配股价×配股比例）/（1+配股比例）。如，配股前笔者买入中国北车的成本价是4.62元，除权后对应的买入价为：（4.62×1+3.42×0.25）/（1+0.25）=4.38（元）。不过，以此价计算时，买入数量也由7400股变成了9250股。

须特别指出的是，投资者在比较配股前的卖出价和除权后的最新价时经常会发现“正差”交易，以为赚了钱，实际不然。如，配股前卖出中国北车价格是4.60元，除权后的“昨收价”为4.48元，投资者以为“赚”了0.12元，实际上除权后对应的卖出价已变成（4.6×1+3.42×0.25）/（1+0.25）=4.364（元），实际上亏了0.116元。因此，对于配股前卖出股票的投资者来说，同样有必要将卖出价进行除权前后比对，将除权前的卖出价换算成除权后对应的卖出价。方法是：（除权前的卖出价×1+配股价×配股比例）/（1+配股比例）。

只有通过对比算计，才能计算出除权前后的买卖价格，才有利于操作比对。操作前，只要观察并比较除权后的买卖价和最新价，即可知道即将进行的操作是盈利还是亏损，无须再去考虑配股、除权因素，不仅方便了盘中交易，而且有利于投资决策、防止盲动。

配股预期盈亏：需要盈亏算计

上例操作中，取得收益的另一关键是3月6日的操作：卖出中国北车、买入新疆城建。之所以选在复牌交易首日进行这一操作，也是得益于“算计”。

为增强操作的计划性，做到有的放矢，回转交易前须制定相应的交易计划，其中包括盈亏算计，既包括卖出股票后再买回的盈亏，也包括买入股票并参与配股后再将其卖出所产生的盈亏。笔者在中国北车复牌交易前便做了如下算计：

若以中国北车复牌交易日的“昨收价”交易，卖出中国北车能产生821元盈利，同时以“昨收价”买回新疆城建可得收益350元，二者合计1171元。

这一结果意味着，如果当初不换股参与中国北车配股，就没有这一收益，因为参与了配股才有了这一收益。正是由于上述算计，加之这种平常心态，笔者决定在复牌交易首日进行回转交易，将盈利收于囊中。

配股实际盈亏：需要即时算计

预期盈亏与实际盈亏不同，前者只是计划中的盈亏，而后者才是交易后到手的盈亏。因此，要知道实际盈亏，还需进行即时算计。只要在预期盈亏基础上，加上与实际成交额之间的差额，即可算出实际盈亏额。

例如，上述操作的计划盈利为1171元，实际交易时，中国北车的卖出价比计划卖出价低0.01元、少盈利92.50元，新疆城建的实际买入价比计划买入价低0.06元、多收252元，合计产生正差159元，所以实际配股盈亏额为1330元（计划盈亏额和合计差额数之和，实际收益1350元系在计算配股除权价时四舍五入所致）。其中，因在计算计划盈亏额时已考虑交易费用，故在计算盈亏差额时无须重复计算（虽有少许差异，但可忽略不计）。

配股操作的算计主要包括以上6项，目的在于为配股操作前后的高抛低吸提供量化依据和胜算参考。问题是，普通投资者面对这些算计，恐会觉得有些繁杂。因此，可从各自实际出发，有重点地确定其中的一项或几项内容进行算计。另外，对于熟悉电脑操作特别是会编写程序的投资者来说，还可通过开发相关软件并与交易系统联机等方式，让系统自动算计，这样可大大节省人工算计时间，减轻人工算计负荷。

炒股，是种细活，需要算计。不仅在参与配股的各个环节需要进行各种各样的算计，而且在几乎所有的投资决策中，都离不开必要的算计。实践表明，算计对于投资结果将产生重要影响。只有勤于算计，养成良好的算计习惯，善于算计，让自己成为算计高手，才有可能在股市投资中增加胜算，逐渐达到持续盈利、稳操胜券的水平。

销户也会有风险

面对牛短熊长、涨难跌易的股市，越来越多的投资者正在思考该不该留下、要不要销户等问题，销不销户也因此成了眼下最热的话题之一——

对于每一个曾经满怀信心开户入市的投资者来说，谁都希望通过自己的艰苦努力换来应有的回报，不希望自己的付出最终换来亏损甚至销户的结局。但不可否认的是，近段时间以来，选择离场、销户的投资者明显增多，销户也因此成了当下股市的一大热词。

在周围不少熟悉的面孔纷纷选择销户之机，作为经历过无数次股市风浪考验的老股民，笔者就和大家谈谈关于销户的问题，希望这一沉重的话题能给正在或将要选择销户的投资者以启示。

“亲，你销户了吗”

2012 年 7 月前后，笔者点击各大财经网页时发现，有关看空后市、股民销户的报道明显增多：《股市人气下降，A 股客户保证金三年萎缩 50%》、《5000 亿再融资伺机而动，50% 定增公司破发》、《证券经纪人靠天吃饭：牛市月薪 10 万熊市 3000》、《南京千万级大户：我没离场只是成了百万富翁》、《湖南某银行储蓄所主任挪 700 万炒股血本无归》、《不再相信“抄底”的神话》、《逃离 A 股市场已时不我待》、《亲，你销户了吗?》……单从这些标题即可发现，看空后市、选择观望甚至销户的投资者呈上升趋势。

随着舆论和投资者普遍看空后市，特别是股市行情的持续低迷，一些投资者包括老股民索性选择了销户，决定离开股市、不再“回头”。中登公司披露的月度统计数据显示，6月份沪深两市新销账户30672户，加上5月新销户32976户，A股市场销户数已连续两个月超过3万户。该年上半年，累计已有22.22万户股民告别A股市场。

值得一提的是，在中小散户纷纷离场的同时，一些大户也先后加入到了销户者的行列。仅6月份，就有1752名持股市值在千万以上亿元以下的“超级散户”选择离场。

在大盘从高位下来，一路跌至如今的2100多点之机，不少投资者选择低位销户的原因是多方面的，最主要的不外乎这么几点：一是行情低迷。远的不说，单是年初以来，沪深股市在稍做上冲之后出现了持续下跌，24日更是瞬间跌破了2132点“钻石底”；二是股价下跌。伴随着大盘的持续调整，除了少数个股走出独立行情外，绝大多数股票持续下挫，股价亦是屡创新低；三是市值缩水。由于大盘和个股的持续调整，投资者账户里的市值快速缩水，一些投资者甚至不敢看一眼自己的账户；四是亏损严重。买入的筹码立马吃套，吃套的筹码越套越深，深套的筹码越套越亏，最终导致大户变中户、中户变小散。这一现象，成了不少投资者炒股结果的真实写照。

面对牛短熊长、涨难跌易的股市，以及此起彼伏的销户潮，越来越多的投资者开始思考该不该留下、要不要销户的问题，销不销户也因此成了眼下股市最热的话题之一。

销户之后，放得下吗

“铁打的营盘流水的兵”。股市也一样，既不可能只出不进，也不可能只进不出。因此，无论是开户入市还是销户离场，应该都属正常现象。问题是，当行情处于持续低迷、股价大幅缩水之机，投资者尤其是一些原本不打算销户的投资者纷纷选择销户，就带有明显的情绪化、极端式色彩，就不能不对自己的低位销户行为做一番必要的梳理。

销户之后，放得下吗？笔者通过观察发现，销户者的心理不外乎这么几种情形：一是想销销不了。随着股市的持续下跌，市值的不断缩水，一些投资者在风险无法承受、心态极度变差的情况下，希望通过销户达到自我解脱、一销百了的目的。但眼看账户里投入的资金亏损严重，下不了手，想销销不了；二是户销心还在。有些投资者在再也无法承受股市下跌的情况下，一气之下选择了销户，决定从今往后再也不入股市。但实际上还是放不下股市，户销了、心还在，既不想再入股市，又不希望股市上涨，始终处于这样的矛盾纠结之中；三是销后又回来。销户之后，随着行情好转、市场变暖，不少销户者挡不住股市上涨的诱惑，改变初衷、重新开户、再次入市。

实际上，如今销户与当初开户一样，也存在一定的决策风险，尤其是在行情既已大跌、整个市场平均估值处于历史底部的情况下，审慎抉择销不销户就显得尤为重要。笔者认为，不同投资者由于各自情况不一，对销不销户问题应审慎抉择、区别以待。一般情况下，下列投资者不适合在目前点位销户：一是投入的是闲钱且没有使用时间限制的投资者；二是精力上用的是闲心且没有心理压力的投资者；三是买入的是优质、低估且主力深套其中的筹码的投资者；四是经过多年实盘操练，拥有一定的操作技法的投资者；五是对于中国经济发展和股市未来前景充满信心的投资者；六是把股市投资作为毕生追求的投资者。上述投资者笔者认为原则上不宜销户，即使想销也应在合适时机找合适点位再来销户。

相反，如果投入的是“压力钱”且有明确的时间限制，采取的是以股为业且有一定心理压力，炒股时间不长或虽经多年操练但依然缺乏必要的操盘经验，对股市未来缺乏信心甚至感到失望，不打算在股市长期投资下去，这样的投资者在任何时候离开股市都是正确的选择。

理性面对，才是上策

对于准备销户的投资者来说，销户虽是件痛苦的事情，而且大多数准备销户的投资者也是出于无奈，但若能真正做到销户时所下定的决心，永不回头，或许确是件好事。要是做不到，如今的销户只是一时之气，那就需三思而行了。

对于去意已决、铁定销户的投资者，笔者认为有两个问题需要认真思考、正确面对：一是何时销户？一般情况下，可在认真准备、精心谋划基础上，选择大盘上行、个股反弹时分批减仓，直至清仓、销户，没有必要在大盘和个股下跌甚至急跌时不计成本地抛售、销户；二是怎么销户？销户时须重点厘清的问题主要有三个。

第一，销后回不回？“永别还是暂离”是投资者在销户时首先须想清楚的问题。若是永别，就意味着销户后不再回来，无论行情好坏、个股牛熊，场内的投资者是亏还是盈都跟自己没有关系，都将不再入市炒股。销户前得认真想想，是否属于这种情况，能不能做到，万一做不到怎么办。

第二，销后何时回？若是暂离，就意味着会在适当时机，选择适当方式回来。做如此打算的投资者销户前须想清楚的问题是何时回来，在什么情况下回来，目的在于防止行情下跌时不敢回来，等行情一步步上涨，涨到一定程度后又忍不住开户、买股，结果导致追涨杀跌、做了反差。对于因暂离而销户的投资者来说，一般可通过事先设立开户点位或开户价位并严格执行的方式选择回来时机。譬如，通过设立开户点位确定回来时机并在上证指数 2200 点时销户的投资者，可事先设立 2000 点、1800 点、1600 点等点位作为开户点位；通过设立开户价位确定回来时机并在某一股票跌至 20 元时销户的投资者，可事先设立该股跌至 10 元、8 元、6 元等价位作为开户价位。只要指数或股价一触及事先设定的点位或价位就果断开户、及时进场。

第三，回不来怎么办？通过事先设立开户点位或开户价位方法选择回来时机的投资者，销户后一般会出现两种情况：一是大盘和个股按照自己预想的方向运行，即一段时间后，大盘和个股真的跌到了自己事先设定的点位和价位，此时应严格按计划开户、进场，切不可犹豫不决、改变初衷；二是大盘和个股未按自己预想的方向运行甚至销户后反向运行，即一段时间后，大盘和个股不仅没有跌到自己事先设定的点位和价位，反而出现了上涨、回不来的情况，此时应严守销户纪律，不可反向开户。这一点，同样须在销户前想清楚并做好充分的思想准备。

以上只是笔者给准备销户的投资者的几点提示，充其量只能作为参考，最终销不销户，主意还得自拿。

寻找稳定获利路径

虽然在5.02%的周收益中，股票市值和资金余额都做出了“贡献”，但二者却有着本质的区别：前者属浮动性收益，市值将随个股涨跌而变化；后者属稳定性收益，无论个股怎么涨跌，收益都已固定，这就是“稳定获利交易法”的神奇之处，也是普通投资者适应当下股市特点，取得投资成功最关键的地方——

投资者都知道炒股有“三难”：指数不可测、个股存变数、操作无定律，但这并不意味着面对错综复杂的股市普通投资者就只能处于束手无策、消极被动的境地。在2013年“交易大战”正式打响之机，从股市特点和各自实际出发，积极寻找适合自己的稳定获利“路线图”才是正确的应对之策。

盘点：2012盈还是亏

寻找2013稳定获利“路线图”之前，先要对过去一年的操作和结果进行必要的梳理总结。岁末总结一般可分为三个层面进行。

其一，做好岁末盘点。

方法如下：先查看上一年（2011年）末账户总值，包括账户市值和资金余额，二者合计即为账户总值；再查看本年度（2012年）末账户总值，同样包括账户市值和资金余额的总和。

这里的本年度（2012年）末账户总值分为两种情况：一种是年内资金无变化时的年末账户总值，即年内既未注入新的资金，也未从账户内抽离资金，在接下来的分析时直接用现值减原值，再除以原值的方法计算盈亏率即可。还有一种是年内资金有变化时的年末账户总值，即年内注入了新的资金，或从账户内抽离了资金，或既有注入又有抽离资金的情况发生，那么在接下来的分析时就须综合考虑年内资金变化后再进行比较。具体方法也有两种：一是以上一年末账户总值作为原值，以本年末账户总值减去（增资时）或加上（抽资时）年内资金变化额作为现值，再用现值减原值，再除以原值即为盈亏率；二是以上一年末账户总值加上（增资时）或减去（抽资时）年内资金变化额作为原值，以本年末账户总值作为现值，再用现值减原值，再除以原值即为盈亏率。

两种方法的区别在于基数不同，前者是以上一年末账户总值直接作为基数，后者则是在综合考虑上一年末账户总值和年内资金变化额后再作为基数。对于年内资金变化额度不大的投资者来说，两种结果区别不大，但对于年内资金变化额度较大的投资者来说，盈亏结果的区别就会比较大，投资者可任选一种方法进行比较。

其二，进行分析比较。

衡量一个年度内投资结果的好坏自然离不开比较——与年初总值比，辛苦一年后最终有没有盈利，盈利了多少。但正确的比较不仅要纵向比（年末与年初比），而且要横向比（自己与别人比）。横向比较方法主要有三种：首先是与指数比。既可以是上证指数，也可以是深证成指，还可以是其他指数，或者是几种指数的平均数。比较结果如果能跑赢指数，说明操作是成功的，否则说明操作有问题；其次是与个股比。随着个股群体的不断扩大，指数的失真问题越发明显，此时还有一种比较方法，那就是与个股的平均涨跌幅比，最简便的方法是取中间值，即取全部个股年度涨跌榜单中最中间的个股作为比较对象。比较结果若能跑赢该股，说明操作是成功的，否则说明操作有问题；再次是与其他投资者的年收益率比。每逢岁末年初，一些媒体、网站都会推出投资者收益调查，可将其中居中者作为参照。比较结果若年度收益率高于该投资者，说明收益不错，操作是成功的，否则就有问题。

其三，总结成败得失。

如果一年下来实际收益率能跑赢指数和个股涨幅及多数投资者的收益率，说明操作比较成功，可多从正面总结经验，在此基础上查找操作中存在的问题。若未能跑赢指数、个股和多数投资者，说明操作不太成功，则应多从负面总结教训，在此基础上再总结有哪些操作得较好的地方。总结成败得失的目的在于使自己来之不易的好的做法发扬光大，使存在的问题在新的一年里不致重复出现，为在新的一年里找到正确的稳定获利“路线图”奠定基础。

准备：2013 如何交易

与往年一样，笔者也对过去一年的操作和结果进行了盘点，以其中的主账户为例：年初总值为 550501 元（其中，股票市值 545841 元，资金余额 4660 元）。在未追加资金投入的情况下，账户年末总值（截止 12 月 31 收盘，下同）增至 708683 元（其中股票市值 557429 元，资金余额 151254 元），年度涨幅为 28.73%，跑赢指数 25.56 个百分点（同期上证指数涨 3.17%）。笔者认为，作为散户，这样的操作结果应该满足。

事后经总结，笔者觉得这一不错收益的取得，主要得益于“稳定获利交易法”的正确使用。现将“稳定获利交易法”的使用方法做一简要介绍，供投资者参考。

所谓“稳定获利交易法”，指的是无论股市上涨不是下跌都能持续、稳定获利的交易方法。先来看操作实例（见下表）。这是笔者 12 月 17 ~21 日交易的实盘记录及盈亏情况，一周共有 3 个交易日参与了交易，操作品种只有一个——南方航空，共发生交易 10 笔，其中卖出 5 笔、买入 5 笔，数量各 10000 股，且均为配对交易。

再来看交易结果。交易前后持有南方航空的筹码数量保持不变，首次交易前持有 40000 股，末次交易后仍持南方航空 40000 股，变化的是股票市值和资金余额。交易前南方航空收盘 3.66 元，股票市值 146400 元，账户余资 1240 元；交易后南方航空收盘 3.78 元，股票市值 151200 元，市值涨 4800 元，对应涨幅为 3.28%，账户余资变为 3790 元，比交易前多出资金 2550 元，对应涨幅为 1.74%。合计升值（市值加资金）7350 元，对应涨幅为 5.02%，跑赢指数 4.90 个百分点（同期上证指数涨 0.12%）。

值得一提的是，虽然在 5.02% 的周收益中，股票市值和资金余额都做出了“贡献”，但二者却有着本质的区别。前者属浮动性收益，市值将随个股涨跌而变化，俗称“坐电梯”；后者属稳定性收益，无论个股怎么涨跌，收益都已固定，因而不会再“坐电梯”。这就是“稳定获利交易法”的神奇之处。普通投资者应善于利用此法交易，在总体仓位保持不变、个股市值随之涨跌的同时，

12月17~21日实盘交易及盈亏情况一览表　　单位：元

交易日期	交易方向	交易名称	交易价格	交易数量（股）	多出资金
2月18日	卖出	南方航空	3.80	10000	505
	买入	南方航空	3.74	10000	
2月20日	卖出	南方航空	3.843	10000	534
	买入	南方航空	3.78	10000	
	卖出	南方航空	3.86	10000	504
	买入	南方航空	3.80	10000	
2月21日	卖出	南方航空	3.84	10000	504
	买入	南方航空	3.78	10000	
	卖出	南方航空	3.88	10000	503
	买入	南方航空	3.82	10000	
合　计					2550

注：首次交易前持有南方航空40000股，周收3.66元，股票市值146400元，账户余资1240元；一周交易后仍持南方航空40000股，周收3.78元，股票市值151200元，市值涨4800元，对应涨幅为3.28%。交易后账户余资变为3790元，比交易前多出资金2550元，对应涨幅为1.74%。合计升值（市值加资金）7350元，对应涨幅为5.02%，跑赢指数4.90个百分点（同期上证指数涨0.12%）。

确保获得持续、稳定的“额外收益”。这一点，是普通投资者适应当下股市特点、取得投资成功最关键的地方。

分析以上操作不难发现，“稳定获利交易法”实际上具有三个明显特点。

一是守株待免。“稳定获利交易法”的核心是筹码不变，通过高抛低吸让资金多起来。因此，取得“稳定获利交易法”操作成功的关键在于高抛低吸，而要做到这一点，必须守株待兔、等待机会，切不可追涨杀跌，以免适得其反，尤其是在投资者日趋成熟，都想高抛低吸，行情结构更趋复杂的市况下。

二是积少成多。通过高抛低吸多出来的这部分资金虽然看上去不多，甚至有些微不足道，但实际上非常可观，一年下来往往能达到积少成多、获利丰厚的目的。实际上，能在当下跑赢指数的这部分收益正是来自于高抛低吸多出来的资金，所以切不可小觑它。

三是只盈不亏。单从结果看，每次操作都只盈不亏似乎真的非常神奇，但从过程看，实际操作中却免不了有盈有亏，关键是亏了怎么办？一旦亏了，投资者可这样操作：如果买入的筹码被套，此时不要卖出，不卖就不会亏；如果卖出的筹码踏空，此时不要买入，不买同样也不亏。无论是被套还是踏空，等日后出现正向回转机会时再择机回转交易，此时操作就能由亏变盈，最终达到只盈不亏的目的。

操作：怎样才能稳定获利

在2013年交易中，投资者只要用足、用好“稳定获利交易法”，无论指数如何波动，个股怎样起伏，都能达到稳定获利的目的。但“稳定获利交易法”又是一种综合性较强的交易方法，涉及多种交易技法，须在实践中不断摸索、总结。其中，最关键之处是要做到以下三点。

一是确定仓位比例。以岁末大盘点位为准，若认为点位是低的，又有增量资金可补充，在这种情况下投资者的仓位比例应确定为满仓或重仓——3/4以上仓位。虽认为点位是低的，但无增量资金可补充，应确定为重仓或半仓——3/4～1/2，轻仓的应第一时间补足；若认为点位是高的，但有增量资金可补充，应确定为半仓或轻仓——1/2～1/4；若认为点位是高的，又无增量资金可补充，应确定为轻仓或空仓——1/4以下，重仓的应第一时间卖出。

二是做好品种布局。利用岁末年初之际，对持仓的品种做一次认真梳理，确定买还是卖。在仓位基本符合要求、品种也无明显不当情况下原则上以持股为主，必要时可调整品种布局。该买的一般指质地优良、业绩较好、股价低廉、盘子适中、基金重仓、机构被套、涨幅不大、跌幅较大的股票；该卖的正好相反，通常指质地较差、业绩下滑、股价高估、盘子太大（太小也不好）、没有基金关照、机构获利丰厚、累计涨幅巨大甚至逆市暴涨的股票。

三是明确操作路径。对于缺乏短线交易经验的普通投资者来说，只宜长线投资，不宜短线交易，只要明确阶段点位（指数）、目标价位（个股），一旦到价立即交易即可。只有具备丰富的短线交易经验的投资者，才可适用“稳定获利交易法”操作，穿插短线交易，做到长短结合。具体方法有二：一是阶梯分批式交易，设某一品种某一价格作为第一批卖出（买入）的价格，上涨（下跌）若干价位时再进行第二批卖出（买入），以此类推；二是集中一次性交易，设某一品种某一价格为全部卖出（买入）的价格，一旦到价立即交易，日后即使股价再次上涨（下跌）若干价位也不再继续交易，所有操作都采取一次性方式完成。

Appendix

附录

一个“两栖高手”的炒股经

早就听说陈强（化名）炒股极有水平，不仅选股精准、下手很快，而且逃顶、抄底也有一套。边办企业边投资，陈强可谓工作炒股两不误，他用炒股挣来的钱买了辆心仪已久的捷豹汽车，再有余钱便是投资陶瓷、钱币、玉器、珠宝等收藏品，日子过得十分滋润。

一个周末的下午，陈强应约接受了笔者的专访。初次见面，陈强给人的印象既阳光又帅气，比实际年龄要小好几岁。刚一坐下，陈强便侃侃而谈，话里透出几分坚韧与自信。他们的谈话干脆就从他的这辆捷豹座驾开始。

一个“两栖”股民

笔者：都说炒股“一盈二平七亏”，但听说这些年你做得十分顺手，自己的座驾也是炒股挣来的。能否介绍一下你的投资经验，好让大伙儿分享？

陈强：好的。我是1992年入市开始炒股的，至今已有20年。开始时，对股市、股票也不怎么懂就稀里糊涂地入市了，也没更多考虑，反正是喜欢。从开始进入股市到2006年一直没有赚钱还亏了一些，但2007年大牛市那年赚了不少钱，这车就是那时炒股挣了钱买的。

笔者：真替你高兴。但近年来股市行情有点特别，先是冲高回落，后又触底反弹，你的投资情况怎么样？

陈强：若以2010年12月31日收盘算起，2011年指数依然在阴线下方徘徊，但我的投资收益还好，从年初至今，浮动收益已达到1倍以上。

笔者：非常不容易，能在指数下跌的情况下达到1倍以上的收益。能否介绍一下其中最成功的操作案例。

陈强：我在投资股票的时候，平时对权证也比较关注。不管是权证还是股票，只要有机会，我都不会放弃。比如，在9月份我做了江铜CWB1认股权证，快进快出赚了不少。印象当中江铜CWB1认股权证的行权规则是，每持有4份江铜CWB1认股权证，就有权以15.33元/股的价格认购1股江西铜业正股，行权获得的股份可在行权后的下一交易日上市交易。当江铜CWB1认股权证最后一个交易日跌至2.8元附近时我给自己算过一笔账：按照权证价格2.8元/股计算，每1股江西铜业正股的成本为26.53元（4份江铜CWB1认股权证计11.20元，加上行权价15.33元），较江西铜业股票市价还有大约一个跌停板的“保险系数”。换句话说，即使次日江铜股票跌停，也不会亏损。于是，在临近收盘前10分钟，快速买进4万份江铜权证，抓住了这次难得的权证投资机会。

笔者：都说权证风险大于机遇，本身又没有价值，不像股票那样有内在价值在里头。在这么多投资品种里，你是怎么发现江铜CWB1认股权证存在短线机会的？

陈强：江铜CWB1认股权证结束交易前几日，我就一直在关注它的市场表现。当时发现其他有色金属股票走势都非常稳健，唯独江铜权证和正股却在连续杀跌，我就感到江铜CWB1认股权证庄家的操盘手法十分凶悍，同时说明庄家意在长远，直觉告诉我，庄家正在打压吸货，此时买入江铜CWB1认股权证该有七八成的获胜把握，于是毫不犹豫地在江铜CWB1认股权证收盘前重仓买入。但买入之后，也不是没有紧张过，但由于对该股证研究得比较透，心里底气相对比较足。后来，我就行了权，并于4个交易日后（10月8日），按照事先设定的计划，以33.99元的价格将行权买入的江铜股票全部卖出，4天时间赚了7万多元。行权获利后，我又在江铜股票上来回滚动操作，做了几个波段，取得了不俗收益。

笔者：很多投资者在选择投资方向时，要么操作权证，要么买卖股票，像你这样游刃于权证与正股之间的“两栖”股民好像并不多，这样操作主要鉴于什么样的考虑？

陈强：在股市投资，无论是市场、板块，还是具体的投资品种，都没有绝对的好坏之分，关键在于时机的把握，而真正好的时机其实并不多。在关注股票的同时关注权证特别是价内权证，在操作权证的同时操作股票，相当于有两个市场、两个机会供自己选择。比起单一的投资品种，同时关注股票和权证，就好比在同等条件下比别人多了一个投资机会。

一个炒股高手

笔者：入市20年，经历了这么多年的风风雨雨后，你认为要想在股市取得成功，关键在哪里？

陈强：我认为，关键是要注意三点：一是要认清股市规律。股市的最大规律是没有规律，这也是股市的魅力所在。但没有规律并不等于可以不作为，相反，善于在没有规律中寻找规律，在不确定中寻找确定性投资机会，才是我们所要做的，这也是精明的投资者和普通投资者的重要区别；二是要操作熟悉的股票，切忌挑三拣四、喜新厌旧，对那些陌生的品种，原则上不要去碰。时间一长，你会发现，许多股票其实也与人一样，有自己的灵性、有独特的感情在里头，你只要善待它，往往不会让你失望；三是要敢于在上涨过程中卖股票，在下跌过程中买股票。庄家做一只股票一般事先都经过反复策划、周密部署，一旦发现散户跟进、股价大涨，持有者惜售时，他就会调整策略、相反操作，踏准庄家节奏的最好办法就是高抛低吸。

笔者：这三点的确非常关键。现在很多投资者，尤其是入市不久的新股民，大多喜欢看股评，希望从中发现一些投资机会，进而找到赚钱的捷径。你平时看股评吗？

陈强：我也看，但这里面有个怎么看的问题。我认为，对股评可以看而且也应该看，毕竟绝大多数的股评人士还是好的，而且通过媒体播出来的东西大多经过事先研究，花费了大量时间和精力，可以适当参考、引以为鉴。但学习借鉴并不等于一味照搬，需要适当地、有选择地看，看后还要加以比较分析，进行研究思考。在此基础上，我倒觉得可以适当学一学“茶叶蛋老太太”的炒股法，当人们挤在一起争相抢购股票的时候，不妨做一名旁观者，人取我舍、与世无争。等交易大厅空空荡荡、大家都不要股票的时候，倒是可以用平常心对待，人弃我取、适当捡拾。若能这样，日后必有回报。

笔者：在具体操作中，还有哪些管用的方法可供大家借鉴？

陈强：简单概括起来，同样需要注意三点：一是密切关注政策动向。一项新的政策，从出台到见效，往往有个过程，需要较长时间。资本市场是个对政策特别敏感的地方，投资者一定要学会对政策的敏锐把握。实际操作中，当政策出台时特别是利好政策公布时（包括个股利好），要注意及时把握。这种把握，既包括在政策出台后股价回档过程中的及时吸纳，也包括在政策出台后的第一时机股价高开高走时及时高抛（切忌追涨），这一点是多年股市形成的一条不是规律的“规律”，我一般都不会去追。二是做股票要学会逆向思维，尽管这种思维也有可能在短时间里出现浮亏，但最终往往盈多亏少。三是要制定好计划，设置好“中间线”，即在对某一品种的实际把握中，股价一旦突破“中间线”，短时间出线较大涨幅时就要敢于抛出；反之，如果快速跌破“中间线”，不仅不应害怕，反而要视为逢低吸纳的良机及时抢进。

一个股市达人

笔者：记得在广州亚运会期间羽毛球男团半决赛中，林丹以2:0轻松击败了陶菲克，但陶菲克神态轻松，说现在的自己不再关注输赢，没有任何压力。而林丹说他很难像老对手陶菲克那样享受比赛。在股市，有些投资者其实投资收益也相当不错，但很少有欢乐，另外一些投资者收益一般但总是神情轻松，你是怎样处理这一关系的？

陈强：炒股与年龄、职业、个人的性格都有很大关系，说炒股一点都不紧张难免言过其实，但这里面有个度的问题，适当地紧张一下，不是什么坏事，但若特别紧张，甚至寝食不安就有问题了。我认为，投资者缓释炒股紧张的最好方法是，投入股市的钱是可以自由支配的余钱，投进去之后就不要把钱太当钱看，就当是一组数字，看看自己驾驭这些数字的能力和水平怎么样。只有这样，心态才会平和下来，反过来又有助于提高操作水平和投资收益。至于能否在炒股中像陶菲克享受比赛那样享受炒股本身带来的乐趣，关键也还是心态——不要在炒股中过于看重结果，有时在参与炒股的过程中享受乐趣比结果还要重要。实践表明，具有这种心态的投资者在股市取胜的把握远大于过于看重结果的投资者。

笔者： 其实你也不是一个职业股民，手头有大量工作要做。而且我发现，你的兴趣爱好也很多，除了投资股市，还喜欢收藏，忙得过来吗？

陈强： 炒股与工作之间，我觉得完全可以做到两兼顾、两不误。有时间，看看盘面，做做交易；没时间，也用不着过于关注股市。多关注与少关注，多操作与少操作之间究竟谁对谁错，往往很难说得清。关注不如不关注、操作不如不操作，是经常被投资实践所反复证明的正确选择。在保持适度关注的同时，安心做好自己的工作，干些自己感兴趣的事情同样是十分正确的做法。

笔者： 听说在单位，同事们不仅羡慕你的炒股技艺，而且欣赏你的为人处世，这是怎么回事？

陈强： 股市没有永远的牛市，也没有永远的熊市。操作也一样，现在的盈利并不代表永远盈利，也不会永远亏损。在投资操作时，一定要勤于思考、不断琢磨，尽可能地让操作达到炉火纯青的程度。交易结束后，在一个单位，同事们大家在一起，应该相互沟通、彼此互信。每当投资获利的时候，我还时常请大家出去“撮一顿”，大家都很开心的同时，我自己也很高兴，这叫做双赢。

笔者： 近段时间，股市出现了大起大落，单日之内的暴涨暴跌似乎又多了起来。你对后市特别是今后较长时间里中国股市的总体看法如何？

陈强： 我认为本轮行情不可小觑，极有可能突破6124点历史高点。这是因为，眼下投资者队伍不断扩大，手头余钱越来越多，可以用泛滥来形容。还有，整个市场的股本基数不断扩大，价格起点水涨船高，传统的上证指数早已说明不了问题。加上投资者投资理财意识的日益觉醒，与其以后大盘和个股涨到一定程度再买，不如趁现在相对较低的价位分批建仓。当然，这是建立在投资者具有正确的投资意识，且对中国经济发展的前景充满信心的基础之上。

不知不觉中，夜幕已悄然落下，专访不得不告一段落。分手后，陈强驾驶着这款特别中意的座驾执意要送笔者回家，但笔者更愿看着陈强这辆来之不易的捷豹消失在小城夜色时的样子，锃亮、醒目……